拉筋。拍打。治百病

醫行天下（下）

蕭宏慈——著

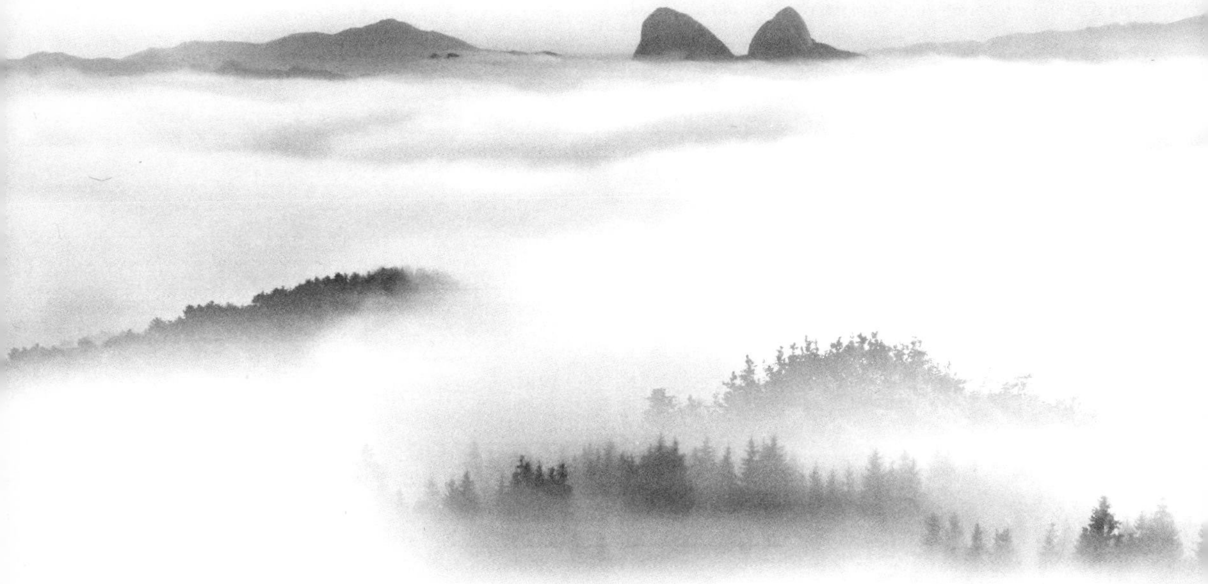

目次

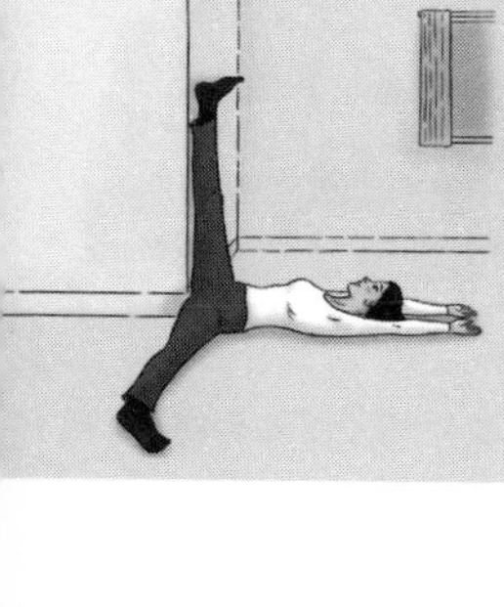

第4部　健脾強腎，養生自己來……235

根據中醫理論，腎乃先天之本，即人與生俱來的精氣狀態；脾乃後天之本，是人出生後從體內運化水穀而生精氣的源泉。腎氣足，則人的精力充沛、耳聰目明；腎氣不足，則無精打采，連性生活都會大打折扣，影響和諧社會。

第一章　腎脾，健康長壽之本……236
第二章　腎，先天之本……240
第三章　脾，後天之本……251
第四章　如何消除疲勞症候群……262
第五章　被遺忘的中醫快治……264

我幾十年來一直與歧黃為伍，知道多數百姓對中醫的理解局限在中藥內治，並不清楚中醫手法外治也同樣神奇，更不知醫中有「道」。宏慈用自己的行動和文字向國人樹立了一個榜樣，他將拉筋、正骨、點穴這些活生生的傳統中醫療法，重新融入我們的日常生活，實在是善舉、義舉！

——北京同仁堂國醫館館長、主任醫師　關慶維

《醫行天下》是一本趣味十足的好書。作者以其博學家的智慧和探險家的精神，採取雲遊天下的方式學習中醫、實踐中醫，對中醫問題進行了史無前例的考察，並把他親歷的事物及所思所想昭然紙上，給廣大非中醫專業人士者樹立一個半路學醫的榜樣，為老百姓提供了一套自己動手治病、養生的簡便方法，也為世人琢磨玩味和權威專家判別是非，提供了依據和契機。

——北京煤炭總醫院中醫針灸科主任　張世雄

蕭宏慈的所作所為對國人是一種啟示，值得我們反思：中醫到底會走向何方？究竟什麼是真正的中醫？至少，他深入民間尋醫訪賢，直接進入傳統的根柢，是以行動對中國的道統和傳統的回歸，也是對文人空談和中醫西化的反動。他所學的手法來自民間，簡單、安全、有效，既可治大病，又可治未病，適合廣大非中醫人士自學中醫和自療。

——歐洲、澳洲註冊中醫師郭碧松

蕭宏慈先生的《醫行天下》猶如一個傳奇故事。在雲遊中奇遇醫道，在江湖中成就奇蹟。始於鄂西、湘西，成於川西、藏西。武當奇緣，蜀山學藝，香港悟道，西藏行醫。登臨青城、峨嵋，走遍佛寺、道觀；與佛有緣，與道有緣；各從其法，各行其道。執簡馭繁，萬病一理，手隨心轉，法從手出。

不必依靠昂貴而傷人的化驗與機器，只用望、聞、問、切以及觸摸、按壓與叩搖；不必依賴切割、化療、放療及終身服藥，只用針灸、推拿、按摩、點穴、拉筋與正脊。點穴治癱，抖肩治頸，正脊治盲，針刺治聾……點穴治心絞痛、暈厥，刺血治晚期肝硬化……疑難雜症，手到病除，頃刻治癒，不勝枚舉，真實紀錄，充滿神奇！

——中國中醫科學院教授　傅景華

蕭宏慈與《錯縮談》這本書結了書緣，引出了我與他的師徒緣，又因此使他與拉筋、正骨療法結緣，並從此一發不可收拾，在鄉下免費為無數患者治療，療效非凡，使更多患者與他結緣。我相信更多的讀者也將通過這本書《醫行天下》，而與拉筋結緣！這是一種善緣，因為拉筋治療很多病的確有奇效，尤其是腰腿痛、肩背痛。

——香港註冊醫師　朱增祥

二〇〇七年春節我去探訪宏慈，他在湘西點穴聖手李氏家中觀摩、學習，我成為他點穴練習的第一承受人（幸乎！），到今年春節假期間，我見他為我老友的親戚醫治：來自廣州的一位年近十八歲，卻稚氣如十歲幼女，罹患如帕金森氏症的怪病，遍訪西醫無法確診，宏慈以拉筋、正脊、針灸諸法，循序而進，立竿而初見成效，尋到康復的辨法。不過十數分鐘，正應了宏慈堅信的中醫可以比西藥療效更快之說，所謂「醫到痛立消」。

——美國科爾尼中國公司董事　程邁越

◉推薦序一

因書而結師徒緣

香港註冊中醫生 朱增祥

世上萬事皆與緣相關。事成事敗，感情好壞，皆有順緣或逆緣，尚有父子緣、夫妻緣、師生緣、醫緣、佛緣、眾生緣……不可勝數。

蕭宏慈與《錯縮談》這本書結了書緣，引出了我與他的師徒緣，又因此使他與拉筋、正骨療法結緣，並從此一發不可收拾，在鄉下免費為無數患者治療，療效非凡，使更多患者與他結緣。我相信更多的讀者也將通過這本書——《醫行天下》，而與拉筋結緣！這是一種善緣，因為拉筋治療很多病的確有奇效，尤其是腰腿痛、肩背痛。

宏慈本是一位經濟學工作者，喜讀書，有學識，有見地，有智慧，有信念，肯鑽研，酷愛祖國文化的寶貴財富。他寫了一本小說《股色股香》，流傳甚廣，這本書又讓他與僧、道、醫結緣，從此他放下了經濟方面的工作，雲遊祖國名山秀鄉，考察城鄉的醫院，結識各種民間高人，學到了不少中醫精髓。他學了一手點穴絕技，能治療中風、神志不清、半身癱瘓、手腿無力、語言功能受阻。一經他點穴治療，快則十天，慢則一個月可以自己走動，語言清楚，可以自理。有一次，在北京與一幫朋友歡聚，我親眼見他用五支針，一次就治好耳聾二十多年的患者，針完後患者當場可以用很久不用的耳與友人通電話。

中國幅員遼闊，大地錦繡，山川美麗，但是在許多偏遠的山區和邊疆地區目前還是缺醫少藥，極需要有人關心。宏慈經常與幾位醫師自費到這些艱苦貧乏之地區，為廣大勞動人民醫治，解決了無數的舊疾、頑疾等病痛，很多步履困難、腰痠背痛、四肢麻痺、頭暈眼花、聽覺受阻等疾病，一部分被他們治癒，一部分被緩解。對於那些步履蹣跚、不能下蹲，甚至晚上痛到不能入睡的患者，宏慈除了給他們治療，還教會他們用拉筋法自療，效果很好，受益者無數，從鄉下到城市都有，他甚至把拉筋法傳到了國外。

拉筋法是我從五十年的醫療實踐中，總結出來的一套簡便的自我療法，除了適合老年人治療各種腰痛頑疾，也適合長期使用電腦的工作者，因為腰腿和頸椎痛已經不再是老年人的專利，而是普遍年輕化，這與電腦和空調、汽車等科技設備的使用有關。長期筋縮造成的疾病非一朝一夕可以治癒，但只要堅持就會受益，天天拉筋就會天天受益，終身拉筋終身受益。

本來這套自我療法只在很小的範圍內傳播，沒想到宏慈如此勤力推廣，不僅在香港、北京、深圳這些大城市推廣，而且在四川、西藏等偏遠的鄉下推廣，有很多人通過在家拉筋拉好了腰痛、腿痛、肩周炎，也有人拉好了很多內臟疾病。最近又聽說他的朋友把拉筋推廣到美國，有位在美國的朋友用拉筋法，把因過敏性鼻炎而堵塞的鼻子拉通氣了。因為拉筋的效果這麼好，為了方便大家使用，我就發明了專門用來自療的拉筋凳，我給宏慈發運的幾批拉筋凳，一到北京就被搶購一空，這說明了拉筋受歡迎的程度。

我雖然從事骨傷科幾十年，跟了很多師傅學，所用的手法也很多，但直到最近幾年，我才將這些手法進行了總結篩選，最終歸納為幾種我自己認為最安全、有效的方法。宏慈不僅學得快，用得快，而且很快有了自己的心得體會，比如他用這套正骨的手法治療薦椎和腰椎的錯位時，無意中治好了很多婦科疾病，並和國內的中醫專家張世雄大夫進行探討和驗證，果然發現用正骨和拉筋相結合，是治療婦科病的一種好方法。

我家四代都是中醫，我父親和爺爺都是號脈開藥的中醫。而我因為性格的原因，喜好治病能有立竿見影之效，所以從小就對動手外治感興趣。吃藥當然可以治病，不吃藥的手法也可以，它們都是中醫的瑰寶；外治更是適應醫療條件不好的偏遠窮困地區。宏慈與我性情投緣，所以我們一拍即合，成了忘年之交。

我和他這個徒弟是通過我的書《錯縮談》結的緣，我也希望更多愛好中醫的人和患者，能通過他的書《醫行天下》與他結緣。

二〇〇八年五月十八日

◉推薦序二

著手成春「痛立消」

程邁越

最早知道宏慈，是朋友發來他的小說《股色股香》出版前的電子版，講述香港海歸投資銀行家的故事，書中描述古典音樂與各種浪漫時刻的熱情交接，深得我心。後來終於見到「下蛋的雞」，宏慈卻是以金融顧問身分出現，到我當時所在能源投資公司商談項目。一聞便知是同類（我們情趣相投，僅舉一例，宏慈的手機鈴聲是蕭邦的夜曲，彩鈴旋律選了老柴的「一鋼」，都是我多年來的心水之曲）。此後的交往，就多談形上之題，我於是知道他正在為第二部小說「體驗生活」而雲遊，主題已轉為中醫。然而，當時他只是在「專注地觀察」，料不到以後他竟動手學醫，以至一發而不可收拾，孵衍出一段比小說還神奇的經歷。所以，小說未成，先有了這本《醫行天下》。

在協和醫大出沒八年，後來棄醫從文（也許更準確地說是以商為職業，以文為事業）的馮唐，在他新作《北京北京》中以內行懺悔的口吻說到現代醫學的局限：「小病治不好感冒，大病治不好癌症，其間的病大多不治可自癒，凡不能自癒的，就很難治了。」聰明如馮唐，看到上述大約更接近「現代醫學」的真相，適時放棄了他攻克卵巢癌的努力，到亞特蘭大讀了個MBA，入了諮詢業。也是正牌美國MBA畢業的宏慈，卻隨性而為，怡然告別在香港的「金領職業生涯」，棄商從文而醫，一路進境卓絕，端的與眾不同。

病痛，應該不是因醫生而起的，故非醫生的責任，「病由自家生」。據馮唐的校友，寫了《醫事》的謳歌在該書中說道，美國人早算清了本國人早逝的原因，百分之五十與個人生活方式有關，百分之二十與環境有關，百分之二十與遺傳有關，僅僅百分之十與醫療服務有關。病痛的療治，或是對療效的期待，確實與醫生有關；而從馮唐的專業發現來看，人們在這一點上大多被誤導，對醫療存有無根據的、對治癒的渴望。我從一個完全行外的、關注療效的角度，如此解說西醫與中醫的區別：西醫是以症狀為目標，以化學品為工具，以症狀的消除為癒；而中醫則以病人個體特徵為目標，以循經絡及臟象系統的內、外治法為手段，辨症施治以求該病人達至平衡為癒。在此，某個症狀背後的病源是平衡的身體自己治癒的。據此來看，病癒當從自身的努力來求，「醫」只是助人的推手而已。

精妙的醫術，起復沉痾，聽來往往覺得像武俠傳奇，神乎其神而出世也。與宏慈的交往中，見到他的醫術進境，如降龍十八掌之習演在面前徐徐展開，神乎其神始信之。宏慈的習醫經歷不長。二〇〇七年春節我去探訪宏慈，他在湘西點穴聖手李氏家中觀摩、學習，我成為他點穴練習的第一承受人（幸乎！），到今年春節假期間，我見他為我老友的親戚醫治：來自廣州的一位年近十八歲，卻稚氣如十歲幼女，罹患如帕金森氏症的怪病，遍訪西醫無法確診，宏慈以拉筋、正脊、針灸諸法，循序而進，立竿而初見成效，尋到康復的辦法。不過十數分鐘，正應了宏慈堅信的中醫可以比西藥療效更快之說，所謂「醫到痛立消」。習醫期間一年，宏慈此篇新作歷述其要，我為宏慈回湘、入川、進藏，幾番雲遊擺酒送行、回京洗塵，親見、親歷其醫術緣起演進之速，如今思來，還有些難以置信。

以下敘述我親歷的幾個宏慈治療的事例，算是給宏慈這部洋洋灑灑的大作下個註腳。

一、「腰椎間盤突出」：我岳母來自銀川，曾是當地秦腔劇團的頭牌青衣，年輕時練功頗有功底，退休後來深圳帶她的外孫，卻漸漸感覺行動不便。自二〇〇七年又覺腿痛，發作時疼得無法行走。在深圳最大的北大醫院檢查，照X光片後曰「腰椎間盤突出」，開了些藥，囑多臥床，不得要領。

後我又陪她去福田中醫院針灸科，時值歲末，大夫一邊在電話上談判出差費用報銷等事，一邊診斷，又支去照X光片（中醫西化），看片後說是薦椎的問題，在腰部扎了一片針，也是不得要領：回來腿痛依然，蹲不下來。

二〇〇八年一月十三日，宏慈和我在深圳參加朋友聚會後，到家中給我岳母出手診療，依然是他經典的「拉筋、正脊、再下針」。拉筋後再經宏慈正骨，腿痛當即就基本消失了。但膝彎時還痛，故不能下蹲。於是神奇的一幕發生了，只見宏慈在她手臂上取穴扎一針之後，她當場就可下蹲一段，連扎三針後，她很久都不能下蹲的雙腿居然能夠完全蹲下。至此，總共不過二十分鐘，她在大醫院久治不癒的腿、膝疼痛全都消失。

二、「高血壓＋失眠」：我母親生我時患風濕性心臟病，做了開胸手術，從此成為老病號，先後得過膽結石、胃下垂和萎縮性腸炎，高血壓更是伴隨她此後的四十多年。我父親一年多前也被診為高血壓，吃起降血壓藥來。二〇〇七年秋我邀他們來京，重要的理由就是嘗試宏慈學醫入門的點穴療法，以擺脫西醫認為須終生服用的降血壓藥。二老在宏慈初次點穴後就停了藥。前後共點了三、四次，後來教會了我父母基本手法，這樣他們就可以每天相互點穴，回去杭州家中也可以繼續，我父親一直沒有再服降血壓藥，我母親則藥量減半。有幸的是，母親多年的睡眠問題（每晚起夜後便難入睡，有時凌晨三、四點就無眠，常有失眠）在點穴後也好轉了。二〇〇八年春節，父母離江南到北京「避寒」，又開始跟我拉筋，母親的睡眠又有改進。

三、拉筋二三事：我「四十歲學吹打」，去年轉行做管理諮詢，領色轉「藍」，不但行路更多，工作時間也更長。自一九九〇年開始的每天游泳的「伎倆」，對緩解腰背的緊張、不適已不再能保證有效。老蕭得傳的拉筋之法，我起先也有些將信將疑，不過以我從善如流之本性，姑妄試之，便發現自己已有些筋縮，堅持大約二週，方拉到位（一腿繃直，另一腿腳掌完全著地）。可惜我此前未有較重的病症（幸或不幸？），未可報告宏慈書中提到的戲劇性效果，但我覺出兩大成效：（一）若斷游幾日，背部不似以前糾結折磨；（二）睡眠更好了。

自此，我開始向領色各異的親朋好友推薦拉筋大法，循循不倦之狀，幾乎成了拉筋之代言。也曾不避嫌隙地為美女們糾正示範，對後進、同年，曉之以「勿以善小而不為」；對高堂、長輩、忘年交，則以曾憲梓等名人的前轍為例，力陳此法善大而易從，以為新世紀二十四孝及關愛老人的首選。推介拉筋期間有不少趣事：「從善如流」之最當推我岳父，今年春節後我回深圳探家，因他有車禍留下的腿疾，向他嚴重推薦並示範一次。他自此天天堅持，月餘已見顯效，另一腳也從懸空而至落地。拉筋最痛苦的「健康人」則是中文名叫「孔山」的休士頓朋友。在君悅酒店房間，這位律師背景從事投資的健壯中年人，在宏慈指點下拉筋，如受酷刑；一足不著地，另一足高懸空中。此狀已證明其腰背問題嚴重，果然他的背痛已要靠每天按摩消解。希望他能吃痛而堅持。拉筋之最幼，當推我四歲的兒子天拙，大人談起拉筋，只要他在，他就會第一個爬到椅上躺下，豎起一腿示範。只是他的時間概念十分相對，十分鐘於他往往只是從「一」數到「十」的彈指間。

而我所見拉筋之最立竿見影，無疑是我從洛杉磯來的朋友Gary。這位數學博士，是拿到美國大學終身教職後又讀ＭＢＡ下海的能源交易家，上週應中央電視二套對話欄目之邀而飛來北京，講述次貸危機。公事之餘，我們共處一室，切磋幾年未見的心得，談起養生，自然落題到拉筋。他一試之下，驚喜道，一拉筋，過敏性鼻塞就好了。如是只有不到三分鐘。就用今天剛收到的Gary郵件告結，這位我在安然時代認識的老友，尚未與宏慈謀面，甫回美國，不但夫婦開始力行拉筋，而且已在爾灣的教會夥伴間推介，並打算立即介紹給他工作所在的聖路易斯市有靈性、愛做夢的新朋友（幫我點題）。行文至此，我由衷喜悅，宏慈的事業，無論已然多麼卓著，還只是剛剛開始。

【電郵原文】

---- Original Message -----
From: Gary Zhu
To: Maiyue Cheng
Sent: Saturday, March 29, 2008 1:19 PM
SubjeCT: La Jing

Maiyue:

Tonight, I shared my limited but shocking experiences of La Jing in our fellowship at church, and I briefly told a boring friendship between you and me, and a colorful story of your friend.

Obviously, everyone asks me to show how to La Jing someday.

This suddenly reminds me about a blog from a new friend at St Louis - I would apply to him. I really hope your friend can publish his book so he can share with more distant and unrelated friends like me.

【電郵譯文】

邁越：

今晚，我已向教會的朋友介紹了我關於拉筋有限而令人驚異的經歷；同時，我也簡略提及你我間平淡的友情，作為講述你朋友色彩斑爛的傳奇之背景。

很自然，（聽過後）他們都要我教他們如何拉筋。

自此，我突然想起在（我工作的）聖路易斯市一位新朋友，以及他的部落格，我也會介紹給他。我真切希望你的朋友能把他的大作盡快付印，以便像我這樣身居遠方、尚未直接相識的朋友也能分享（他的見識）。

【電郵附件】

這一場夢

朱兒的夢想，是辭掉電腦工程師，開一家不賺錢的咖啡店；我室友的夢想，是不再研究基因老鼠，轉去創作卡通；我哥哥，老想弄輛破吉普，獨遊大西北。我則想跑到山坡下溪水邊，小木屋蓋它兩、三間，挑個茶簾兒，一壺清茶，幾架好書，窗邊樹下，讀讀書、下下棋……如此這般，弄個茶坊書屋。

少年弟子江湖老。若不是還留著個夢給自己，生活的單調眞有點難以排遣。他日，我要收集天下所有朋友的夢想，開個部落格，名字都想好了，就叫「黃粱那個美夢」。說不定會在那兒發現，自己過的就是別人的夢想，那麼來個大調換怎麼樣……這主意本身，唔，就頗「黃粱那個美夢」。

今晚一群朋友坐在Starbucks，我差點打開布袋，開始收集我的第一批夢。憋住自己的時候，突然想到司空圖二十四詩品中的這首〈自然〉：

俯拾即是，不取諸鄰。俱道適往，著手成春。
如逢花開，如瞻歲新。眞與不奪，強得易貧。
幽人空山，過雨采蘋。薄言情悟，悠悠天鈞。

謹以這首詩送給明日即將離開這個城市的朋友G。「俱道適往，著手成春」是他對朋友的寫照，不知他的夢想是什麼，願神祝福，將他的夢亦「著手成春」。

二〇〇八年三月某日於嘉里池畔

程邁越先生簡歷

- 現任美國科爾尼中國公司董事
- 曾任多家跨國投資公司高階主管

◉自序

朝聞道，夕死，不亦樂乎？

從熱鬧無比的金融界投身於寂寞冷清的中醫江湖，皆因為一個「道」字。本書是我學醫求道的部分紀錄，也是我對身體與靈魂、傳統與現代的反思錄，其中的契機與法門便是中醫。為何是中醫？因為醫中有「道」！對中國人而言，中醫的確是個悟道的方便法門。至少，我在試圖用中醫來靠近那漸漸遠離我們的「道」。醫道，非常道！即使我們不能進入通醫達道的理想境界，能靠近「道」，亦屬妙不可言矣！

吾等生逢亂世，幸耶？不幸耶？

古人云：「大亂非兵荒馬亂，而是人心之亂。」又曰：「亂世現，奇人出。」吾有幸，在中國歷史的轉折時代碰見一位奇人，並讀到他寫的一部撥亂反正的奇書，那就是佛家弟子釋新德，在他的指引下，我見到了一個又一個中醫高人。於是我不再忙於賺錢與空談，而是雲遊四海，到民間拜師學醫。我認定中醫的精華在民間，果然在行動中，不斷地證明了自己的判斷；我認定中醫的學習與臨床應該同步，所以我的學醫與臨床一直同步；我認為鄉下更需要醫療服務，所以就到鄉下免費為人治療；我認為這個時代有太多的空談，太少的行動，所以我就直接行動、行動、再行動，用行動去平衡被空談攪得失衡的人生。

最初，我從湘西的一個漁民兼武師那裡學到了點穴療法，便開始用點穴治療偏癱病人。我的第一個病人是個半身不遂的七十歲老人，我每天給他點穴兩次，每次約五分鐘，五天後他就能下地走路，十天就出院回家了。隨後我又用點穴療法治好了一系列高血壓、頭痛、失眠與憂鬱症。

後來，一個看似偶然的機遇，讓我結識了香港的傷科名醫朱增祥。我與這位年近七十的長者一見如故，很快就成了忘年交。向他學習拉筋、正骨後，我治好了很多頸椎痛、腰腿痛等病人。我用大量臨床病例證實了朱大夫的判斷——絕大多數的「椎間盤突出」，其實是誤導眾生的偽症。朱老師本來用拉筋治療骨傷病，但我在實踐中發現用拉筋治療高血壓、失眠、憂鬱症、減肥與婦科病，也有很好的療效。

與此同時，釋新德又帶我結識了楊真海，一個搞了幾十年地質探礦後，半路學醫的針灸高人。他教我針灸，我教他點穴、拉筋。我學針的第一天就開始在自己身上扎針，並很快就治好了周圍一些親友的病。然而，真正跟師傅的臨床學習是在雲遊四川霧中山、青城山、峨眉山的路上，學習與臨床同步，使我很快地將針灸、拉筋、正骨、點穴等療法運用到實踐中，並達到了立竿見影的效果。在師傅的指導下，我治好了種類更多的病人，心中充滿了藝術創作與治病救人的愉悅，遇到大批病人時，我們簡直像進入狂歡節。

再後來，我在峨眉山兩度「偶遇」雲遊的肖道長，跟他學了道家秘法拍打功，沒想到拍打治病的種類和療效不亞於拉筋，而且拍打與拉筋配合療效更佳，屢創治病奇效。於是我在國內外大力推廣拉筋與拍打，結果發現拉筋與拍打可以治療內、外、婦、兒科的許多疾病，尤其對前列腺類疾病和婦科病有較好療效。這兩種療法究竟能治好多少病，目前還不可限量。更重要的是，拉筋拍打生動詮釋了大道至簡，滿足了在人類普及中醫的主要條件：

一、療效快且好，讓人容易產生信心。

二、方法簡單，人人可學，一看就會。
三、安全可靠，尤其適合老人、病人、亞健康❶患者。
四、治療範圍極大，涵蓋人類主要疾病。
五、有簡單工具配合，加速在家庭、辦公室的普及。

對醫道的探索，以及用中醫治療急症、慢症、重症病的震撼性療效，讓我深切感到身為中國人實在難得！身為中國人應惜福、自豪！幸虧我們有中醫。若中醫亡，則中國必亡！試想，中國還有多少東西沒有被西化？我們從小到大所學的知識，無論理科還是文科，基本上都不是中國的原創，唯有中醫才是！而且中醫的博大精深不僅在於其術、其效，更在於其道，亦即不同於科學思維方式的陰陽之道，中醫的任何療法都不離此道。比如針灸就如同精確制導的導彈，無論何病，只要抓住病機，辨清陰陽，再尋經而治就有效。為人解除病痛的快樂，是賺錢的快感所無法比擬的。連我這個半路學醫的人，也能用中醫的「低科技」治好這麼多「高科技」不好治的病，不得不讓我深度思考中醫、西醫，進而思考東學、西學。

在雲遊川地的一個月內，我雖然只治好了上百個病人，但奇妙的療效已令我對中醫充滿信心。在緊接著雲遊西藏的兩個星期內，我一個人治療了一千多位病人，有時一天治一百多個，幾乎每天都從早晨一直治療到半夜，而且百分之九十的病人都有顯著的療效。除了各類痛症，我還治了一批耳聾、耳鳴患者，最多時一天治十幾個，絕大多數都有顯著的效果，例如有位雙耳全聾的老喇嘛被治了一次，就能聽到十幾公尺以外的講話聲音。顯然，那無形無象卻無所不在的「道」，在通過我的手彰顯。有道是：「手隨心轉，法從手出！」心最重要！有了這顆心與這樣的實踐，我就不再僅限

註❶：亞健康（subhealth）是指人體處於健康與疾病之間的臨界狀態，可往好的方向重新恢復健康，或往壞的方向發展成疾病。處於亞健康狀態的人，免疫功能下降，容易罹患疾病。

於對文化、宗教的高談闊論，而是身體力行地治病救人，並通過中醫向世人普及失傳已久的道統與傳統。

有些人只看到了雲遊四海的浪漫與多彩，卻忽視了浪跡天涯的艱辛與磨難，更不見當今江湖的複雜與險惡。世上擁有一技之長的術士從古到今數不勝數，然潛心求道之人不多，得道之人更罕見。有許多人因掌握中醫的一技之長便只顧開店牟利，許多人想學中醫也是想因此一本萬利，還有些人恃才傲物，因偶有所得而生門戶之見，或見利忘義，為聲名所累，甚至因此而晚節不保。凡此種種，皆引人偏離正道，甚至走火入魔。也有人口口聲聲相信中醫，但一到關鍵時刻還是指望西醫救命，其內心深處的砝碼由此可見。更具諷刺意味的是，有的人自己當了一輩子中醫，最後卻死於西醫的藥物和刀下。此說絕非對西醫的全盤否定，而是對當今世界悲劇與鬧劇的會心一笑！老君曰：「天網恢恢，疏而不漏。」由是可見。

雲遊學醫的結果，徹底改變了我的生活。從前我出差都是為了看投資項目，如今我出差多是尋訪高人、推廣中醫、治病救人。連我這種「不務正業」者也被人頻繁邀去治病，不是因為我高明，而是因為中醫被國人拋棄了，後繼無人！越投身中醫，我就越堅信被許多人視為迷信的中醫，原來是超越科學的「道」，而被大家視為神聖的科學與西醫，卻屢屢誤導眾生，比如光是一個「腰椎間盤突出」就害得多少人吃藥、手術，花錢買罪受！其實，「腰椎間盤突出」是個彌天大謊，因為絕大多數患者的腰腿痛並非源自「腰椎間盤突出」，真正的原因是筋縮與錯位，只要用手法做幾次就好了，甚至可由患者自己拉筋逐漸治癒。光我自己治好的「腰椎間盤突出」就不下數百，而且只用手法不用藥。既然治病如此簡單，為何非要用刀斧鋸鉗來做手術？為何要開腸破肚傷氣血？能不戰而屈人之兵，何需航空母艦？這就是中醫的魅力，這就是文化的力量，亦即所謂「軟實力」。中醫不僅療效顯著，而且成本低、副作用少，操作簡便自然，幾乎符合當今人類對於健康、自然、環保、預防的一切訴求，這正是中醫可在全世界大行其道的基礎。如此強大而優美的軟實力，豈不更優於戰艦與核武？

人若離道，科學會把世界攪得更亂。我們很幸運，也許正因為生逢科學攪局之亂世。

我在海外漂泊多年，人到中年後，以一個外行的身分學習中醫、實踐中醫，對中醫的體驗應該具有廣泛的代表性，因為大多數人不是搞中醫專業的。但誰不關心生命與健康？誰不關心人類的未來？在現代化浪潮的衝擊下，國人對傳統的迷失與無知，已經造成無數亂象與悲劇。所以，談論中醫既不可離開傳統，也不可離開現代；既要說理，又要論道；既要務虛，也要務實。若只談形而上之道，則未免側重理論務虛，若只談醫病療傷，又太專業務實，人間不過又多了個醫師而已。如果既能坐而談醫論道，又能起而動手治病救人，而且有立竿見影的療效，則虛實相間，道理更令人信服。本書就是我以行動平衡空談的一部分，我會將自己的所學所悟一一道來，力爭讓你看完此書也馬上能用拉筋、拍打等簡單的療法，給自己與家人治病，其療效之神奇也許會讓你難以置信！請相信我，這不是吹牛，也並非因為特異功能，而是因為中醫有「道」，大道至簡！

我篤信，中醫即使還沒將你帶入「道」的境界，至少也會讓你減少人生的痛苦，領略「道」的美妙風景。因為中醫就是「道」！

朝聞道，夕死，不亦樂乎？

◉前言

你所不知道的另類中醫

對西醫、中醫和中西醫結合的批判不是為了過發牢騷之癮，而是為了弄清真相，找到人類健康的解決方案。這個方案外求無果，只能內尋。內尋的結果，我們發現生命健康管理的解決方案就在中國文化中，即主動健康管理，其中既有養生又有治療，既是「道」又是「術」，而且大道至簡。文化人談文化易談空論玄，對咬文嚼字樂此不疲，還美其名曰「論道」，其實這種空談往往遠離了百姓的生活，使「道」流於玄虛、空泛。「道」需術彰顯，只有道、術相間，體用互動，方能弘道。如果至簡之術能解決百姓的病痛，那就是上了「道」，這時人們對中國文化、國學、醫道就會有全新的認識與理解。

當今人類的醫學知識基本上是「科學教」的產物，亦即科學被神化、宗教化的結果。中國人對科學的崇拜，甚至超越了對上帝的崇拜，因此許多人理所當然地認為「人的任務就是造病，醫生的任務才是治病」，人就這樣被科學分了科。

西方醫學的關注點在疾病而不在養生，對疾病的態度也是被動治療而非主動治療。這倒與科學的涵義頗為吻合，因為科學的本意即「分科別類之學」。於是普通人造病和醫生治病，成了各自的專業，甚至專利。要改變這種荒謬狀況，唯有用中醫來重新教育被「科學」洗過腦的愚昧無知的人們，使其重新回歸「道」。

「理」是說的，但「道」是要行的，「行」與「說」有天壤之別。光會說「理」似乎明瞭「道」，但往往是假明白，是揣著糊塗裝明白。我的雲遊主要是「行」而非「說」。「行」的結果讓我不斷發現：中醫外治原來如此簡單有效！不僅處理日常痛症、急症立竿見影，而且對內、外、婦、兒科等無數病症都有療效。聽上去像包醫百病，其實不止百病，而是千病、萬病。為避免引起誤解，我們不說包醫百病，而說打通經絡，經絡通則病自癒。

更重要的是，我們提倡的養生和外治都是主動而非被動進行的。主動養生和治療導致施受一體，會改變人的思想和行為，使人關注因果，從而開始自覺地管理自己的生命，成為對自己、家庭和社會負責任的人。人一旦主動管理自己的健康，就會對自己有要求，這就是修行。管理自己生命的方法其實就是佛法、道法。所以，我真誠希望大家趕緊行動，自己動手實踐，而非空談、等待、懷疑。

手法外治——不僅治外科病

多數人理解的中醫總是號脈開藥方，其實手法治病也是中醫，而且更容易學。若望文生義，以為外治只治療外科疾病，那是西醫。西醫外科的確只治療外科疾病，而中醫外治則內、外、婦、兒、五官等科統統都能治。中醫外治不需要用藥輸入臟腑、腸胃、血液，因此避免了藥作用於血液和臟腑的毒副作用，也免除了買藥、煎藥、服藥的各種麻煩。當然，有些疾病同時結合了中醫的內、外治療法，療效會更好。

我重點介紹大家不太熟悉、但卻很有效的幾種療法，即拉筋、正骨和拍打。大量臨床經驗表明，多數常見病僅用拉筋、拍打、正骨和點穴就可治好。如果加上針灸，則治療範圍更廣。即使用其他療法，仍然可以用這些方法配合。服中藥的人在服藥期間拉筋、拍打，則藥的療效會更好、更快，藥的劑量也可相對減少。所謂「亞健康」其實就是不健康，中醫通過拉筋、拍打和望、聞、問、切就能準確診斷，但西醫往往查不出病因，故曰「亞健康」。亞健康者經常使用這些療法，有很好的治療和預防功能！因正骨需要專門訓練，且必須由他人施治，不便推廣；所以拉筋、拍打之法，便成為我向大眾推薦的首要療法。

在拉筋、正骨的臨床初期，我和老師一樣，治療的主要是筋骨方面的痛症，包括腰椎間盤突出以及頸椎、肩周、腰、背、胯、膝、腿的痛症。隨著臨床經驗的不斷豐富，我很快就進入內病外治的領域，先治療了一些失眠、便秘、頭痛、頭暈、煩躁、憂鬱症，繼而治療了大批痛經、月經不調、乳腺增生、子宮肌瘤、色斑、更年期症候群等婦科病，後來治療範圍涵蓋了更多常見病，比如高血壓、心臟病、脾胃病、腎病、肥胖症、甲狀腺亢進、肝膽病、糖尿病等。但這類疾病不會像治療痛症那樣立竿見影，所以我將治療與教育同時進行，即教育每一個病人自己掌握方法，回家自治。此即「教育醫學」。

我的目標本來不是治療更多病人，而是讓更多人主動自療，不去或少去醫院。但治病的結果是找上門的病人越來越多，有違初衷。顯然，病人對醫生的過度依賴和迷信是這個時代教育的產物，也是醫療健康產業的方向性錯誤。人只有了知因果，自覺地管理健康才是正道。不幸的是，錯誤的教育和知識力量太強大，所以提倡主動管理健康幾乎是對牛彈琴，人往往非要得病甚至得了大病之後，才會重視主動健康管理。於是只有得病的人多了，有緣接受主動健康管理的人才多起來。

《醫行天下》首版發行後，我在世界各地舉辦主動健康管理講座，並在網路上大力撰文推廣拉筋、拍打，結果很快收到大量有效案例，人們的驚喜體驗越來越多，自療範圍越來越廣，所以拉筋、拍打究竟能治好多少病，目前還無可限量。由於市場需求龐大，我堅信拉筋、拍打不久就會風靡全球，中國文化也會隨之走向世界，世界上的戰爭就會減少，未來世界也許就能不戰而和。

為何中醫外治鮮為人知？

把中醫外治和主動治療說得這麼神，是否在胡吹？首先聲明：天下沒有包醫百病的療法。因為醫治病不治命，此命既是生命，也是命運。即使外治醫百病，也不一定醫百人。因為人心難測，七情六欲難調！而此乃造病主因。如果拉筋、拍打、正骨和點穴、針灸等其他外治法相結合，其治療範圍已經包括了絕大部分疾病。中醫和西醫治療疾病各有優勢，但若想療效既好又快，痛苦和副作用少，我敢篤定地說：「中醫有很大優勢。」

因為盲目相信西醫，病人總是先讓西醫折騰個夠了，病情加劇，實在沒轍了才來找中醫，被正規中醫治療無效後再找民間中醫。即使在民間中醫療法中，多數人也是先找人開方抓藥，都沒戲了再試其他療法。所以民間中醫，尤其是擅長外治的民間中醫接手的病人，大多是被醫院和正規中醫淘汰的「垃圾病人」，他們往往錯過了最佳治療期，而且可能在以前的治療中搞出一堆新病，亦即醫源性疾病和藥源性疾病。但即便如此，民間中醫治好病的奇蹟還是隨處可聞。

一九四九年以前的中醫全是民間中醫，所以那時不僅名醫輩出，而且整體品質遠遠高於現在科班出身的中醫。但總的趨勢是，從清末到現在，亦即西學漸進後，名中醫的數量呈急劇下降趨勢，清末不如清初，民國不如清末，共和國不如民國。出現中醫學院後，學生被大量西醫課程洗腦後，思維方式嚴重西化，而民間療法則多樣化，他們繼承了世人不知的中醫精華，外治療法的傳承尤其如此。如果進入道家的道醫，就更博大精深了。所以我這幾年一直四處雲遊，尋找身懷絕技的高人。這看起來像個不可能的使命，可幸運的是，我居然找到了這種高人，還不只一個。所以，我堅信一定還有更多的高人在等著我們去發掘、推廣。

由於受科舉傳統的影響，中國文人多以讀書為上，重視讀書、開方，因為這樣才更顯「仕」的本色，所以外治一直不受重視。儘管各地中醫學院的老師最初全部來自民間，但從民間找的老師也多為開藥方的「仕」，鮮有「推拿正骨教授」、「點穴教授」，更沒有「拉筋教授」。因此，外治高人絕大多數只能在民間自生自滅。

第1部

拉筋，與筋肉對話的保健法

第一章

自己拉筋治百病

現代人得的病，在二十幾年前不可想像：老年人常得的頸椎痛、腰腿痛、高血壓、前列腺（攝護腺）疾病，居然在中青年裡流行；大部分婦女都患有不同程度的婦科病。老人的病是年輕時積累諸病的顯現與人體功能自然退化的綜合結果；年輕人的病則多是人心浮躁與高科技氾濫的結果，電腦、電視、遊戲機與汽車的出現，導致人體以同一姿勢長時間不動而氣血淤堵；空調更像個無形殺手，將寒濕不斷灌入人體，耗散陽氣，堵塞氣血的運行，痛症與許多婦科病即因此形成。

在自療諸法中，最有效也最容易被大眾學習領悟的當推拉筋法與拍打法，此二法可由病人自己在家裡或辦公室操作。很多人的痛症經過一至二次治療以後，無須再花錢與時間反覆治療，自己拉筋、拍打即可康復。甚至連高血壓、前列腺疾病這樣的慢性病，拉筋的效果也能立竿見影，像這樣的成功案例越來越多。

什麼是「筋縮」？

「筋」是中醫的舊稱，西醫統稱為「肌腱」、「韌帶」、「腱膜」等；「縮」有收縮與痙攣的意思。簡單來說，「筋縮」就是筋的縮短，因而令活動受限。每個人身上都有一條大筋，從頸部開始引向背部，經腰、大腿、小腿、腳跟至腳心。解剖學裡沒有提及這條大筋，它就像經絡穴位，並無有形的位置，但當你接受治療時，就體會到這條筋的存在。

在醫學古籍中，筋症被分為筋斷、筋走、筋弛、筋強、筋攣、筋萎、筋脹、筋翻及筋縮等，筋縮是其中之一，但其涵義與解釋並不清楚，對於這些病症的臨床記載並不多，中外醫學書籍亦難找到詳細的論述。

現代人見到的最普遍症狀就是「筋縮」，或曰「筋硬」。

人為什麼會筋縮？

人是動物，久坐不動就會造成筋縮，縮則變硬。科技進步令人運動量大大減少，筋縮因此增加。長期坐著工作的白領們，尤其是老闆，連一杯水都要職員送到手上，筋縮的可能性大增。從前筋縮多數發生在老年人身上，但近十幾年間電腦普及，幾歲大的小孩就玩電子遊戲機，年長些的玩電腦，坐的時間長了，姿勢不正確，電腦的擺放位置不適當，電腦桌下又沒有足夠的空間讓雙腳伸展活動，背及腿的筋肌遂漸漸收縮，日久便會造成腿的筋縮。

以上是朱增祥老師在《錯縮談》中談的筋縮，他用拉筋主要治療痛症，筋拉柔了痛就減緩。我從學醫開始一直沒離開臨床，對筋縮現象的觀察很廣泛，結果發現除了久坐不動，以下習性都能造成筋縮，如吹冷氣、喝冷飲、穿露腰衣服、吃魚肉、熬夜、抽菸、酗酒、縱欲、過慮、憤怒，乃至過度追求升官發財等等。

筋縮會造成經絡堵塞，陰陽失調，由是病生！

以拉筋為綱，綱舉目張

從病的角度看，我發現筋縮已經出現在人類幾乎所有的疾病中。換言之，所有疾病或多或少都會通過筋縮有所反映。既然如此，我在醫理與病理上也做這樣的歸納，即拉筋可以直接、間接治療無數疾病。所以，在我的臨床治療中，拉筋成了治療大部分疾病的重要手段之一。目前我治療的非痛症疾病已經超過了痛症，涵蓋內、外、婦、兒等幾乎所有科。文革期間有句著名的口號：「以階級鬥爭為綱，綱舉目張」，現在我也可以說：「以拉筋為綱，綱舉目張」。

吾以為，此一淺顯道理乃醫學上的重大突破。它可以給醫學界一個重大啟發，即無論中醫、西醫，無論什麼科的醫生，都可以此簡便療法治病。更重要的是，老百姓自己也可以用此法治療大量疾病，甚至治好大量疑難病、慢性病，目前我幾乎每天都收到這樣的自療有效案例。

很多醫生發現，拉筋法與服中藥等其他療法不僅不衝突，而且提高了其他療法的療效。因為拉筋並無任何副作用，只是通經絡，經絡既通，對藥物等其他療法更有利。

愛運動的人為何也會筋縮？

經常打球、爬山、游泳，愛運動的人為什麼還會筋縮呢？

其實，上面所說的筋縮原因已經回答了這個問題。首先，如果你有吹冷氣、喝冷飲、吃魚肉、熬夜、酗酒、過慮等習性，造成的負面能量超過你運動帶來的正面能量，筋縮就出現了。反正是你自己跟自己拔河，就看你的心念與習性如何。其次，有些運動的動作單調重複，某些身體部位頻繁運動，而其他部位卻沒有動到，比如高爾夫、網球、跑步，都不能充分拉開長期不動的部位，於是造成筋縮。游泳時如果水溫太低，也容易引起筋縮。第三，運動前不認真做熱身運動，易造成筋縮、肌肉受傷。所以，運動員在比賽前早已做好一切必須的關節、肌肉、筋腱等熱身運動，到了運動場只是再鬆一鬆。

有些人即使有筋縮，只要對生活暫時沒太大影響，感到腰、背痛時，也不會想到是筋縮緣故，因為他們根本不認識這種病症。目前中西醫對筋縮病都沒有概念，當然無法對症治療，所以很多病人曾看過中西醫的不同科，結果只是得到很多不同的病因及病名。

骨傷科類筋縮的症狀

筋縮會導致五花八門的明顯症狀（見65～66頁），最主要的有腰背痛、腿痛及麻痹、長短腳的感覺！有時會引致腳跟的筋有放射性牽引痛；步伐開展不大，要密步行走；下蹲困難，髖關節的韌帶被拉緊；大腿既不能抬舉，也不能橫展。這類人的站立姿勢很特別，屈膝、屈髖、胸部微微向前傾，臀部則微微向後，不能站直，走路時步伐無法開展，前南韓總統金大中先生就是典型的一例。很多人不能完全下蹲，膝關節疼痛，也是筋縮症。

骨傷科筋縮症歸納起來如下：

一、頸緊而痛
二、腰僵直痛
三、不能彎腰
四、背緊而痛
五、腿痛及麻痹
六、不能蹲下

七、長短腳

八、腳跟的筋有放射性的牽引痛

九、步伐開展不大，密步行走

十、髖關節的韌帶有拉緊的感覺

十一、大腿既不能抬舉，亦不能橫展

十二、轉身不靈活

十三、肌肉收縮／萎縮

十四、手不能伸屈（手筋縮短）

十五、手、腳、肘、膝時有脹、麻、痛感，活動不順

骨傷科以外的筋縮症狀

骨傷科的筋縮症狀是朱老師在治療中的總結。我在大量臨床實踐中發現，筋縮症遠遠不只這些。一言以蔽之，幾乎所有疾病都不同程度藉由筋縮表現出來，這也為拉筋作為一項值得在全人類推廣的診斷與治療法奠定了基礎。目前通過拉筋治療有效的典型筋縮病症有以下這些，更多的治療案例則有待於大家實踐、發掘：

一、泌尿系統疾病，如前列腺疾病、痔瘡、尿頻、尿急、尿失禁、憋尿等等。

二、生殖系統疾病，如婦科的痛經、月經不調、子宮肌瘤、卵巢囊腫、不孕症等，男科的陽痿、早洩、遺精、性欲下降等等。

三、莫名的臟腑疼痛，包括胃痛、腹痛、腸胃炎、兒童的肚腹痛等等。

四、四肢寒冷、麻木、痠脹等等。

五、心腦血管毛病，如高血壓、心臟病、胸悶、心慌、氣短、早搏❶等等。
六、肝膽病，如甲肝、乙肝、丙肝❷、膽囊炎等等。
七、皮膚病，如神經性皮膚炎、過敏性皮膚炎、牛皮癬等等。
八、糖尿病。
九、中風後遺症。

以上分類僅僅是為了閱讀、查詢方便，其中不同科的病種會互相交叉，骨傷科的痛症跟內、外、婦、兒科的症狀也互相交叉，得單一病者罕見，得多種病的機率極高。既然如此，我們治病首先就要忽略病名，然後實施「地毯式轟炸」，亦即所有經絡都不放過，不管通不通，統統轟炸，全部疏通。拉筋配合拍打、正骨，正是這樣的「地毯式轟炸法」，也可稱之為「殺毒軟體法」。有人問拉筋為什麼會出現痠、麻、脹、痛，其實這叫「氣沖病灶」，正好說明治療在進行，而且有效。痛則說明不通，痠、麻、脹說明不完全通，但都顯示正在疏通。

拉筋——一分鐘就學會的療法

中醫雖然沒有專門針對筋縮的療法，但各種撐拉的方法在習武、氣功、瑜伽鍛鍊中一直存在。道家有一種說法：「筋長一寸，壽延十年」；達摩《易筋經》也指出：「筋縮則亡，筋柔則康。」所以長壽者通常都有一副柔軟的筋骨。目前西醫還沒有「筋縮」的概念，所以很多病人被治療了很久還不知病因何在，有的筋縮症就被當作椎間盤突出、膨出、椎管狹窄、骨質增生等等。拉筋過程中，一般醫師認為當患者感覺到筋被拉緊疼痛時便要停止，以免拉傷筋。其實正是因為筋縮了，不易拉

註❶：早搏是過早搏動的簡稱，亦稱期前收縮、期外收縮，是心律不整的一種。
註❷：甲肝、乙肝、丙肝，即台灣所稱的A型肝炎、B型肝炎及C型肝炎。

開，所以越緊越要拉開，不然它就越縮越緊。但也不是不顧一切拚命拉！很多病人經拉筋後，步履更輕快、腰背痠痛減輕，甚至消失。沒病痛的人想避免筋縮，就應每天拉筋。平日堅持拉筋就是最好的保健法之一。

在美國雲遊期間，我幸遇台灣的陳履安先生。他是畢業於麻省理工學院的博士，也是台灣的著名政治家，後來潛心修佛。我們談起佛法與醫道，發現他是醫家高人，長年堅持用中醫養生，熟悉針灸、導引。對拉筋，他可謂一見鍾情，不僅立刻開始實踐，而且兩次邀請我到台灣演講、示範。有一次，我們一起搭飛機，他在機艙失蹤，後來我在最後一排座位上發現了一隻翹在空中的腳，原來他在拉筋。他認為拉筋的意義目前還不可限量，並堅信推廣拉筋不僅治病有效，而且將為國家與家庭節省巨大的醫療費用。他與夫人每天拉筋，逢人就宣傳拉筋，還在原有拉筋法的基礎上總結歸納出幾種新拉筋法，方便人們邊工作邊拉筋。現將朱老師、陳先生與其他人總結出的新拉筋法一併列出，供大家參考（**詳細彩色圖解，見71～88頁**）。

•（上）第二次在台演講
•（中）第二次赴台時與王金平先生合影
•（下）跟陳履安、朱經武先生講拉筋

【拉筋法1】臥位拉筋法（見圖解72～73頁）

這是迄今所見療效最全面、使用最安全的拉筋法，須躺在特製的拉筋凳上進行。

1從拉筋凳插杆子的一側坐下，屁股盡量靠外緣，慢慢躺下。

2將一條腿放在杆子上伸直，腳底與杆垂直，移動身體，使臀部緊貼杆子。

3另一腿膝蓋彎曲向下，盡量使勁讓腳著地；著地後，腿盡力往上舉之腿併攏（往內）。請注意，此腿越向內併攏難度越大，不能向外形成外八字。正確姿勢是兩腿併攏，用力方向相反，如此才能拉開膝後、大腿內側與腹股溝的筋。

4雙手舉起，盡量向後延伸，將手臂平放在拉筋凳上。

5如此躺著拉十分鐘，再換一條腿拉十分鐘，方法相同。

6拉筋者若上舉腿的膝蓋彎曲不能拉直，可在膝蓋處用一條可黏連的束腰布之類綁在杆子上；若下放腿不觸地，可用沙袋或其他重物壓住，逐漸加壓；若後舉之手不貼凳，可舉一重物加壓。也可讓人幫忙壓兩條腿，但須循序漸進。拉筋效果可看面部表情，表情越痛苦則療效越好。當然，須在自己可忍受的範圍內。

若暫時沒有拉筋凳，可用簡易辦法替代拉筋凳。方法如下：

1將兩張平坦、無扶手的椅子擺放在門框一側。

2坐在椅邊上，臀部盡量移至椅子邊緣。

3躺下仰臥，右腳伸直倚在門框上，左腳屈膝落地，盡量觸及地面，雙手舉起平放在椅上，持續十分鐘。期間左腳可作踩單車姿勢擺動，有利放鬆髖部關節。

4移動椅子至另一面，再依上述方法，左、右腳轉換，再做十分鐘。躺在併起來的椅子上不像拉筋凳那麼平整、舒適，椅子的高度、規格也不同，所以此法的缺點是拉筋品質不高。許多人拉筋很久還不見效，改用拉筋凳拉，療效果然不同。

【拉筋法2】立位拉筋法（見圖解74頁）

1 找到一個門框，雙手上舉扶兩邊門框，盡量伸展開雙臂。

2 兩腳一前一後站成弓步，前腿彎膝，後腿要打直，腳跟必須著地。

3 身體正好與門框平行，頭直立，雙眼向前平視。

4 以此姿勢站立三至八分鐘，再換一條腿站弓步，同樣站立三至八分鐘。

此法可拉肩胛部、肩周圍、背部、腿部及其相關部位的筋腱、韌帶，主要用於治療肩頸痛、五十肩、背痛等症，對拉開小腿後部的膀胱經也有利。

【拉筋法3】橫豎拉筋法（見圖解75頁）

人躺在牆根，一腿上舉貼牆，另一腿盡量貼牆水平橫拉。若能將兩腿拉成垂直、橫向兩個九十度，說明筋很柔軟。此法實際上是臥位拉筋與橫拉筋的綜合，難度較大，既可自己拉，也可讓人幫助拉。左、右腿各拉十分鐘。

【拉筋法4】橫拉筋法（見圖解76頁）

人平躺在床上或地上，雙腳盡量水平向兩邊展開，拉十分鐘。若要加大力度治病，則需要一人協助。人躺在床上或地上，由

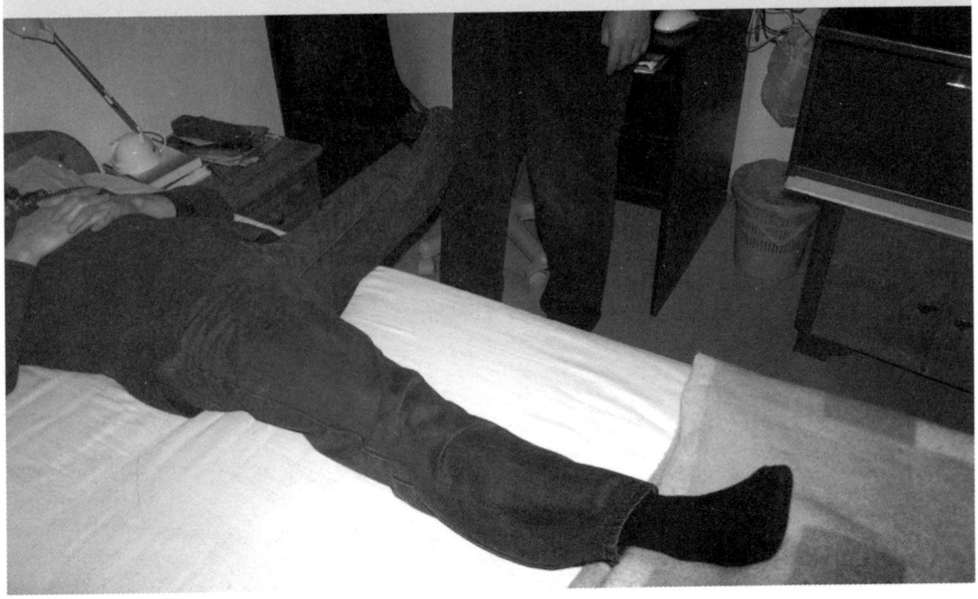

•仰臥橫拉法（一）

他人按住一條腿，將另一條腿水平向外拉開，拉到患者可以忍受痛苦的極限，停住三分鐘，狀如驢推磨。拉完一條腿，再拉另一條腿三分鐘。也可仰臥床上，雙腳朝上貼牆盡量分開，如同大寫字母Y。

此法可配合臥位拉筋一起做，如果臥位拉筋後，腰背、薦椎仍有餘痛，即用此法。

【拉筋法5】頸部拉筋法（見圖解77頁）

此法主要用於治療各種頸椎、肩背疾病。

1 面朝上，平躺於床或凳上，將頭伸到床緣或凳緣外，雙手也盡量向後伸展，讓頭部的重量牽引頭下垂三分鐘。

2 睡覺時不用枕頭，仰臥平躺。因平時工作時，頭長時間趨於前下方不動，導致頸椎疼痛不適，此法正好反其道而行之，是一種柔和的拉筋法，且時間長。因為長期用枕頭睡覺，所以剛開始不習慣，試過幾天就適應了。

【拉筋法6】簡易拉筋法（見圖解78頁）

一腿膝蓋跪在地上，另一條腿平放在椅子或沙發上，雙手上舉並合攏，兩食指並齊朝天伸出，雙臂盡量拉到耳根後，拉三至十分鐘，強度與時間也可自己定。此法在一定程度上結合了臥位拉筋與立位拉筋，可利用辦公室或家裡的椅子、沙發，隨時

•仰臥橫拉法（二）

隨地拉筋。下跪的膝蓋承受壓力，對治療膝關節的疾病有幫助，上舉雙臂可治五十肩。

【拉筋法7】拉屎拉筋法／下蹲式拉筋（見圖解79頁）

這是最古老的拉筋法，就是蹲在地上待會兒，動作跟蹲坑拉屎一樣，故曰「拉屎拉筋法」。想當年，蹲坑拉屎就是在拉筋，每天拉屎一次也是拉筋一次，鍛鍊身體自然而然，可以說「鍛鍊如同拉屎一樣自然」，多美！不用穿上球鞋與運動褲就開練了。如果下蹲到底，還可雙手抱腿、埋頭，效果更好，這便是道家的「嬰兒抱」，人在娘胎裡就是這樣。此動作有助於拉開頸部、胸背、腰部、尾椎、胯部、膝蓋、小腿肚上的筋，促進氣血循環與大小腸蠕動，不僅可治療以上各部位的相關疾病，而且有助於治療便秘與痔瘡。

人們從前蹲在地上吃飯、聊天、開會，也是這個拉筋動作，很多老電影裡都有這類鏡頭，四十歲以上的人都會有這種美好回憶。可惜隨著中國教育的全面西化，連上廁所的方式也西化了。坐式馬桶的出現，使古老而優美的蹲坑拉屎兼拉筋的光榮傳統在多數城市成為回憶。現在患腰腿痛與下蹲困難的人劇增，原因之一便是扔掉了拉屎兼拉筋的光榮傳統。所以，我鄭重建議大家恢復蹲式廁所，實際上這不僅可同時拉筋，而且比坐式馬桶更衛生方便。剛剛裝修完畢的「醫行天下培訓中心」，就全部用了蹲式廁所。

如果沒蹲式廁所，沒事就蹲幾分鐘到半小時，權當拉筋，不亦樂乎？另外，建議開會、吃飯時別坐著，大家一起下蹲，既可拉筋治病，又可提高開會、吃飯效率。開會時間一長，發言肯定自動縮短；吃飯時間縮短則肯定少吃，對脾胃是大補。

拉筋注意事項

◎臥位拉筋腳著地困難時，膝腿可稍向外撇以減輕痛苦，但著地後應盡力向內併攏，直到兩腿完全併攏，別向外形成外八字。

◎凡有高血壓、心臟病、骨質疏鬆症患者或長期體弱的重病患者，一定要先請示醫生是否適合做這類拉筋法。有筋縮的人在拉筋時一定會痛，忍受疼痛時心跳加快、血壓升高，可放一小枕頭將頭稍稍抬高，以避免血沖腦部。

◎老人、骨質疏鬆症患者、重病體弱者可能因疼痛而暈厥，所以不宜操之過急，拉筋時間可從短到長，強度可從小到大，因人而異，沒有絕對標準，只要長期堅持，就會日久見功夫。

◎如在拉筋時發現患者手腳發麻、冰涼、臉色變青、出冷汗，西醫稱之為「過度換氣症候群」。處理辦法是，用紙袋或者塑膠袋罩住患者口鼻，形成封閉系統，約五分鐘後症狀會消失，恢復正常。

拉得痛、麻、痠、脹，究竟是福是禍？

對於各類患者，或曰筋縮、筋硬之人，拉筋的首要反應

•院長簡易拉筋法

是痛、麻、痠、脹、癢、犯困（想睡覺），這與針灸、點穴、練氣功的反應基本相同。不明白的人往往大驚小怪，害怕繼續拉筋，以為會拉壞身體。其實這是自然療法治療過程中產生的自然現象，中醫稱之為「氣沖病灶」，即人的正氣被調動、啟動後，與邪氣相持、搏鬥時在人體出現的生理反應，可稱之為黎明前的黑暗。

這種反應是一種信號，告訴人們被堵的經絡正在被打通，所以是好事。除了上述反應外，有的拉筋者身體還會出現紅斑、紅疹、水泡，以及頭暈、頭痛、噯氣（打嗝）、噁心等各種不適症狀，也可能有吐濃痰、流鼻涕、打嗝、放屁、拉很臭的屎與很騷的尿等各種強烈反應，其實這些都是排毒反應，不僅不必緊張，反而應該慶幸、慶賀才對。面對上述症狀，我們應該乘勝追擊，繼續拉筋、拍打，身體經過內在的清洗、排毒後會逐漸恢復正常，越來越健康，甚至會脫胎換骨。需要強調的是，即使病治好後，還應繼續拉筋、拍打，並將此養成終身保持的習慣，替代吃藥、打針。只是拉筋、拍打的時間與強度減低，由治病變為養生。有人問為何要每天拉筋、拍打，其實這與每天吃飯有何兩樣？難道您那麼喜歡每天吃藥、打針嗎？

還有人擔心這麼拉會拉傷筋與肉。其實拉筋是一項自然合理的動作，痛、麻、痠、脹等反應都說明氣血不通，所以需要拉通。拉筋比牽引安全得多，因為拉筋是自己拉自己的筋，力道與時間都可調控，自己拉也有個極限，絕不會把筋與肉拉出自己的身體。但牽引卻容易拉出事故，因為是外力在拉，非患者自己掌控。自從本書首版發行，尤其是我與梁冬在中央人民廣播電臺「中國之聲」的系列談話播出以來，我的部落格與郵箱中每天都收到大量讀者與聽眾的諮詢，其中最多的問題就是對「氣沖病灶」的擔心與恐懼，錯把好事當壞事，錯把獎賞當懲罰。而各類問題中，大家反映最多的是怕疼。

我對此的回答是：因為疼，所以要拉筋；因為很疼，所以得狠拉。因為疼，說明身體有毛病。但疼應該是在自己能忍受的範圍內，可以通過拉筋強度與時間靈活掌握。初學者、病重者、老人在開始不必用力拉得太狠，也不必一次到位，最好循序漸進，逐漸延長拉筋時間，逐漸加大力度。如果無論怎麼拉、拉多久都無痛、麻、痠、脹感，說明骨正筋柔，氣血自流，反倒不必拉了。也有人說自己從小就筋硬，甚至天生如此，所以不願拉筋。其實筋硬已經是身體出問題的警訊了，說明肝功能有問題，因為肝主筋，所以這種人更得拉筋。

只要長期堅持拉筋，結果人一定會越來越舒服、健康。問題是，一般人只有等病重了才開始重視身體健康，大約這就是所謂命運吧！病治有緣人，亦如是！

拉筋凳——提高拉筋療效的工具

為了提高拉筋品質，我在原始拉筋凳的基礎上發明了幾種新拉筋凳，並為此申請了專利，此後經過改良形成系列專利產品，大大促進了拉筋的傳播普及。拉筋凳使用經特殊處理過的木、竹、籐等天然材料製造，其自然屬性符合人體骨骼、筋腱的修復與保健，已由特許公司授權生產銷售。目前網上已出現多家假冒偽劣產品，請大家小心上當。

拉筋凳的長、寬、高適度，看上去像一件家具，其活動的柱子可讓左右兩腿交替拉筋，上舉的腿可以綁在柱子上固定，拉筋更方便舒適，療效更好，在家與辦公室使用都適合。如將椅子並在一起躺下拉筋，腿只能貼在牆與門框上，不太方便固定，人體重心不穩，年紀大與病重的人容易從椅子上摔落下來。目前第三代拉筋凳已經做成了自助組裝式，如同宜家家具一樣，買回家擰上螺絲就能用，往國內外運輸很方便，可以在全國各地實現到府托運服務。

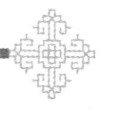

中年、青年人已經有病，老年人的病只會更多、更重，尤其是腰腿痛、前列腺類病、高血壓等各種慢性病。於是有的人先在自己家裡放一個，拉筋後發現真有效，就再買一個孝敬父母。在公司放幾個凳，也深受歡迎，顯然給員工送健康比送吃喝更好。某地的市委書記與幾個幹部專程來北京找我治療高血壓與腰腿痛，見拉筋療效立竿見影，當即就買了十個拉筋凳托運回去，因為他們那裡患腰腿疼與頸椎病的人很多。事實顯示，拉筋凳可激發人拉筋的欲望，因此大大減輕了電腦、空調造成的症候群，提高了工作效率，減少了醫療費與病假。

有些人認為拉筋凳太簡單，「科技含量」低，所以不值錢。殊不知，大道至簡！拉筋凳能為千萬人解除痛苦，既治病又防病，甚至治好了大量醫院治不好的疑難雜症，正好說明它包含很大的價值，是個偉大的發明。療效而非複雜程度才是衡量其價值的最佳尺度，對那些久治無效而用拉筋凳很快就治好多年腰腿痛與椎間盤突出的人，它更是無價之寶。這是複雜、昂貴、「科技成分高」的電動按摩椅無法相比的。有些西醫檢測儀器光找出問題而不解決問題，況且照X光片找出的問題也只能由人判斷，比如各類椎間盤突出，只能用於嚇唬人，並引誘人吃藥、打針、動手術，從而加劇病情。但拉筋凳卻可用於診斷、養生，又可用於治療，還可當家具使用，可謂多功能。

在此舉幾個拉筋凳上的趣事與讀者分享：一天，一身材壯碩的男人來找我治腰痛，見一女子躺在拉筋凳上神情安詳，以為這是種按摩院裡的美好享受，於是他胸有成竹地躺倒在拉筋凳上，腿剛剛上舉，還沒開始拉，就從他胸腔裡傳出一陣驚天動地的慘叫，弄得屋裡人都以為發生了什麼慘案，原來是他筋縮太嚴重了。還有一次，一個老公陪老婆來治腰椎間盤突出，老婆在拉筋凳上的表情痛苦，老公習以為常地安慰老婆說：「沒事兒，堅持一下就好了！」老婆說：「我痛！」老公說：「堅強些！忍一忍就過去了，千萬別哭，讓人看了笑話。」老婆得到老公的安慰與鼓勵，果然忍住疼痛，沒有掉淚。結果療效很好，一次就減輕了大半腰痛。沒想到三天後，老公腰痛，由老婆陪著來拉筋。這次老公的痛苦表情比老婆更甚，剛躺倒在拉筋凳上就殺豬般嚎叫起來，於是老婆在一旁重複老公曾對她說過的話：「堅強些！忍一忍就過去了，千萬別讓人看笑話。」老婆這話不說則已，話音未落，老公竟然嗚嗚地哭出了聲。我一看這光景，不得不承認：這年頭，真是陰盛陽衰啊！

拉筋與壓腿、瑜伽、牽引、舞蹈的區別

一、拉筋療效顯著，可治療已知的絕大多數疾病，對腰、背、腿痛症患者，大多當場見效；對前列腺病、高血壓、婦科病等各種慢性病患者，拉筋的療效也很明顯，可以說拉筋比抗生素具有更廣泛的效果。

二、拉筋簡單，即學即會，所以極易普及，男女老少咸宜，在家裡、辦公室皆可實施，防病、治病、健身皆可。

三、拉筋安全。跳舞、壓腿、瑜伽均處動態，容易失控受傷，唯拉筋處於靜態，且拉筋時間與強度可自己掌握，不會轉動腰部與關節，自力拉筋到極限也不會把筋拉出體外，所以不會拉傷；而牽引的拉力是人不能自控的外力，容易受傷。

四、拉筋法將筋拉得更徹底，從頸椎到腰背、膕窩（膝後）、腳跟、髖關節及大腿內側的筋，乃至全身的筋，幾乎都被不同程度拉開，這對全身病灶與不通的經絡有「地毯式轟炸」的掃蕩作用，也形成了殺毒軟體的掃描、殺毒功能。而其他運動大多只拉開局部的筋，且拉動得不夠均衡。

五、拉筋時可閉目養神，可聽音樂、冥想，還可與呼吸、禪修配合，產生更好的療效，堪稱一舉數得。

拉筋與其他外治法的比較

一、首先，拉筋是學習中醫的方便法門。人人都可以拉筋，也可以幫助別人拉，因為它簡單易學、療效顯著，大部分人可以在一分鐘之內學會。在研究、嘗試過各種外治手法後，我發現無論是針灸、點穴、拔罐還是按摩、推拿，都必須對中醫經絡、穴位有一定的瞭解，掌握經絡走向與原理對於一般人有難度，要記住常用穴位不易，掌握幾百個穴位就更難了。而拉筋不僅學得快，療效也快，能很快建立對中醫的信心，在顯著療效基礎上再學習經絡、穴位會更加容易。

二、其他外治法對於手法、力度、用具等等都有更嚴格的要求，稍不注意就會出錯，而拉筋沒有這些要求，門檻最低，安全易行，男女老少咸宜。

三、中醫療法中一直沒有一種普及的家用醫療用具，而西醫的聽診器、血壓計、體溫計、按摩椅等家用儀器卻很普及，這對西醫的普及很有利。拉筋凳的出現彌補了中醫的這一空白，大大方便了中醫的傳播與普及。

四、拉筋有利於中華文化的傳播。拉筋的靜態、無為、不爭等特點很符合道家思想，與西方的劇烈運動、錦標比賽健身法形成鮮明對比。中醫的整體性診斷與治療原理透過拉筋來理解就很容易，比如堅持臥位拉筋這一個動作，就能治療頭痛、痛經、腰痛、腿痛、高血壓、前列腺疾病、痔瘡、胃痛等分屬西醫不同科的一堆病；又比如拉筋時膕窩痛，這時再理解上病下治、認識膀胱經就容易多了。為何中文有「腰腿疼」、「腰膝痠軟」這種說法，而其他語言中沒有？因為腰與腿是由膀胱經連在一起的，因此腰與腿一榮俱榮，一損俱損，治腿就可以治腰，治腰也能治好腿。

拉筋的原理與功效

拉筋可直接、間接打通全身經絡，經絡一通則祛痛、排毒、增強性功能和免疫力，間接療效則數不勝數。其原理何在？首先，拉筋將人體硬體、軟體都拉通。筋既是硬體也是軟體，經絡是人體軟體，亦即生命的軟體。《黃帝內經》指出，十二筋經的走向與十二經絡相同，故筋縮處肌肉也跟著縮，相應經絡就不通，不通則痛。如果觀察食用的肉類與內臟，會發現其間縱橫交錯著許多筋。按摩可令人舒服，但療效不能深入持久，因為按摩作用的主要是肌肉而非筋。筋如同百葉窗的拉繩、漁網上的綱（即大繩），所以綱舉才目張。拉筋就是拉百葉窗的繩與漁網上的綱。拉筋過程中，肩背、胯部、大腿內側、膕窩、肩周、腰背等處會有疼痛感，因為這是最容易筋縮之處。拉筋使筋變柔，令脊椎上的錯位得以復位，於是「骨正筋柔，氣血自流」，腰膝、肩背、四肢及全身各處的痛、麻、脹等病症，便因此消除、減緩。

其次，拉筋可幫助打通背部的督脈與膀胱經，這對健康具有重大意義。因為督脈是諸陽之會，元氣的通道，而膀胱經與腎經互為表裡，此二脈通則腎功加強，而腎乃先天之本，精氣源泉，人的精力、性能力旺盛都仰賴於腎功能的強大。督脈就在脊椎上，而脊髓通腦髓，與腦部疾病有千絲萬縷的聯繫。任、督二脈在人體上是個循環的圈，各種功法要打通任、督二脈即是此意。膀胱經還是人體最大的排毒系統，也是抵禦風寒的重要屏障，膀胱經通暢，則風寒難以入侵，內毒隨時排除，肥胖、便秘、粉刺、色斑等症狀自然消除、減緩。膀胱經又是臟腑的俞穴所在，即脊椎兩旁膀胱經上每一個與臟腑同名的穴位，如肝俞、脾俞、腎俞等等，所以疏通膀胱經有利於所有的臟腑。按西醫理論解釋，連接大腦與臟腑的主要神經、血管、淋巴都依附在脊椎及骨縫關節處，疏通相關關節與骨縫間的軟組織系統，就解救了很多被壓迫的神經，掃清了很多看得見的堡壘、障礙與看不見的地雷、陷阱。

第三，拉筋拉軟並疏通了大腿內側的肝、脾、腎三條經，相應臟器的功能也因此改善。中醫曰肝主筋，屬木，肝病乃百病之長，故拉筋一定能治療肝臟疾病。一旦提高肝功能，則心、脾、腎功能會一榮俱榮，因肝木生心火，脾土則為肝木所剋，腎水為肝木之母，其生剋、母子關係導致心、脾、腎皆因肝功能提高而受益。許多醫書都介紹，此三條經通暢則人的性功能強悍。因此有的書鼓勵人練習劈叉來加強肝、脾、腎功能，但這對普通人難度太大，還是拉筋最方便。這三條經不暢也是生殖、泌尿、內分泌系統生病的原因，比如男人的陽痿、早洩、前列腺炎，女人的痛經、月經不調、色斑、子宮肌瘤、乳腺增生等等，皆因此而生。所以，男人要想增強性能力，女人要想治癒各種婦科病、減肥、美容，最簡便有效的辦法之一就是拉筋。

拉筋既是診斷，也是治療

拉筋既是治療，也是診斷。比如凡拉筋時膝痛而不直，則定有筋縮症，筋縮則首先說明肝經不暢，因為肝主筋，而肝經不暢，脾胃也不會好，因肝屬木，脾屬土，木剋土。如膕窩（膝蓋背面）痛說明膀胱經堵塞，腰就有問題，腰的問題可能是腰椎問題，也可能是腎的問題，也可能兩者都有。膀胱與腎互為表裡，共同主水，凡膀胱不暢者腎經也不會通暢，浮腫、肥胖、尿頻、糖尿病等皆與此相關。躺下後，後舉的手臂不能貼到凳面，則表明有肩周炎（五十肩）。有的人在拉筋凳上一躺，上舉的腿不能伸直，下落的腿懸在空中不能落地，表明筋縮嚴重，不僅有腰腿痛症，可能內臟也有諸多問題。對於女人而言，說明可能有婦科病，對男人，這可能有前列腺疾病。

人從生到死的過程，就是個由軟變硬的過程。嬰兒氣血最暢，故最柔，老子因此用嬰兒形容柔。人長大的過程就是身體逐漸變硬的過程，越老越硬，人死則成為僵屍。人若筋縮，則拉筋必生痠、麻、脹、痛的感覺，而這種感覺則說明經絡正在被打通。因為拉筋啟動了經絡系統，加強了氣血循環的速度與力度，氣到經絡淤堵處，必然在此產生正、邪兩股力量的搏鬥，痠、麻、脹、痛因此而生。有人因此而放棄拉筋，說明對此不瞭解。其實扎針的感覺與此類似。

拉筋的時間與強度

拉筋要拉多久時間沒有絕對標準，建議每條腿十分鐘的拉筋時間也僅供參考，並非標準。

上舉腿伸直，下放腿觸地，對多數身體基本健康的拉筋者比較合適。然而，對體質差或病重的人，其上舉腿很難伸直，下放腿很難觸地，有的人剛躺上拉筋凳就已經疼痛難熬，恨不得立刻放棄，所以這種人須循序漸進，從一分鐘、兩分鐘開始慢慢加時、加壓。對於練習瑜伽、舞蹈的人，拉筋十分鐘毫不困難，但他們若將每條腿的拉筋時間延長到二十分鐘、半個小時，腳麻、痠痛、打嗝、放屁、通便、流汗等各種效果都會顯現，各種慢性病，如失眠、便秘、腎虛、心腦血管病等都會全面好轉。

對於禪修之人，拉筋令其打坐時單盤、雙盤更加容易，效果顯著。南懷瑾先生的香港弟子從《醫行天下》中發現了拉筋法與朱老師，南老師聽到彙報後便兩次邀請朱老師到太湖講堂傳授拉筋法並治病救人，使拉筋法在禪修中心與寺院、道觀中逐漸流傳開來。武漢靜園禪修中心的學員大多是瑜伽教練，他們將每條腿的拉筋時間延長到半小時後，果然出現了很多意想不到的療效。有位學員的媽媽七十多歲，患高血壓多年，長期服藥，因為練過瑜伽，也跟著女兒每條腿拉筋半小時，不到兩星期血壓就完全正常，便停止服用所有降血壓藥。

拉筋的強度也因人而異，沒有固定標準，以每個人自己可以忍受的幅度為限，可以在拉筋時讓人壓腿，也可壓沙袋等重物。後舉之手如果手握小啞鈴、書包、字典等重物，會增加一定痛感，但是這對治療肩周炎（五十肩）、胸悶、乳腺疾病、心臟病等多種病症有效。根據一些美容院女老闆的經驗，這種拉筋法配合呼吸將雙手盡量向後伸展，對乳房下垂、肥胖的女性有明顯效果。因為仰臥拉筋改變了重力對乳房下垂的作用方向。至於拉筋加強的程度則可循序漸進，因人而異。

拉筋治病的真實案例

我在香港第一次見到朱大夫示範拉筋、正骨，回到北京的當天我就遇到一個ＩＴ公司老總肩背痛。此人不僅在公司使用電腦，回到家裡也經常躺在軟沙發上用手提電腦，有時邊看電腦邊打電話，所以我判斷他筋縮。於是當場為他拉筋，兩條腿各拉了約五分鐘，起身後背痛全消。這是我用拉筋治療筋縮的第一個案例。

另一位公司的老總患腰痛很久，被醫院診斷為腰椎間盤突出，久治不癒。這時我已經有了朱老師發明的拉筋凳，就在拉筋凳上為其兩腿各拉了十分鐘，拉的過程中膕窩、大腿、胯關節都很痛，拉完後當場腰痛消失。

大連的一位中年婦女三年來右下腹疼痛難熬，相應的腰、後胯也痛，三年來經不同醫院用各種設備檢查、照Ｘ光片均不明病因，於是她成了醫院的常客，動不動就打點滴、吃藥，然疼痛依舊。後來醫院斷定是盲腸炎，就為她做了盲腸手術。稀里糊塗挨了一刀，右腹卻依然疼痛。可木已成舟，明知這一刀白挨了，也有苦說不出。後經友人介紹她到我這裡治療，我先為她拉筋，疼痛當即減緩，再給她正骨、扎針，痛進一步減緩。我問她三年前是否受過閃腰之類的外傷，她說沒有。我問是否做過腰胯之類的運動，她想了想說，曾經買過一個甩脂減肥機，在家用機器扭胯甩脂，後來甩得身體不舒服就停用了。這下她恍然大悟，病根就是甩脂減肥落下的。她問我還要治療幾次？我說一次就夠了，只要她回家堅持拉筋。她回家後每天拉筋，果然痛症消除，半年來未犯。

二〇〇八年大年三十，朋友一大早開車載我去給一位患者治療。患者腰痛已有數月，有時痛得無法站立。醫院檢查結果是腰椎間盤突出，但久治不癒，起立時腰很痛，只可緩慢站立、走路，腰不能隨意轉動。我檢查後斷定是筋縮，當即給他拉筋，患者果然上翹之腿彎曲，下放之腿懸空，稍稍壓腿便痛苦難忍，說明筋縮嚴重。兩條腿各拉筋五分鐘，他起身後腰痛立消，隨意行走無礙，可以安心過年了。我叮囑他最好堅持拉筋，別等到痛了再拉筋。

大年初四，又一朋友急電求救，因為她哥哥頸椎與腰痛的老毛病又犯了，到她家後就腰痛難忍，只能躺著不動，也沒法開車回家。我趕到時見患者面如土色，家人為其說了一堆西醫病名，包括腰椎間盤突出。我檢查後立刻為他拉筋，但患者無法忍受痛苦，兩腿只各拉了三分鐘左右。即便如此，他當場氣色已好轉，疼痛減緩，人可以起身自由走動，再為其正脊椎，感覺就更舒服了。但患者既害怕搬動頸椎又害怕扎針，所以治療只能到此為止。雖然治療不徹底，他仍然很開心，因為他當時可以自己開車走了。

一友人的叔叔左臂、左手疼痛了很久，嚴重影響日常生活。經中西醫多方治療無效，至今連原因都不知，藥卻吃了不少。我檢查後認為是筋縮，當即教他扶住門框練習立位拉筋，兩臂各拉三分鐘後果然疼痛減輕，我再為其正骨、扎針，痛進一步減輕。友人問還需治療幾次，因為老人是退休後到北京旅遊的，馬上要回重慶。我說治這一次就夠了，回家後他按我的要求拉筋即可，因為他有高血壓，為全面調理臟腑，最好臥位拉筋與立位拉筋都練，降血壓藥最好停止。大約兩個月後，老人從重慶來電，說左臂、左手的疼痛已經徹底消失。他興奮地說，剛開始他不敢停降血壓藥，後來他把拉筋從每天一次增加到三次後，就漸漸用拉筋代替了吃降血壓藥，現在果然血壓都正常，連常犯的頭暈也消失了。

老友F是諾基亞公司的高階主管。她先是頸椎、肩、腰都痛，經兩次拉筋與正骨治療後效果明顯，但唯獨左肩過一陣子就犯痛，尤其變天的時候。原來這是西醫診斷的五十肩，病根是二十幾年前受風寒落下的，經中西醫多年醫治療效不佳。既然屬陳舊性疾病，我建議她自己在家裡的門框上用立位拉筋，每三分鐘後換腿，每天拉兩次，還加上其他的鍛鍊。一個月後，一幫朋友在她家再次聚會時，她欣喜的告訴我，五十肩已經痊癒，現在即使變天肩也不痛了。由於她這個榜樣的力量，很快激勵了一批人如法炮製，而且效果全都立竿見影。

一位中央電視台的導演患了急性肩周炎，我把F拉筋的故事告訴她，她當晚立刻回家試驗。在門框裡忍痛舉起胳膊，姿勢擺好了感覺更脹痛，於是換腿勉強堅持下來，顯然撐不到三分鐘，她想第二天再努力壓，睡前感覺胳膊還是有點兒沉。第二天早晨一起，卻發現胳膊完全好了，運動自如，很輕鬆，絲毫沒有滯脹的感覺了！見立位拉筋治療肩病這麼有效，從此她便經常拉筋，也不費勁，自認為立位拉筋會把肩背的淤泥垃圾通一通，人立刻感覺輕鬆！

一次在F家聚會時正好有位鋼琴家在場，他聽了拉筋的故事立刻讓F做拉筋示範，因為他有時肩背痛，又不想去醫院折騰，就回家自己練拉筋。他剛開始練時上腿不直，下腿不著地，不到一分鐘就疼痛難忍。後來慢慢堅持，漸增到五分鐘。結果每次拉完筋，肩背就不痛了。他的實驗精神很強，想看拉筋是否可治頭痛，因為他頭痛一犯就整宿失眠，結果他拉完筋，頭真的不痛了，失眠當然不在話下。從此，拉筋就成了他治療常見病的法寶。

一位女高音歌唱家聽了拉筋治五十肩、背痛、頭痛的故事，立刻要求治療此刻的頭痛與眼睛發矇。於是我當場為其拉筋、正骨，結果胸椎、頸椎、腰椎都有筋縮與錯位，復位後頭痛立刻消失，眼睛也清亮多了。於是由那位善於拉筋的鋼琴家伴奏，歌唱家即興高歌一曲「我愛你，中國」。我當時靈機一動，呵呵，心想以後應該有支歌叫「我愛你，中醫！」才過癮。連歌詞我都想好了一部分：順乎自然兮，陰陽平衡！經絡通暢兮，五行生化！拉筋啊拉筋，調治百病兮，大道至簡！

一次與一幫電影界朋友聚會時談起拉筋。一位導演說自己頸椎痛、肩背痛，要求當場治療，我當即為其正骨，他起身後驚訝地宣布：痛症全消。當場有位攝影師聲稱肩背痛、腰痛，久治不癒。我說這類病用拉筋就管用，而且越疼時拉筋療效越好，大家立刻起鬨要求一睹療效，看我是否吹牛。於是我當場教攝影師躺在椅子上拉筋。其雙腿果然彎曲僵硬，說明腰背有問題。我說得忍受幾分鐘的痛苦才有效，於是他在大家的起鬨之下咬牙堅持，將兩條腿各拉了五分鐘，背後濕透了。然而，他起身後發現，剛才的肩背痛與腰痛全部消失了。大家開玩笑問他是不是托辭，他認真地說：「嘿！痛真的沒了！」

二〇〇八年六月十二日，我在香港跟朱老師的其他幾個學生吃飯，大家興奮地談起了各自的拉筋體驗。當我說到我用正骨治療了許多婦科病時，在場的M小姐當場激動得打斷了我的話，她說自己有一次痛經發作，感覺要痛死過去，想想自己每天在診所給別人拉筋，何不自己在發病時用拉筋試試？於是她躺倒在拉筋凳上拉筋，結果十分鐘拉完一條腿，痛已減半，再用十分鐘拉另一條腿，痛已全消。她問我：「這原理何在？」我說：「大腿內側的肝、脾、腎三條經都拉鬆了，肝藏血，脾統血，腎主氣，消除痛經自然理所當然。此外，督脈與膀胱經拉鬆了，都有助於活血止痛。」在場的朱老師頓時頻頻頷首，曰：「有道理！」

好友程邁越不僅本人拉筋，還教遠在美國的朋友拉筋，結果美國的朋友第一次拉筋時，當即拉通了過敏性鼻炎引起的鼻塞。拉筋為何能讓鼻子開竅？原來拉筋首先拉開了背後的督脈，而鼻子正在督脈上，當然會有效。拉筋還拉開了背上的四條膀胱經與腿上的肝、脾、腎等經絡，這些經被拉通後自然有利於肺經打通，繼續分析下去，拉筋幾乎拉開了所有十二條正經與不知名的其他經絡，所以拉筋醫百病不奇怪。

一位久別的朋友聽說我在搞中醫，專門約我吃飯，並詳細羅列了自己的病痛：手臂、肩、腿與腰都有痛症，卻屢治無效，於是我推薦了拉筋法。他急於治病，就當場向餐廳借了兩把椅子躺下拉筋，兩條腿各拉了十分鐘，雖然他痛得冒汗，但起身後他立刻感覺腰與膝痛感消失，只是肩痛還在。我就讓他在門框裡做立位拉筋，他堅持了三分鐘換腿繼續拉。果然肩痛消除大半，後來的兩個星期他堅持拉筋，肩痛就徹底消失了。

後來這種在餐廳治病的事情就越來越多了。國慶期間，我回母校參加湖北省荊門龍泉中學的百年校慶。許多老同學聽說我會治病，立刻把酒店房間與餐廳都變成了治療室，拉筋、正脊、整頸椎，我忙得不亦樂乎。因為療效立竿見影，我乘機隆重推薦拉筋，鼓勵大家回家自己拉筋。

拉筋與環保

人生病是因其生存的環境、身體、心靈被污染，拉筋與這三種污染都密切相關。

醫藥、醫院、醫療器械是地球上最大的污染源之一，而且是多層、多環節的循環污染。首先，醫藥、醫院污染的直接對象就是人，而且一步到位，直接進入人的身體、血液、細胞、靈魂，其污染的深度令其他污染望塵莫及。其次，西醫藥品、醫療器械的製造過程，以及手術、化驗等治療過程，都會消耗大量原材料、能源及稀有資源，並對人體與環境產生大量化學污染。第三，人一旦服用化學藥品或採取化學、放射療法檢查、治療，會令人對藥物形成依賴，導致長期性、系統性、致命性的污染與傷害，所謂「醫源性疾病」與「藥源性疾病」就是這樣產生的，這種病的危害程度甚至超過了最初治療的原病，已成為當今人類最主要的發病源之一。一旦人得了藥源性、醫源性疾病，西醫會讓他們服用更多的化學藥品，採用更多的化學療法，形成醫藥污染的惡性循環，令地球污染加劇，人的病情加劇，手術治療增加，結果對人形成更大的污染與傷害，加速了死亡到來。第四，以上對人類與地球的傷害與污染，是人花錢甚至花鉅款才獲取的結果。您不付錢，人家還不願污染您呢！

許多國家的統計數字表明，醫生罷工的結果是導致死亡率急劇下降，而且醫生罷工的時間長度與死亡率下降幅度成正比，即罷工時間越長，死亡率下降越大。以色列兩次醫院罷工兩個月以上，都令死亡率下降了百分之五十，美國、加拿大等國醫生罷工都出現過類似情況，西醫的作用與意義因此一目了然。我從不否認西醫帶來的進步，但也不否認其產生的災難。落後的文化與狹隘的利益往往令人類迷失方向，甚至揣著糊塗裝明白，明明落後卻被當做先進，這就叫愚昧無知。

悲劇在於，雖然醫生與病人都明白很多藥不僅不治病，還會造更多病，而且一旦服藥就可能變為終身服藥，但因為真中醫太少，人們別無選擇，只能選落後而殘忍的西醫。況且現代教育告知大家：這是科學！而科學總是被貼上進步的標籤，矇人更狠。所以，人最後到底死於自己最初得的病，還是死於醫藥污染造的病，已經很難判斷。

幸運的是，拉筋、拍打等外治法的普及，在很大程度上避免了以上的多重污染。拉筋的直接後果是讓人免於吃藥、打針、手術。如果拉筋人數成倍增加，並配合其他非藥物療法，則人類服藥量、手術量將成倍減少，去醫院看病的人成倍減少，這就從源頭上切斷、減少了對醫藥、醫院、手術與醫療器械的需求，相關產品的生產與銷售必然成倍減少，對資源、能源的消耗與對環境的污染也成倍減少，病人花錢更少，西醫對人體的毒副作用也成倍減少，由此導致的二次、三次及無數次的循環污染都會停止與減少。

因此，環保必須從源頭上開始！從自己身上開始！從拉筋、拍打開始！

第二章

來自讀者的拉筋故事

本書首版發行後，我的郵箱與部落格收到大量讀者來信，敘述他們的拉筋故事。種種的拉筋體驗豐富多彩，大大超出了以前治療痛症的領域，從另一角度對拉筋療效做了鮮活的實驗與證明。現將讀者的部分來信摘錄如下。

一個動員了幾百人拉筋的女子

二〇〇九年七月，我應邀到武漢靜園禪修中心做了一場演講。負責人王健告訴我，一個動員了五百多人拉筋的女子聽說我來武漢，就連夜專程與幾個朋友從廣州趕來。後來我在演講時見到她，還聽了她激動人心的發言，深受感動與鼓舞。下面是這位女子的來信與我的回信：

蕭老師：您好！

我是廣東增城市靜園瑜伽館的老師陳慧，師從光明心王健先生，因王老師和您又是好友，所以五月底王老到新塘來，教授了您推廣的拉筋法，短短五十天左右的時間，已經有幾百人受益了。所以想將一些體會拿來分享，也許這些經驗過程會對那些有同樣症狀的朋友有所認識和幫助。

五月二十二日，王老到新塘，我們一夥有十幾個人在飯店給王老接風，飯間，王老就躺在房間地毯上給我們示範了拉筋動作，他講了拉筋的功效。第二天王老回武漢，臨行時囑咐我們每天練習。開始是我自己練，因爲自身有瑜伽的基礎，反應比較快。感覺身體代謝開始加快了，特別是這段時間肝火旺，臉上長了頑固的暗瘡，臉色發黃。開始一、兩天特別好睡覺，然後臉色一天天好起來，臉上的痘痘開始消退。現在想來應該是肝經得到了清理。

五月二十八日，我隨一個團隊到上海學習，在上海三天時間，白天上課，晚上就在酒店房間裡教拉筋，因爲來學習的是廣東各家美容機構的老闆娘。三天學習時間很快就結束了，可這三天學拉筋的有二十幾個人都有明顯感覺。最初的反應是有幾個同學便秘的問題解決了，還有一個肚腩很大的男同學曾先生，第三天腹部明顯平坦了很多。臨行分別時大家表示感謝，並且說回廣州後要教給她們美容院的顧客。回新塘後，我在網上訂了《醫行天下》一百多本，每位在上海跟我學拉筋的同學我都寄了一本給她們。她們迅速地在客户和員工中傳播，並經常發簡訊或打電話來感謝，說效果好。因爲去美容院的女人多半都想減肥，大家都知道減肥的過程是痛苦的，但拉筋沒有任何痛苦，不用節食，又不用依賴別人。我家保姆拉筋一個多月來，瘦了十五斤，之前因肥胖什麼辦法都用了就是不靈。現在，她每天在我家住的社區裡，教鄰居們拉筋。凡是和我們有緣的，我是先送書讓她們看，然後再教她們做。

從上海回來的第二十一天，同學曾先生從南海到新塘來登門致謝，我看到他時，肚腩幾乎沒有了。因爲他堅持得很好，他帶來了太太、堂弟等人。他太太多年的便秘完全好了，現在兩夫妻將拉筋融入到生活中不可缺少的一部分了。曾先生是當地足球協會的會長，他現在每次組織踢球之前，會教全體球員拉筋，他說現在下一場球，體力明顯比以前增強。他要求了很多次，希望能見到您，我想他一定有這個緣分的。到現在，他隔幾天都會和我聯繫一次，還有其他的同學也經常發消息過來，說效果最明顯的是減肥這方面。我都對不上號誰是誰了，因爲短短幾天根本記不住她們這麼多人。

六月初，我將拉筋帶到了瑜伽的課堂，同樣是每人發一本書，每次瑜伽課之前先拉筋二十分鐘，然後接下來做體位練習，原來做不到的體位，拉筋之後再做，基本上就能到位了。大多數的反應是，排便次數和數量增加，身體輕盈起來。我自已在每天拉筋過程中，結合了瑜伽的呼吸法和收束法，效果自然又不一樣，這應該是所有女性都能效仿的方法：躺在拉筋凳上，在每一次吸氣時將雙手向後無限伸展，屏住氣，再將整個生殖器區域收緊，保持幾秒鐘後呼氣放鬆。練習時將所有注意力放在呼吸上。要想胸部輪廓漂亮，就在背後放一個小枕頭之類的東西將背部抬高一些，這樣堅持練習下去，胸部就不會被地心引力往下拉，還可以糾正駝背，一舉數得。

最特殊的一個案例是我的一個朋友，因爲身分特殊就不指名是誰了。這位朋友事業有成，他在六月的時候突然因坐骨神經壓迫，致使一隻腿活動受限，右腿不能抬起，四處求醫，未見特別明顯的效果。我也沒遇上過這樣的情況，抱著試試看的想法，將《醫行天下》送了一本給他，他也有緣，我沒當面教他，他自己照書上說明做。一個星期後，腿和平常一樣活動自如，他也不用看醫生吃藥、打針了。隨後她太太從國外回來，也是一隻手臂活動受限，不能抬舉，效法拉筋，短短幾天就好了。剛好那天王老送了一張拉筋凳給我，我還沒開始用，她不由我說，就自己搬著凳子回家了。回家後，事先安排好的事卻推掉了，兩人先後在凳子上拉筋半小時，特別開心。後來她又出國，幾次讓我給她訂拉筋凳，那麼遠，沒辦法。前幾天她告知說去網上已經訂購了一張。現在，他企業的一些高級主管個個都拉筋，簡直是不可思議。

我的女性朋友楊書玲是開美容院的，連鎖店開了幾家，做得很成功，但創業時落下了嚴重的肩頸病、駝背。拉筋十幾天後，駝背糾正了。現在她整個人瘦了十來斤，人也秀氣了。她在美容院裡放了一張拉筋凳，所有顧客都在她店裡學了拉筋。近來店裡生意也是紅紅火火。另外一個朋友謝小姐也做美容，她每個月生理周期那幾天都苦不堪言。她拉筋才幾次，這次生理期痛經已減輕了大半。這樣就增強了堅持下去的信心。我也爲她感到慶幸。

緣眞是不可思議。四天前王老告訴我，您要到靜園總部來，得知這個消息，我立即訂機票去湖北，我的朋友也要求想見見您。這次到武漢，能面對面和您近距離溝通，眞是三生有幸。在靜園聽了您的課，感受又不一樣，我聽了您講的病例，和課堂上現場拉筋的前後對比，不得不讚歎中醫的精深博大，課堂上七十三歲的老人講述拉筋時激動不已。我太感動了，我一定要將拉筋法和拍打法，在我的館裡設定爲一個課程，讓更多的人群受益。我綜合這兩個月的經驗給拉筋功效做個簡單總結：減肥、排毒、糾正駝背、治療腰腿痛、改善睡眠、治療便秘有特效、改善肩頸的勞損、改善痛經等等，還有很多未知的功效暫時沒有顯現出來，有待進一步發現。

現代人的亞健康狀態已經全民普及了，面對當今社會現狀，人們只關注疾病，不關注健康，加上現代人的飲食習慣、生活環境，每天都在給自己造病，最後在疾病前妥協。將自己的健康交給醫生眞是太軟弱的行爲。是藥三分毒，加上我們飲食中的毒，現代人，用自己的聰明才智努力地犯錯。知錯則改，善莫大焉。每天抽半個小時，拍打、拉筋，疾病自然離我們遠去。願我們的國人身體健康，遠離疾病！我們的民族則更加興旺，祖國更加強盛！

陳慧

我的回覆如下：

陳慧：

讀了你的信既開心又感動！一人動員幾百人拉筋，而且有如此奇效，如果他們每人再動員幾百人，不是意味著成千上萬人將不去醫院、不吃藥、不做手術了？那將是何等的功德！我感到你的福慧正在隨著你的行為不斷放大、放大，傳到遙遠的天邊外，連佛陀和上帝看見你的義行都會開心地笑了！我不難想像成千上萬的人讀到你的體驗後將會何等驚訝、讚歎，接下來的肯定是行動、行動、再行動，然後是更多的驚喜、傳播。阿彌陀佛！哈利路亞！無量壽福！

當中國的醫療體制改革正舉步維艱之時，當全世界的醫療體系都走進死胡同之時，當人類的醫院和製藥廠變質為一種怪物時，當醫生變成醫魔時，當人們被不當的藥物和手術折磨時，你和你的朋友們給人類傳播了一個多麼正面、積極、鮮活、真實不虛的福音！如果中醫和中國文化以如此方便的法門，向正在被劇烈西化的中國和海外傳播時，我們將看到一幅何等美妙的東風西漸圖！陰陽太極圖其實就是這樣變幻的！

在此之前你們還只是拉筋，這次你們在武漢學習了拍打功，相信會出現更多的奇蹟！祝你和你的朋友們拉筋、拍打快樂！

坐禪、瑜伽與拉筋

我與武漢靜園禪修中心的王健先生因《醫行天下》結緣，又因拉筋與中醫而和他加深了緣分。王健對國學情有獨鍾，通易理、相術、中醫，傳播傳統文化成了他的生命。我與他在北京和武漢幾度見面暢談，切磋拉筋與中醫、國學。有感其拉筋勤於實踐，體驗深刻，我特邀請他就拉筋與禪修、瑜伽寫一篇文章。王兄果然信手落筆，直抒胸臆。

接觸拉筋並付諸實踐，已近三個月，很多的體會與感慨。曾與蕭老師有過交流，承蕭老師的邀約，付之於文，算是對受益於蕭老師傳授拉筋的感謝與彙報，當然也希望能讓更多拉筋實踐者分享。

今年五月，大方學校的余老師送我一本《醫行天下》，一看之下，就被其奇特的學醫經歷所吸引。畢竟，中醫也曾是我少年時代喜愛並付諸心思去鑽研過的領域。但對其中的拉筋，並沒有引起重視。因緣的巧合確是不可思議，就在看過此書的幾天之後，因事去了北京，在一位朋友家暫住。朋友家竟然有一張拉筋凳，並且得知這位朋友與蕭老師相識，由此聽她講述了親眼目睹的蕭老師治病神奇。

當晚就在她家開始我第一次拉筋實踐。意想不到的效果竟當場出現。由於當時一段時間事務繁忙，略有疲憊，肩膀、脖子多有不適，加之在外奔波、飲食不調，略有便秘。拉筋大概十多分鐘，竟到衛生間一瀉千里，上下通暢，肩膀、脖子的不適也蕩然不存。

因爲自己教授瑜伽、靜坐多年，對自己身體的瞭解是很敏感的，所以能夠確定這種現象絕不是偶然巧合，而確是拉筋所致（接下來幾天，天天拉筋，效果也非常顯著）。第二天，在我的請求下，與蕭老師在他的工作室有了一面之緣。隨後的一段時間，每天堅持拉筋，對拉筋的體會也越來越深刻。即使是出差，在賓館中也未曾停止過拉筋。所到之處，我逢人就宣傳拉筋的益處，都是效果斐然，令人稱奇。

一個月後，又因事到北京，帶著自己及傳播了幾十位同好拉筋者的體會與問題，又與蕭老師有過二個晚上就拉筋及其中醫理徹夜長聊的機會。在短短近三個月的時間內，受我的影響而實踐拉筋的人竟然有幾百人之多，而且治癒的效果竟讓人欣喜而意外，大概常見病、慢性病似乎無病不治。我不是專業的醫療人員，並沒有做過這些朋友的病情瞭解及治療的統計，只是聽他們興奮而驚訝地述說自己的受益情況而已。比如，腰腿的問題、肩膀脖子的問題、腸胃的問題、頭部的問題、高血壓、病狀的肥胖，以及很多有著專業病名的病症，都隨著短短時間的拉筋而得以治癒、緩解或控制。

七月中旬，蕭老師來武漢，我請他在我們「靜園國學講堂」舉辦了一天的拉筋講座。蕭老師還傳授了他的新中醫外治「秘法」——拍打。來自全國各地四十多位拉筋受益者無不深受鼓舞與激勵，不少人還得到蕭老師親自治療。尤其很多受益於拉筋的老年人，對能夠認識蕭老師，非常激動，並以各種方式表達了自己的感激之情，場面讓人感動不已。在活動中間，大家爭相報告自己的體會與心得。之後，還有很多人因爲得知消息太晚而錯過了此次盛會，都遺憾再三。

對於拉筋的療效及大家對蕭老師的感激之情，我在此不想多說，我想，大概只要實踐拉筋的人都自有深刻的體會。對於拉筋的醫學原理，畢竟我不是專業人士，也不想說得太多，儘管我個人對此有過很深的思考，並且參考過很多中醫古籍，有自己的一些認識。只是現代人的頭腦太複雜，把原本很簡單的東西弄得太複雜而自塞悟門，我們已經談論得太多，而實踐得太少。在此，我只想談談我個人對拉筋的一些另類體會與思考。

一、拉筋所以傳播得如此迅速，並且療效如此顯著，說明它的原理是符合「道」的。明代的名醫李明梓說：「不根於虛靜者即是旁門，不根於簡易者即是邪術。」拉筋，正是中國人講的「大道至簡」在中醫外治上的一種體現。但是，現代的醫療（其實所有的領域皆是如此）卻越來越繁雜瑣碎，讓人不知所從，乃至混淆視聽。以至於現代的醫療手段似乎越來越「豐富」、「科學」，但病患卻是越來越多，眞正得以解決的問題卻是越來越少，甚至小小的問題竟然可以弄得很大。拉筋，其實踐簡單到了超出了現代人複雜頭腦理解的範疇，但它的療效卻又是超出了現代人「科學」頭腦所能理解的範疇。所以，我非常理解與贊同蕭老師的一句話：「Just do it！」實踐，實踐，而不要停留在談論上。其實，拉筋的中醫學原理是很深的。甚至，我覺得朱增祥（拉筋的發明者）先生所談及的其中原理，也只是普及層面上的觀點。關於此點，我想，應該是專業人士們所做的工作，不是一般治療者所必須瞭解的，在此也就打住了。對於更多病患所要做的就是：Just do it！

二、經絡是拉筋實踐的理論基礎，一天十二個時辰對應十二條經絡的能量流注，如果在拉筋的實踐中能考慮到經絡、時辰與拉筋的關係，會不會療效更好？這一點提供給大家思考。因爲身邊有朋友在實踐中體會到在不同時辰拉筋，效果與反應不同，還有與時辰對應的經絡患部反應效果明顯等現象。我不是專業人士，所以只提出現象供有識之士參考。

三、我個人及周圍不少朋友、學生是練習瑜伽及禪修多年的，他們沒有明顯的病症，在拉筋實踐中也沒有明顯的疼痛反應，但自覺拉筋效果也是非常好的，並且拉筋成爲了大家日常生活的一部分。這説明拉筋對於預防疾病和強壯内在健康也是很有幫助的，甚至可能將一些我們尚不覺知的健康問題化解於萌芽之中。

四、拉筋並非現代人的發明，而是傳承了幾千年的中醫寶庫中的一枝奇葩。類似這種簡而易行、行之有效的中醫外治手法相信還有很多，比如蕭老師常常運用的拍打、刀療等。當然，常見的針灸、火罐、點穴、刮痧等更是不用説。以平常心對待拉筋，勿神話，勿迷信，重篤行，我想是患者應具備的良好心態。其實，在我練習了近二十年的印度瑜伽術中，就有很多動作是變相的拉筋，甚或有著正骨的功效，比如：貓式、蛇式、駱駝式、臥英雄式、鱷魚式等。只是這些瑜伽術被認識或接受的程度還很有限，並且操練起來有一定的難度，即便練習的人也不可能像拉筋一樣動輒十多分鐘舒適地堅持下來，所以不利推廣。相較而言，拉筋就簡單多了，更適合推廣。如果能匯通各類手段而不拘泥於一技一法，對於見識、治療效果、治療過程中的趣味性都會增益不少。

五、蕭老師在《醫行天下》一書中説，每條腿只拉十分鐘就行了，而我們這幫朋友們，可能是由於瑜伽或禪修的「功底」，覺得十分鐘不過癮，都會拉到每條腿二十分鐘，有的甚至四十五分鐘，但也沒有不適反應，反而覺得周身通泰，活力無比。

六、長時間拉筋會有無聊、寂寞的感覺，所以有人會聽聽音樂，或思考問題，或胡思亂想，神遊千里。其實，這時如果能配合上禪修的一些要點，效果會更好。其方法很簡單，拉筋時，意識不要處馳，而是覺察、體會腹部或全身的呼吸起伏（純粹自然的呼吸狀態），如《黃帝內經》中所言的「獨立守神」、「精神內守」。這樣，神不外馳，「將神守形」（《莊子》語），在治療的同時，對於養神、補氣更是利莫大焉！

七、最後我想說的是，現代人對健康的態度比起疾病本身來說，更令人堪憂。我常常開玩笑說，如果你得了癌症，花三十萬能將你治好，你會毫不猶豫地交出如此的重金。如果在患癌症之前，有人跟你說，你今後可能會患有癌症，你付我三萬塊，我教你養生、預防之道，讓你今後不得癌症，保證你不會付，甚至還會嘲笑對方。

重視疾病而不重視健康的思維方式，將使人類很難再體會到什麼是健康。當今醫療手段與疾病相比，越來越顯得無奈和無力的現狀應該讓我們警醒。以「科學」之名對傳統中醫的詆毀，將使我們成爲自己文化的掘墓者、送葬者，我們應該以謙和與沉靜的心態重新認識中醫（當然包括所有的傳統文化）。

感謝蕭老師將拉筋法公開傳授於世，至少使我們這些人受益終生。更重要的是，通過拉筋，我們得以重新審視傳統中醫，重視珍視生命！希望有更多簡而易行、療效顯著的傳統中醫「秘法」能發掘出來，惠及中國人！

（文下接第97頁）

筋縮可能帶來哪些身體症狀？

所謂「筋長一寸，壽延十年。筋縮則亡，筋柔則康」，一旦筋縮，可能導致左列這十五種身體現象與症狀：

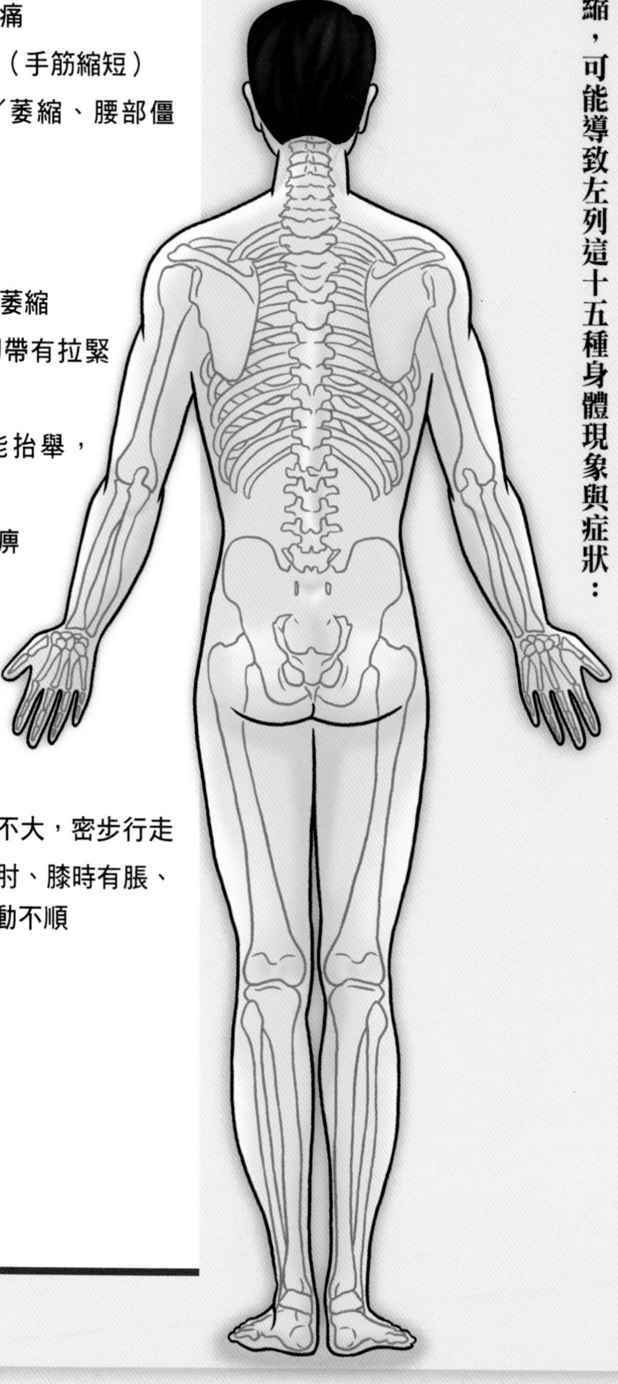

1 頸部感覺緊而痛
2 背感覺緊而痛
3 手不能伸屈（手筋縮短）
4 肌肉收縮／萎縮、腰部僵直疼痛
5 不能彎腰
6 轉身不靈活
7 肌肉收縮／萎縮
8 髖關節的韌帶有拉緊的感覺
9 大腿既不能抬舉，亦不能橫展
10 腿痛及麻痹
11 不能蹲下
12 長短腳
13 腳跟的筋有放射性的牽引痛
14 步伐開展不大，密步行走
15 手、腳、肘、膝時有脹、麻、痛感，活動不順

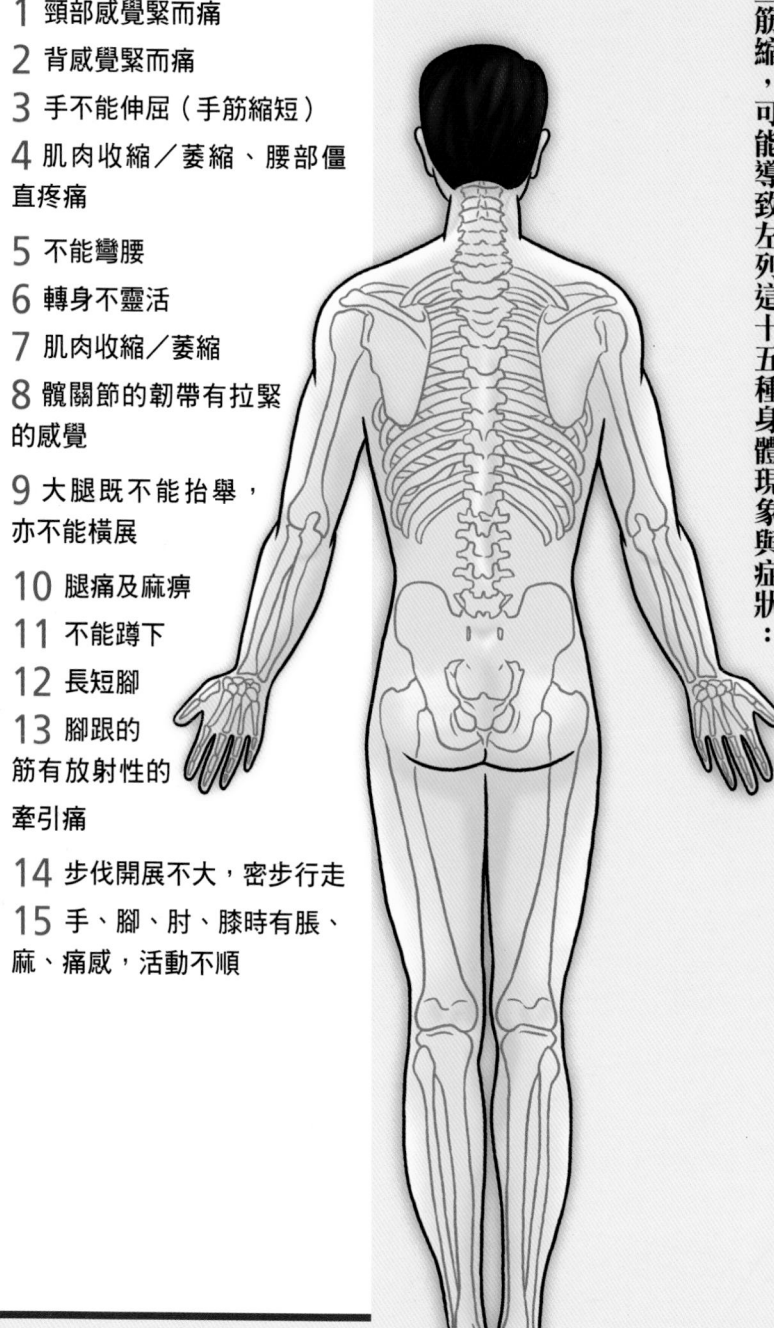

哪些病症會跟筋縮有關？

筋縮除了會產生上面所說的這些傷骨科的症狀之外，還有下面這九種病症：

1 泌尿系統疾病，如前列腺（攝護腺）疾病、痔瘡、尿頻、尿急、尿失禁、憋尿等等

2 生殖系統疾病，如婦科的痛經、月經不調、子宮肌瘤、卵巢囊腫、不孕症等，男科的陽痿、早洩、遺精、性欲下降等等

3 莫名的臟腑疼痛，包括胃痛、腹痛、腸胃炎、兒童的肚腹痛等等

4 四肢寒冷、麻木、痠脹等等

5 心腦血管疾病，如高血壓、心臟病、胸悶、心慌、氣短、心律不整等等

6 肝膽病，如A型肝炎、B型肝炎、C型肝炎、膽囊炎等等

7 皮膚毛病，如神經性皮膚炎、過敏性皮膚炎、牛皮癬等等

8 糖尿病

9 中風後遺症

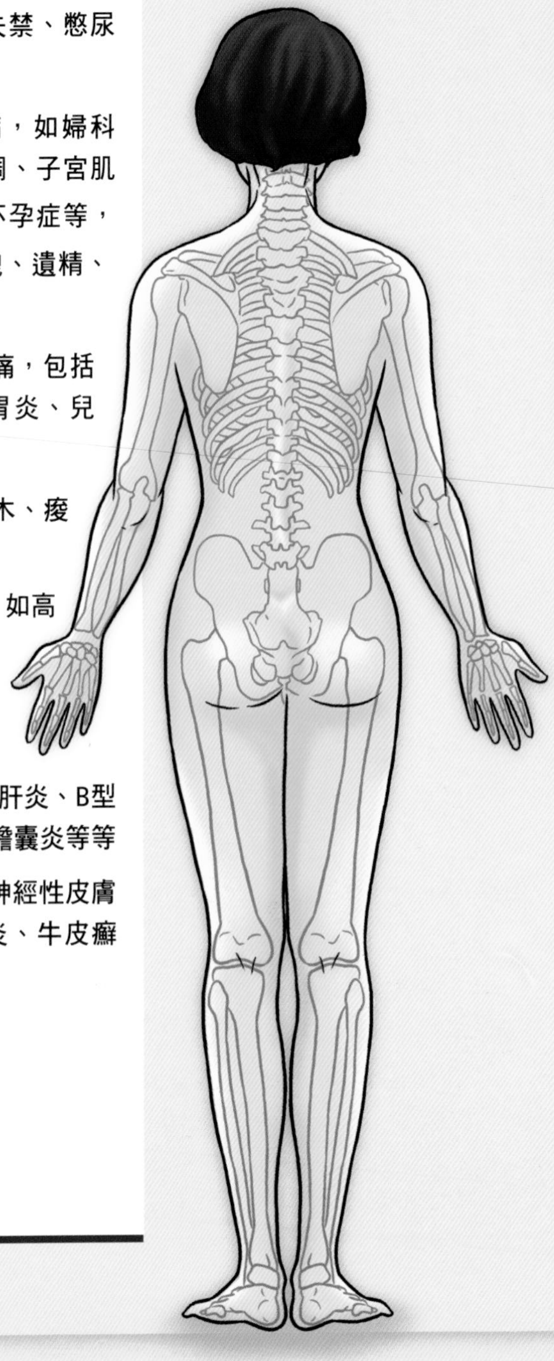

你的筋縮了沒？

如果你有下面這八種現象，就是有程度不一的筋縮現象！
快來檢查看看！

【檢查 1】
你能下蹲嗎？

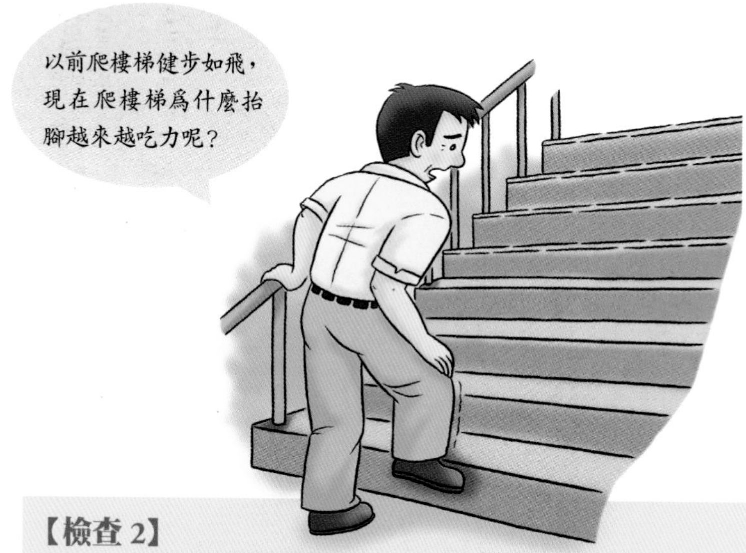

【檢查 2】
你可以輕鬆抬腿嗎？

年紀大了，每次彎腰
都很吃力，不小心還
很容易閃到腰。

【檢查 3】
你能彎腰自如嗎？

如果你平常只能小
碎步走路跑步，那
就要注意囉！

【檢查 4】
你能大步行走或大步開展嗎？

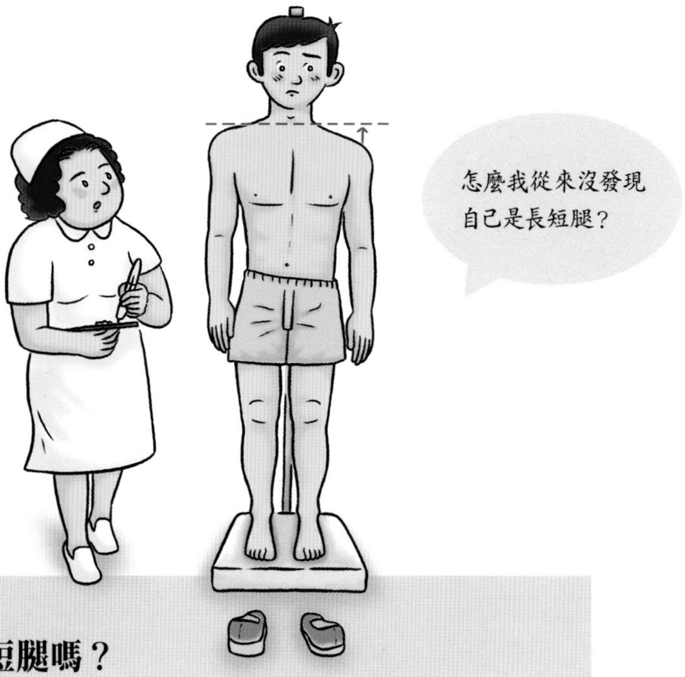
怎麼我從來沒發現
自己是長短腿？

【檢查 5】
你有長短腿嗎？

搭捷運或公車時拉
拉吊桿，檢查一下
就知道了。

【檢查 6】
你的手能屈能伸嗎？

【檢查 7】
你的腿能開跨蹲馬步嗎？

【檢查 8】
你能轉身自如嗎？

拉筋：一分鐘就學會的自我療法

所謂「筋長一寸，壽延十年。筋縮則亡，筋柔則康」，透過拉筋，能有效治療身體的許多病症。長壽而健康的人通常都有一副柔軟的筋骨，平日如能堅持拉筋，就是最好的保健法之一。下面將一一介紹七種拉筋法。

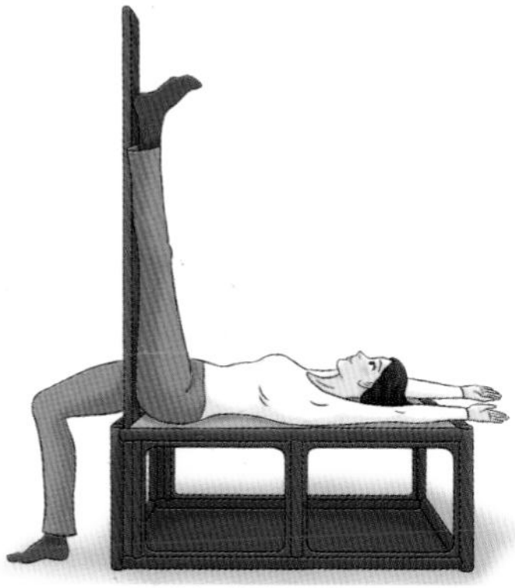

❶ 臥位拉筋法

❷ 立位拉筋法

❸ 橫豎拉筋法

❹ 橫拉筋法

❻ 簡易拉筋法

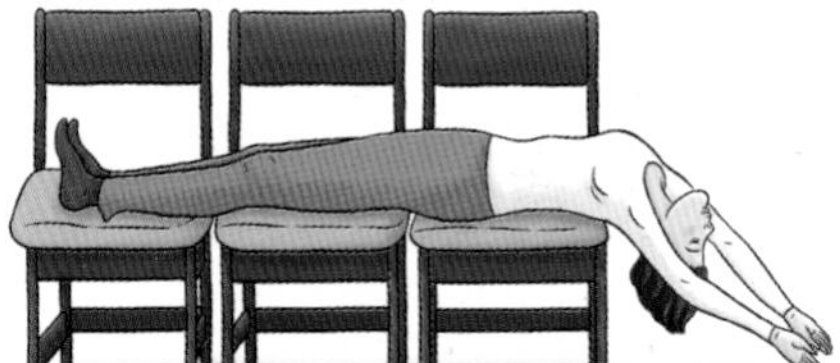

❺ 頸部拉筋法

❼ 拉屎拉筋法

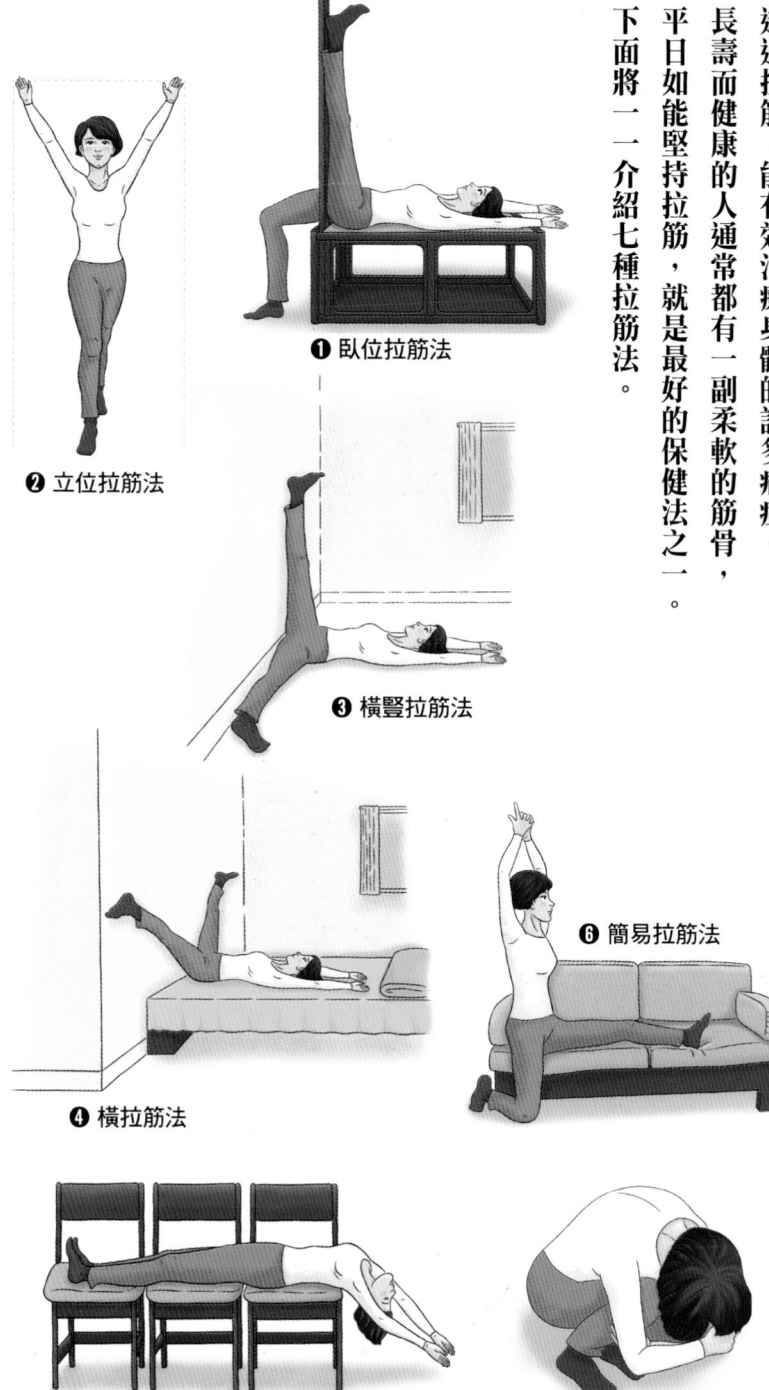

臥位拉筋法（採用拉筋凳）

這是迄今所見療效最全面、使用最安全的拉筋法，須躺在特製的拉筋凳上實施。

【步驟】

步驟❶ 從拉筋凳插杆子的一側坐下，屁股盡量靠外緣，慢慢躺下。

步驟❷ 將一條腿放在杆子上伸直，腳底與杆垂直，移動身體，使臀部緊貼杆子。

步驟❸ 另一腿膝蓋彎曲向下，盡量使勁讓腳著地，著地後，腿盡力往上舉之腿併攏（往內）；請注意，此腿越向內併攏難度越大，不能向外形成外八字。正確姿勢是兩腿併攏，用力方向相反，如此才能拉開膝後、大腿內側與腹股溝的筋。

步驟❹ 雙手舉起，盡量向後延伸，將雙手平放在拉筋凳上。

步驟❺ 如此躺著拉十分鐘，再換一條腿拉十分鐘，方法相同。

【說明】

1.拉筋者若上舉腿的膝蓋彎曲，可在膝蓋處用一條可黏連的束腰布之類綁在杆子上。

2.若下放腿不觸地，可用沙袋或其他重物壓住，逐漸加壓。

3.若後舉之手不貼凳，可舉一重物加壓；也可讓人幫忙壓兩條腿，但須循序漸進。

4.拉筋效果可看面部表情，表情越痛苦則療效越好。當然，須在其能忍受的範圍內。

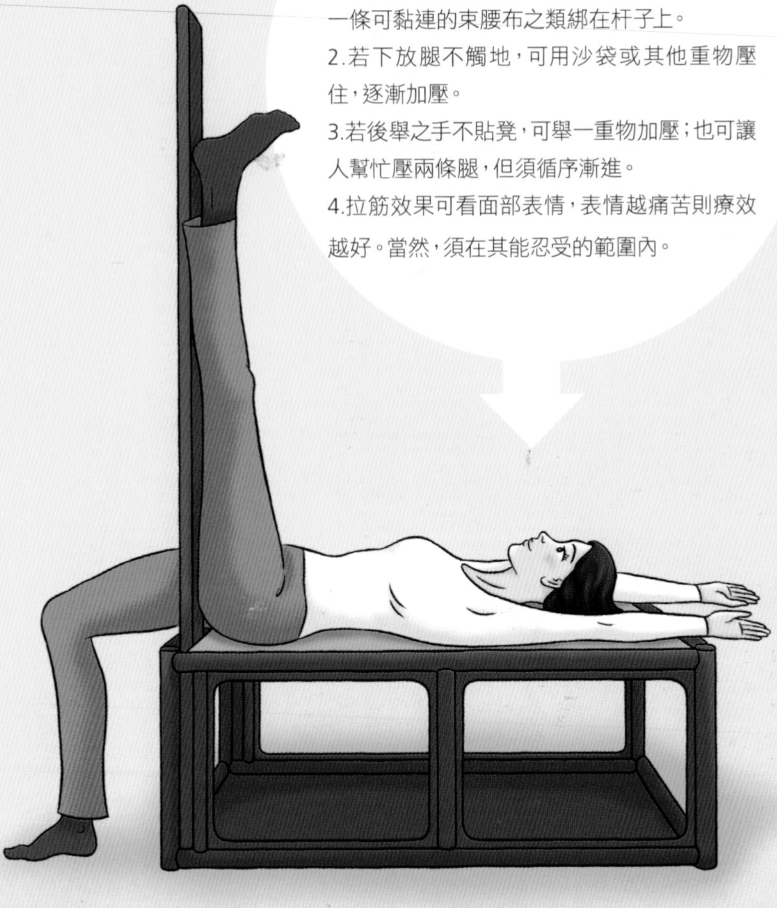

若暫時沒有拉筋凳，可用簡易辦法替代拉筋凳。

【步驟】

步驟❶ 將兩張平坦、無扶手的椅子擺放在門框或牆壁一側。

步驟❷ 坐在椅邊上，臀部盡量移至椅邊。

步驟❸ 躺下仰臥，右腳伸直倚在門框或牆壁上，左腳屈膝落地，盡量觸及地面，雙手舉起平放在椅上，做十分鐘。期間左腳亦可作踩單車姿勢擺動，有利放鬆髖部的關節。

步驟❹ 移動椅子至另一面，再依上述方法，左、右腳輪換，再做十分鐘。

【功效】

❶ 直接、間接打通全身經絡，經絡通則祛痛、排毒、增強免疫力及性功能。

❷ 治療痛症立竿見影，如腰痛、腿痛、膝痛、背痛、經痛、頭痛等。

❸ 治慢性病療效顯著，如高血壓、心臟病、糖尿病、攝護腺炎、痔瘡、便秘等。

❹ 順便可減肥、去斑、塑身等等。

❺ 以上效果均讀者在實踐中親身體驗的，對其他多種疾病亦有療效。

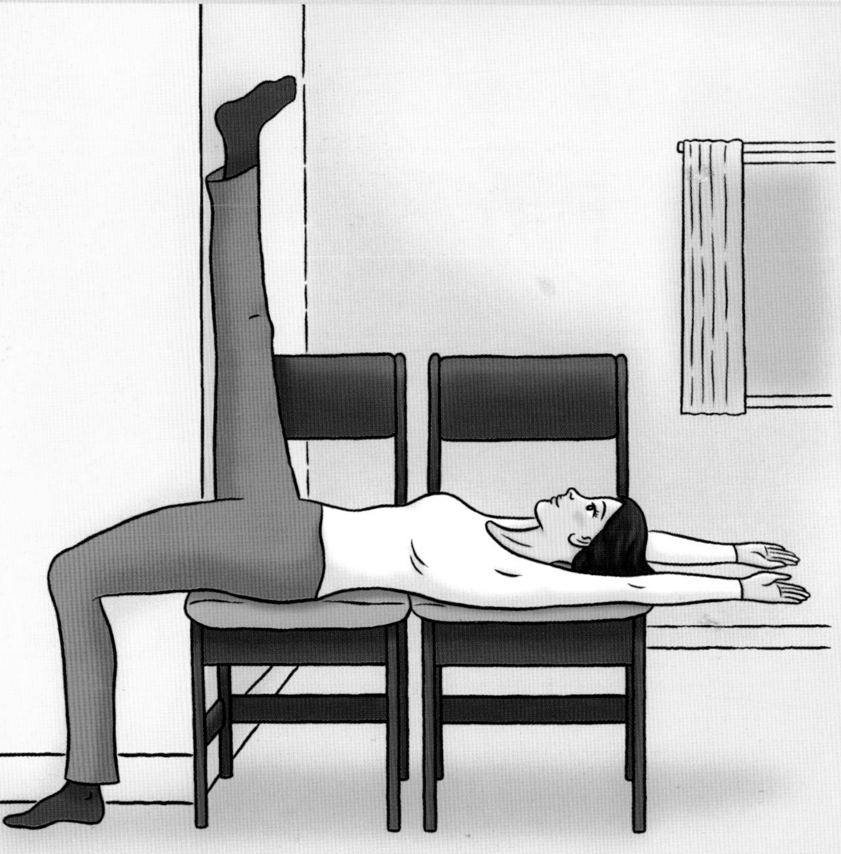

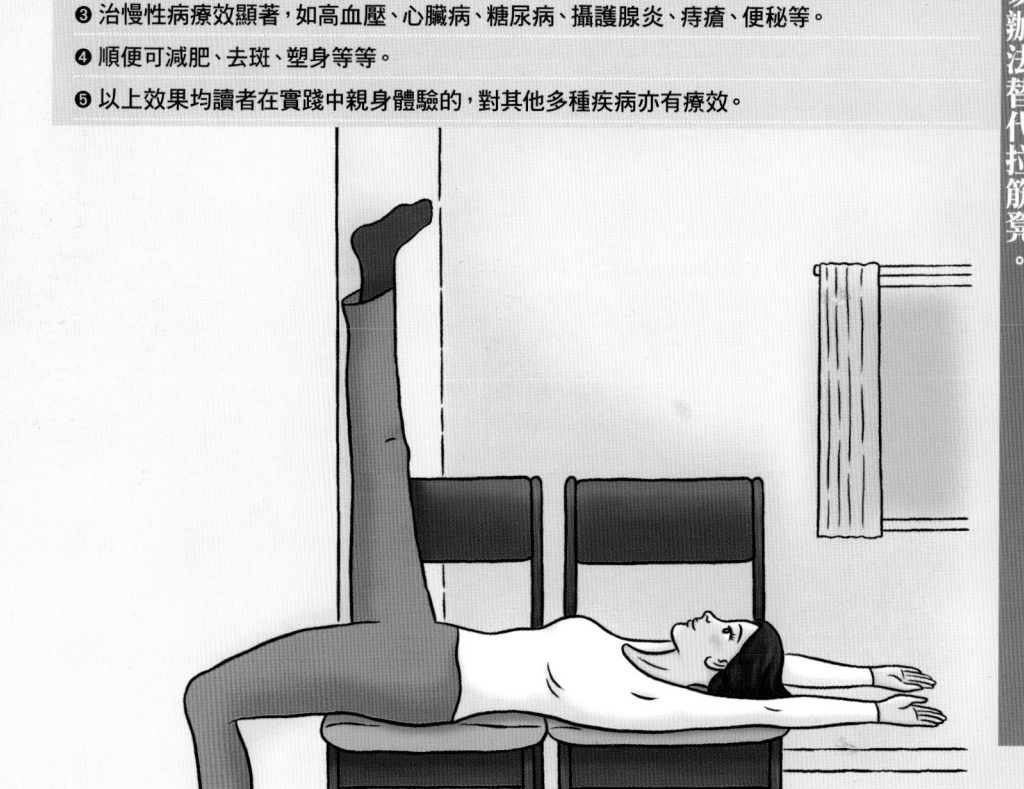

立位拉筋法

適合辦公室的拉筋法，特別有助於伏案工作者。

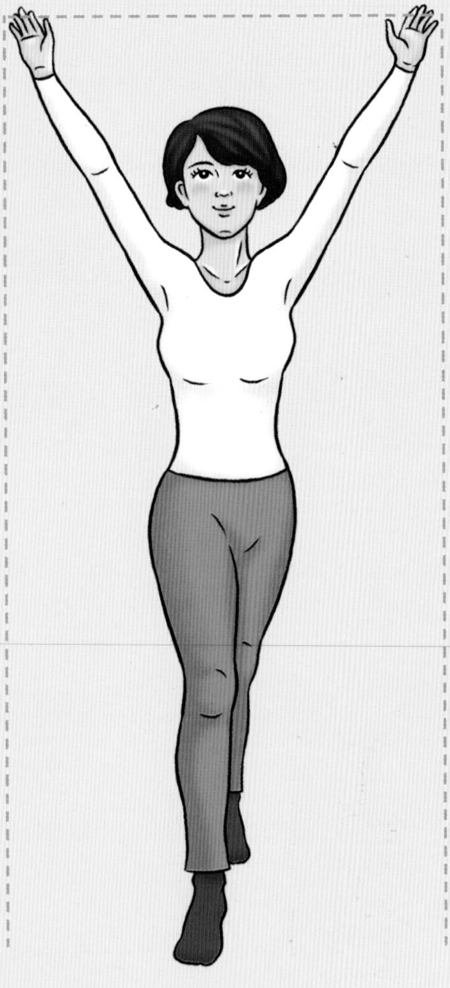

【步驟】

步驟❶　找到一個門框，雙手上舉扶兩邊門框，盡量伸展開雙臂。

步驟❷　兩腳一前一後站成弓步，前腿彎膝，後腿要直，腳跟須著地。

步驟❸　身體正好與門框平行，頭直立，兩眼向前平視。

步驟❹　以此姿勢站立三至八分鐘，再換一條腿站弓步，也站立三至八分鐘。

【功效】

❶ 此法可拉肩胛部、肩周圍、背部、腿部及其相關部位的筋腱、韌帶。

❷ 主要用於治療肩頸痛、五十肩、背痛等症。

❸ 對拉開小腿後部的膀胱經也有利。

【拉筋法3】

橫豎拉筋法

結合臥位拉筋法和橫拉筋法，是難度較大的拉筋法。

【步驟】

步驟❶　人躺在牆根處。

步驟❷　一腿上舉貼牆（豎），另一腿盡量貼牆水平橫拉（橫）。

【功效】

❶ 對某些臥位、立位拉筋後療效不徹底者，此法可補充、續療、鞏固。

❷ 橫拉可強化疏通肝、脾、腎三條經，對相關病情有幫助，如脾胃病、腎病、糖尿病、心臟病、高血壓等。

【說明】

將兩腿拉成垂直、橫向兩個九十度，說明筋很柔。此法實際上是臥位拉筋與橫拉筋的綜合，難度較大，既可自己拉，也可請人幫忙拉。左、右腿各拉十分鐘。

【拉筋法4】

橫拉筋法

可配合臥位拉筋法的輔助拉筋，可以自己拉筋，也可以讓人幫忙拉筋。

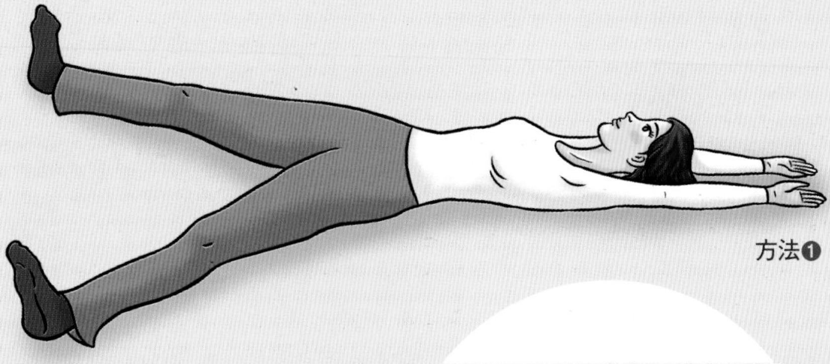

方法❶

【說明】

若要加大力度治病，則需要一人協助。人躺在床上或地上，由另一人按住一條腿，將另一條腿水平向外拉開，拉到患者可以忍受痛苦的極限，停住三分鐘，狀如驢推磨。拉完一條腿，再拉另一條腿三分鐘。

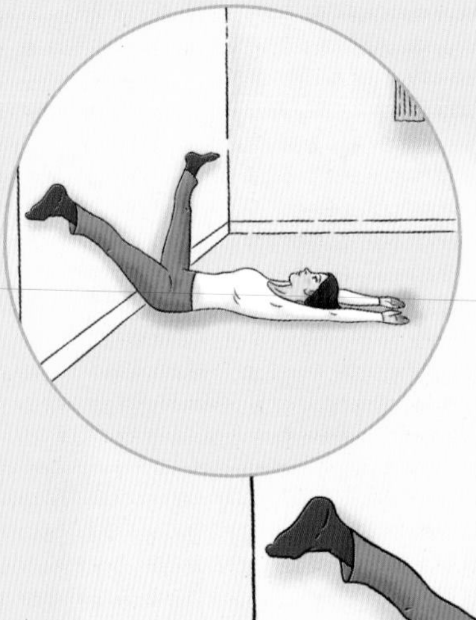

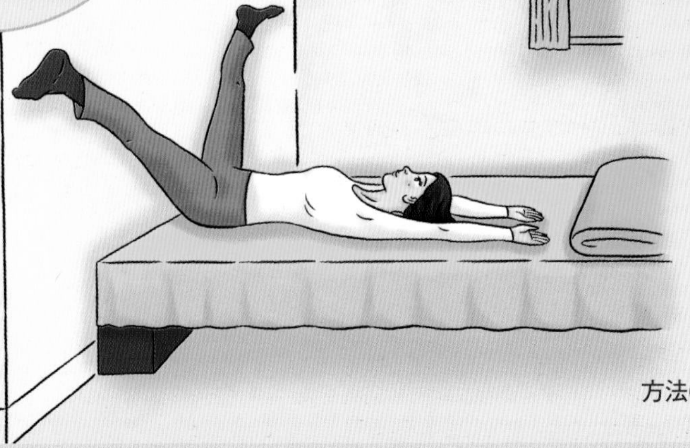

方法❷

【方法】

方法❶　人平躺在床上或地上，雙腳盡量水平向兩邊展開，拉十分鐘。

方法❷　也可仰躺床上，雙腳朝上貼牆盡量分開，如同大寫字母Y。

【功效】

此法可用於配合臥位拉筋，如果臥位拉筋之後腰背、薦椎仍有餘痛，即用此法。

【拉筋法5】

頸部拉筋法

適用於治療各種頸椎、肩背病痛的拉筋法。

【方法】

方法❶ 面朝上，平躺於床或凳上，將頭伸到床緣或凳緣外，雙手也盡量向後伸展，讓頭部的重量自行牽引頭部下垂三分鐘。

方法❷ 睡覺時不用枕頭，仰臥平躺、側躺皆可。因平時工作時，頭長時間趨於前下方不動，導致頸椎疼痛不適，此法正好反其道而行之，是一種柔和的拉筋法，且時間長。因為長期用枕頭睡覺，所以剛開始會不習慣，試過幾天就適應了。

【功效】

此法主要用於治療各種頸椎、肩背疾病。

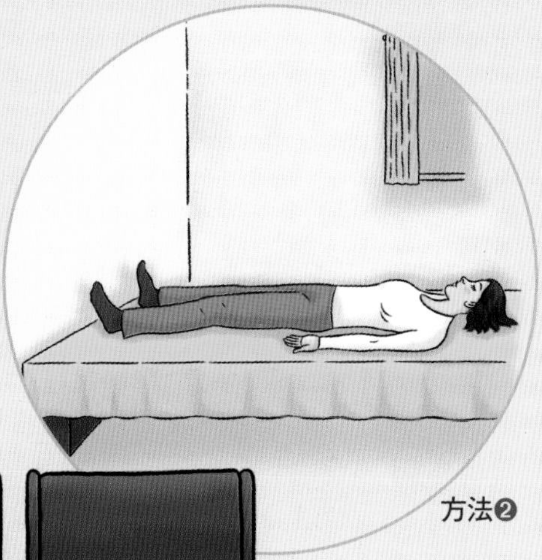

方法❷

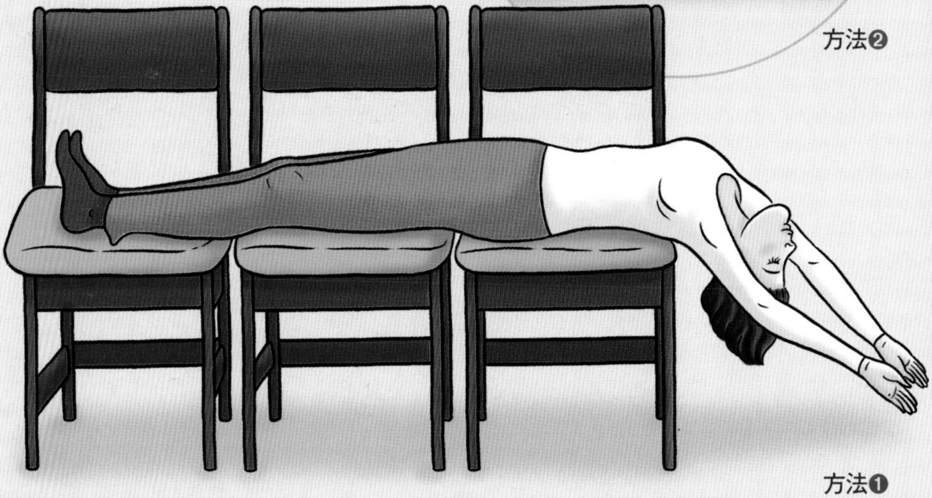

方法❶

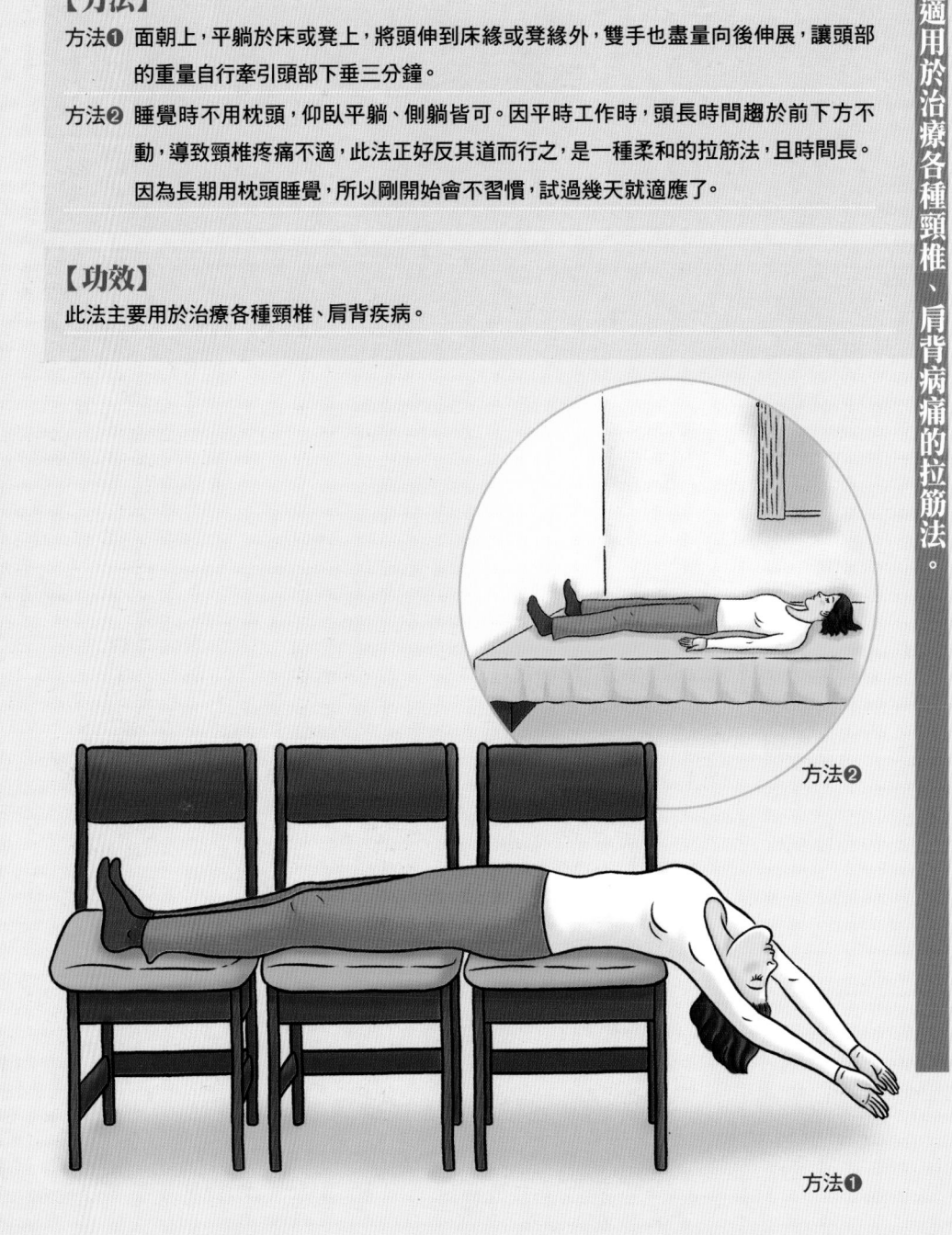

【拉筋法6】

簡易拉筋法

結合了臥位拉筋和立位拉筋，只要有椅子、沙發，就可以做的拉筋法。

【說明】

此法在一定程度上結合了臥位拉筋與立位拉筋，可利用辦公室或家裡的椅子、沙發，隨時隨地拉筋。

【步驟】

步驟❶　一腿膝蓋跪在地上，另一條腿平放在椅子或沙發上。

步驟❷　雙手上舉並合攏，兩食指併齊朝天伸出，雙臂盡量拉到耳根後。

步驟❸　拉三至十分鐘，強度與時間也可自己決定。

【功效】

❶ 下跪的膝蓋承受壓力，對治療膝關節毛病有幫助，上舉雙臂可治五十肩。

❷ 對大部分臟腑疾病的康復有幫助。

❸ 很好的日常養生保健法。

【拉筋法7】

拉屎拉筋法

這是最古老的拉筋法，就是蹲在地上待會兒，動作跟蹲坑拉屎一樣。

【步驟】

步驟❶　整個人蹲下去到底，雙腳掌盡量貼地，雙腳併攏 。

步驟❷　雙手抱腿、埋頭（道家稱這為「嬰兒抱」， 人在娘胎裡就是這樣 ）。

【功效】

❶ 此動作有助於拉開頸部、胸背、腰部、尾椎、胯部、膝蓋、小腿肚上的筋，打通全身經絡，促進氣血循環與大小腸蠕動，對大部分已知的慢性病都有幫助，如高血壓、心臟病、男科病、婦科病、腎虛、便秘、痔瘡、糖尿病等。

❷ 對亞健康者是極好的保健、養生、康復方法。

【說明】

有些人一時無法蹲到底，也沒關係，經常練習，假以時日，便能整個腳掌貼地蹲到底。

拉筋既是診斷，也是治療！

從拉筋姿勢就能診斷出身體可能的問題與病症，而拉筋同時也就在治療。下面舉幾個例子：

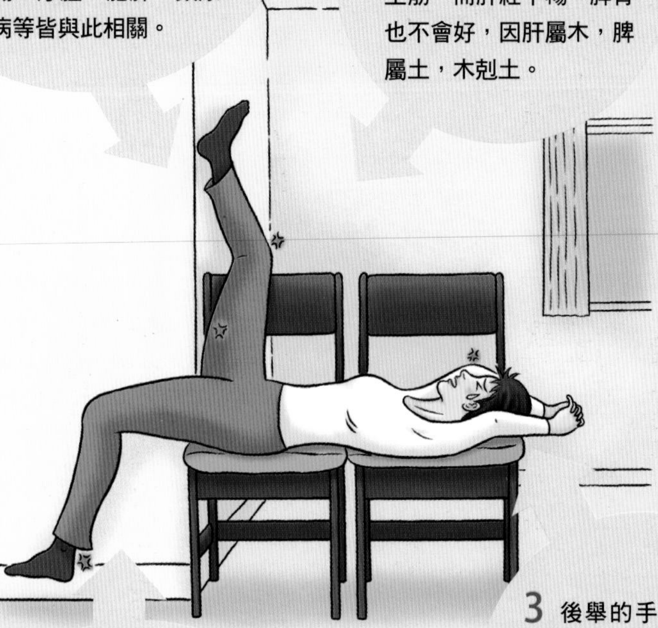

1 拉筋時膝痛而不直，則定有筋縮症，筋縮則首先說明肝經不暢，因為肝主筋，而肝經不暢，脾胃也不會好，因肝屬木，脾屬土，木剋土。

2 拉筋時膝蓋背面（膕窩）會疼痛，說明膀胱經堵塞；膀胱經一堵塞，腰就有問題。腰的問題可能是腰椎問題，也可能是腎的問題，或是兩者都有。膀胱與腎互為表裡，共同主水，凡膀胱不暢者腎經也不會通暢，浮腫、肥胖、頻尿、糖尿病等皆與此相關。

3 後舉的手臂不能貼到凳面，則表明有五十肩，心、肺、頭、五官、乳腺等部位的各類疾病都與此相關。

4 上舉的腿不能伸直，下落的腿懸在空中不能落地，表明筋縮嚴重，肝、脾、腎經不暢，不僅有腰腿痛症，可能內臟也有諸多問題。對於女人而言，表示可能有婦科毛病，對男人而言，可能有攝護腺毛病。

拉筋會拉傷筋與肉嗎？

1 拉筋是一項自然合理的動作，痛、麻、痠、脹等反應都説明氣血不通，所以需要拉通。

2 拉筋是人自己拉自己的筋，力道與時間都可調控；自己拉有個極限，即絕不會把筋與肉拉出自己的身體。

3 拉筋會疼，説明身體有毛病。但疼應該是在自己能忍受的範圍內，可以通過拉筋強度與時間靈活掌握。

4 初學者、病重者、老人一開始不必用力拉得太狠，也不必一次到位，最好循序漸進，逐漸延長拉筋時間，逐漸加大力度。

5 有人説自己從小就筋硬，其實筋硬是身體出問題的警訊，説明肝功能有問題，因為肝主筋，所以這種人更得拉筋。

6 當你無論怎麼拉、拉多久都無痛、麻、痠、脹感時，説明骨正筋柔，氣血自流，反倒不必拉筋了。

如何循序漸進拉筋？

一般人在家裡或辦公室，可以借用身邊的家具或物品來幫助自己拉筋，此處以臥位拉筋法為例說明。

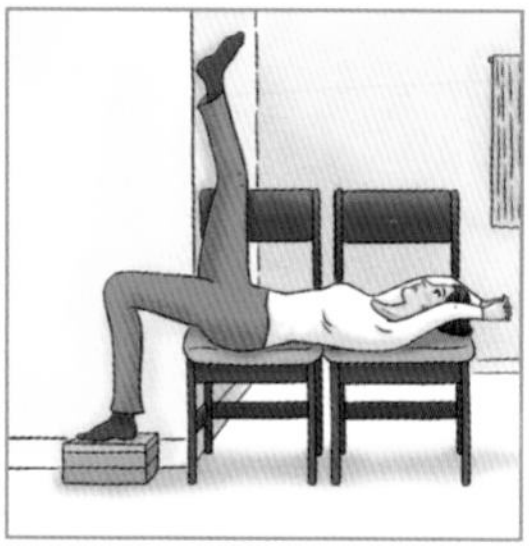

椅子替代法

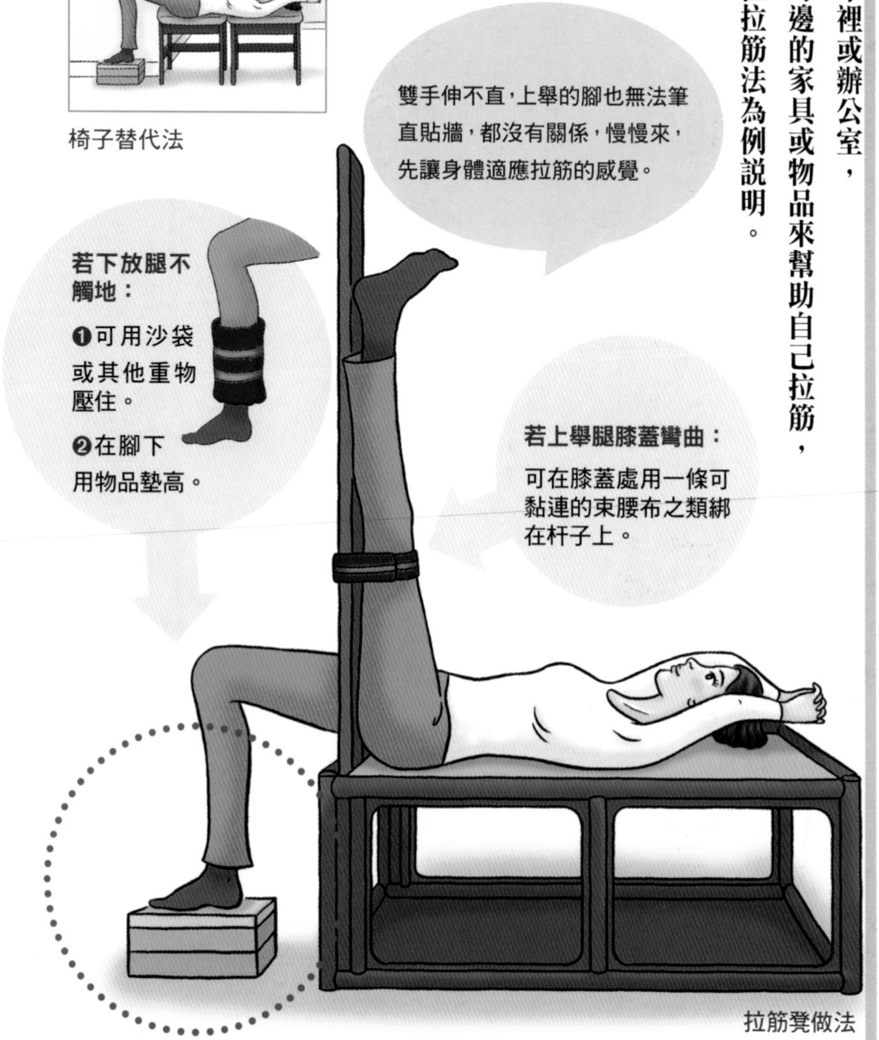
雙手伸不直，上舉的腳也無法筆直貼牆，都沒有關係，慢慢來，先讓身體適應拉筋的感覺。
若下放腿不觸地：
❶可用沙袋或其他重物壓住。
❷在腳下用物品墊高。
若上舉腿膝蓋彎曲：
可在膝蓋處用一條可黏連的束腰布之類綁在杆子上。

拉筋凳做法

【階段 1】

垂下的腳下方可用書本墊高作腳墊，來支撐懸空的腳。

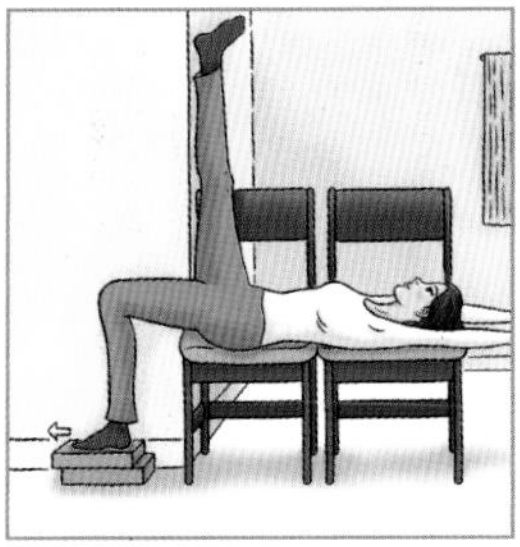

椅子替代法

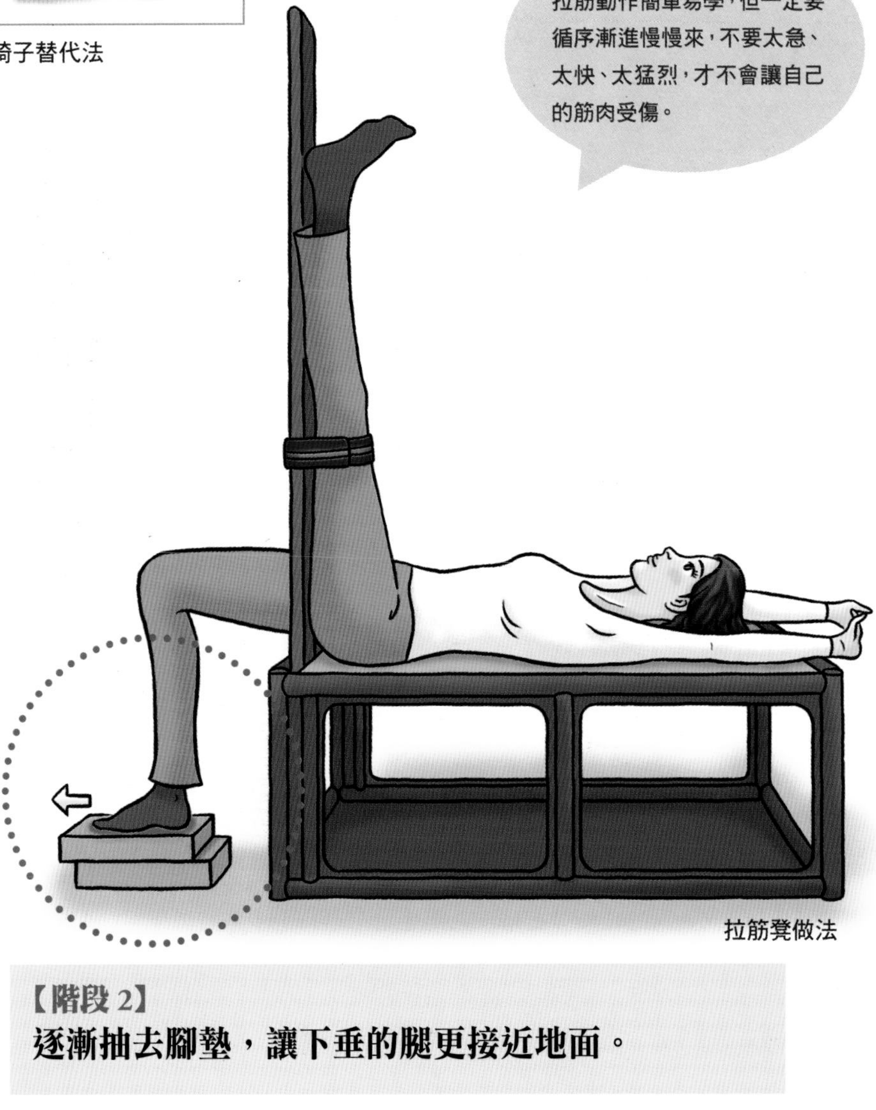
拉筋動作簡單易學，但一定要循序漸進慢慢來，不要太急、太快、太猛烈，才不會讓自己的筋肉受傷。

拉筋凳做法

【階段 2】

逐漸抽去腳墊，讓下垂的腿更接近地面。

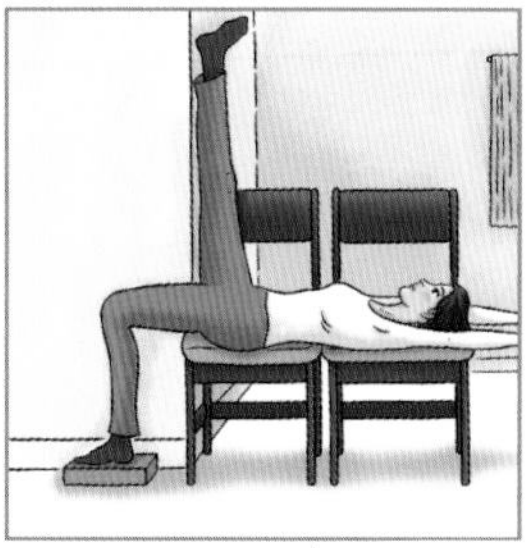

椅子替代法

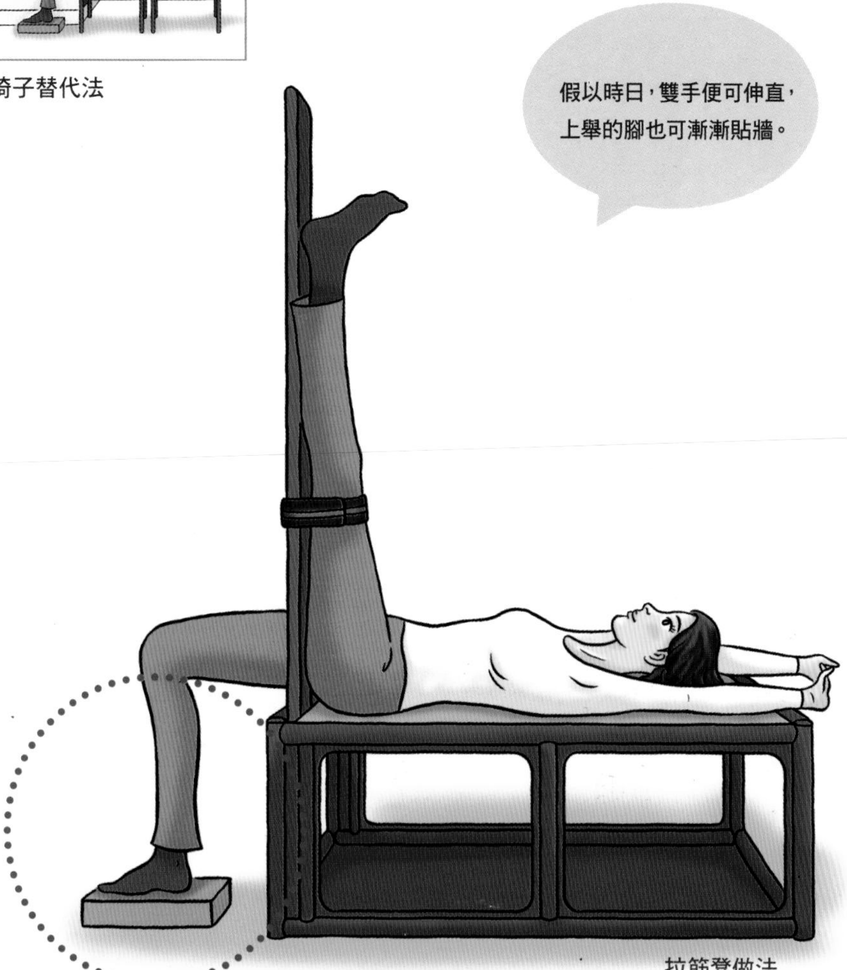
假以時日，雙手便可伸直，
上舉的腳也可漸漸貼牆。

拉筋凳做法

【階段 3】

再逐漸抽出腳墊，降低高度。

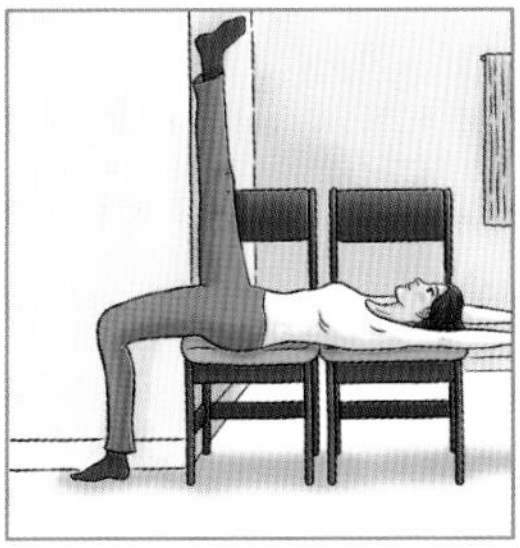

椅子替代法

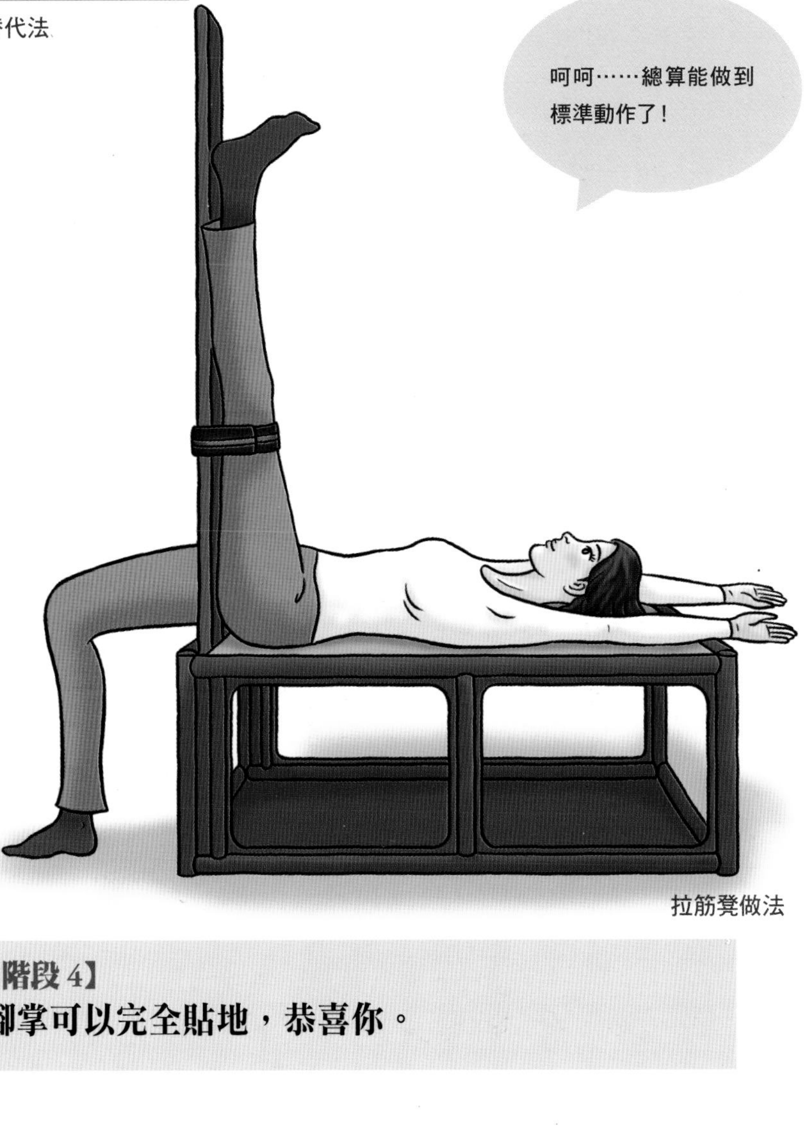

拉筋凳做法

【階段 4】
腳掌可以完全貼地，恭喜你。

拉筋可能會出現的身體反應？

第一類反應：

□痛、□麻、□痠、□脹、□癢、□犯困（打呵欠）

【說明】

1 這是自然療法的療程中會產生的自然現象，中醫稱之為「氣沖病灶」，即人的正氣被調動、啟動後，與邪氣相持、搏鬥時在人體出現的生理反應，可稱之為黎明前的黑暗。

2 這種反應是一種信號，告訴人們淤堵的經絡正在被打通。

第二類反應：

□紅斑、□紅疹、□水泡、□頭暈、□頭痛、□噯氣（打嗝）、□噁心、□吐濃痰、□流鼻涕、□放屁、□拉很臭的屎與很騷的尿等等

【說明】

1 這些都是排毒反應，出現這些症狀，應乘勝追擊，繼續拉筋、拍打。身體經過內在的清洗、排毒後，會逐漸恢復正常，越來越健康，甚至脫胎換骨。

2 即使病治好後，還應繼續拉筋、拍打，作為日常保健。不過，拉筋、拍打的時間與強度可以適度減低。

拉筋該注意哪些事項？

1 拉筋時要穿長衣長褲，關閉或減少空調風力，避免傷風受寒。因拉筋時毛孔打開，稍不留意便不治病反招病。

2 臥位拉筋腳著地困難的人，膝腿可稍向外撇以減輕痛苦，但著地後應盡力向內併攏，直到兩腿完全併攏，別向外形成外八字。

3 凡有高血壓、心臟病、骨質疏鬆症患者或長期體弱的重病患者，一定要先請示醫生是否適合做這類拉筋法。有筋縮的人在拉筋時一定會痛，忍受疼痛時心跳加快、血壓升高，可放一小枕頭將頭稍稍抬高，以避免血沖腦部。

4 老人、骨質疏鬆症患者、重病體弱者，可能因疼痛而暈厥，所以不宜操之過急，拉筋時間可從短到長，強度可從小到大，因人而異，沒有絕對標準，只要長期堅持，就會日久見功夫。

5 如在拉筋時發現患者手腳發麻、冰涼、臉色變青、出冷汗，西醫稱之為「過度換氣症候群」。處理辦法是：用紙袋或者塑膠袋罩住口鼻，形成封閉系統，約五分鐘後症狀會自動消失，恢復正常。

臥位拉筋一次要拉多久？多強？

拉筋時間

拉筋時間沒有絕對標準。建議每條腿拉筋十分鐘，也僅供參考，並非標準。

1 上舉腿伸直，下放腿觸地，對多數身體健康的拉筋者比較合適。然而，對體質差或病重的人來說，其上舉腿很難伸直，下放腿很難觸地，有的人剛躺上拉筋凳就已經疼痛難熬，恨不得立刻放棄，所以這種人須循序漸進，從一分鐘、兩分鐘開始慢慢加時、加壓。

2 練瑜伽、舞蹈的人，拉筋十分鐘毫不困難，若將每條腿的拉筋時間延長到二十分鐘、半個小時，腳麻、痠痛、打嗝、放屁、通便、流汗等各種效果都會顯現，各種慢性病，如失眠、便秘、腎虛、心腦血管毛病等都會全面好轉。

拉筋強度

拉筋的強度因人而異，沒有固定標準，以每個人自己可以忍受的幅度為限。

1 可以在拉筋時讓人壓腿，也可壓沙袋等重物。

2 後舉之手如果手握小啞鈴、書包、字典等重物，會增加一定痛感，但是這對治療五十肩、胸悶、乳腺疾病、心臟病等多種病症更有顯著療效。

3 這種拉筋法配合呼吸將雙手盡量向後伸展，對乳房下垂、肥胖的女性有明顯效果。因為仰臥拉筋改變了重力對乳房下垂的作用方向。

拍打治病根據的原理是什麼？

拍打皮膚（拍痧）＝排毒＝排除體內的毒廢物

【原理】

1 皮膚與經絡、四肢、五臟、六腑、九竅（九竅指的是人的兩眼、兩耳、兩鼻孔、口、尿道和肛門）均有密切關聯。

2 拍打皮膚會啟動人的信念、心力，刺激、疏通相關經絡，聚氣、行氣，氣行則血行，氣血行則經絡通，經絡通則治病。

3 身體被拍打的部位會自動聚氣、聚血，加強氣血循環。被加強的氣就如同清道夫，自動在全身掃描，找到並打通淤堵的經絡。經絡通則體內有害的垃圾、炎症、腫瘤等等都會被一一清理，從而治病。

4 從西醫角度看，拍打是一種主動破壞療法，可刺激大腦中樞神經，令其調動體內能量、血液、分泌物及淋巴、神經、免疫系統，幫助修復被破壞部分，達到人體自主康復，並提高人體免疫功能。

拍打有一定的順序嗎？

一般是從上往下拍打，順序如下：

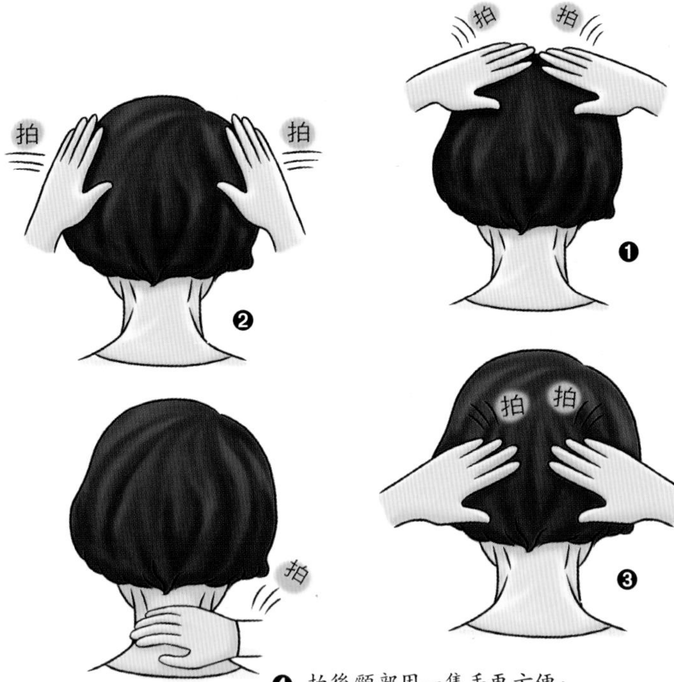

❹ 拍後頸部用一隻手更方便，正好蓋住頸部。

【步驟1】**拍頭部**

❶ 雙手先拍頭頂→❷ 雙手次拍頭兩側→❸ 雙手再拍後頭→

❹ 單手拍後頸部。

【步驟2】**拍雙肩**

可用左手拍右肩，右手拍左肩；肩的前部、外部、上部、後部都要拍到。

【步驟3】**拍兩側腋下及兩脅內側**

心臟病、肺病、乳腺疾病患者尤其要多拍此處。

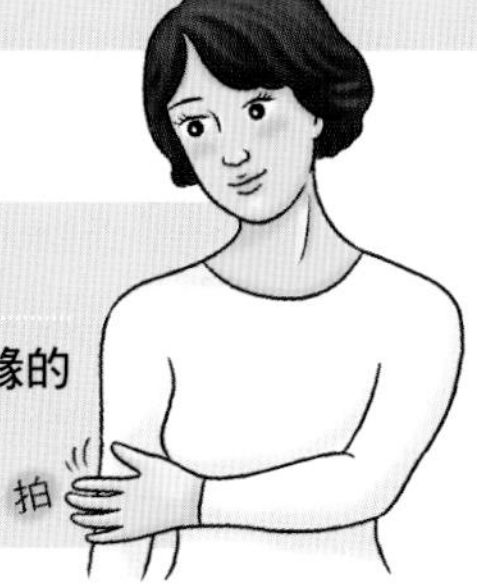

【步驟4】**拍雙肘關節內側**

範圍包括內側全部經絡，從內側下沿心經到外側邊緣的肺經、大腸經，以及正中間的心包經。

【步驟5】**拍打雙膝**

雙手先拍雙膝正面，可用整個手掌包住膝蓋拍；其次拍膝內側、外側及膝後的膕窩。

各類膝蓋、腿的毛病，無論腿痛、腿麻、腿脹等均可如此拍打。此法配合拉筋，療效更快。

【步驟6】**拍打雙足**

拍打腳心、腳背、內外踝關節及周圍都可重力拍。此法除治腳部疾病外，對所有臟腑疾病都有很好療效。

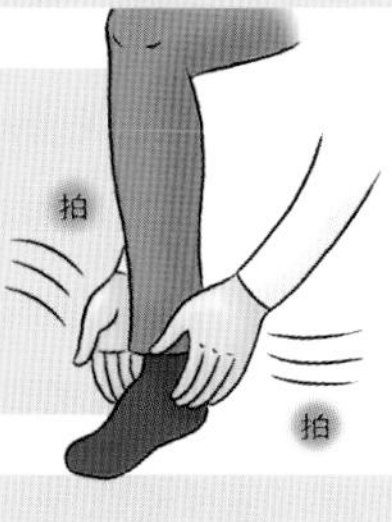

【步驟7】**可隨病情拍打任何部位**

在前面六個步驟之後，可根據自身病情隨意拍打全身任何部位，哪裡有病灶就拍哪裡。

若時間不多，怎麼辦？只拍打以下的重點部位，集中治療

對絕大多數急、慢性病患者，若拍打時間不夠，可集中拍打雙肘、雙膝、雙腹股溝、雙腳，因為這是毒素沉澱較多的部位，也是經絡、血管、神經、淋巴相對集中的區域。

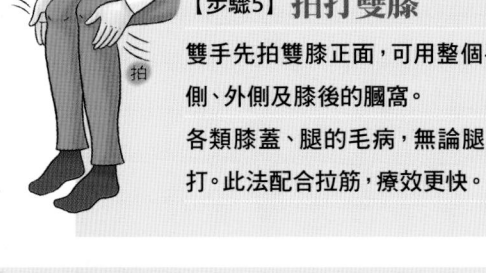

如何正確拍打？

1 用心拍打

心存正念，會調動體內正面能量，要堅信自己的病自己治療最好。心存負面念頭，則易起副作用。

2 用實心掌拍打

拍打時感覺痛，說明拍對了，每痛一下表示病業消除一點。

3 用意念拍打

手掌每次拍打皮膚時，可加上從手掌向體內注入清氣之意念，手掌離開皮膚時，可加上手掌抓出濁氣的意念與動作。

4 正確運用手掌或手指

大面積拍打時，整個手掌、手指部分全部用上，比如拍打膝蓋正面。被拍打部位面積若不大，如拍打膝蓋背面的膕窩，可以手指部分為主拍，拍時腕關節可靈活抖動。

5 拍打力度越大越好，越痛越好，只要能忍受

開始拍時比較痛，通常拍打兩分鐘之後痛感會降低。

6 配合念佛念經念咒拍打更佳

拍打時若口中念佛、念經或念祛病消災咒，則效果更佳；念的內容由個人喜好自定。

拍打一次需要多久時間？間隔多久拍一次？

1. 一天的任何時候都可以拍打。可養成天天拍打習慣，早、晚各一次，也可早、中、晚各一次。

2. 身體健康者，每次拍打頭、肩、胳肢窩、肘、膝等處一至五分鐘即可。每天一至二次，多次不限。

3. 亞健康者某些部位功能不佳，除拍打以上保健部位外，可在病灶處加長拍打時間。一般每處拍五至三十分鐘，每天一至二次，更多次不限。

4. 自感不適或有明顯病灶者，除拍打保健部位外，可重點拍打病灶處半小時以上。例如膝蓋痛、五十肩、頸椎病、頭痛、失眠患者，可重點拍雙膝、雙肘，拍打次數不限，但每天起碼一至二次。

5. 大病患者，如肩不能舉、腿不能走，或被醫院診斷為牛皮癬、心臟病、高血壓、糖尿病、癌症等患者，建議從頭拍到腳，拍雙肘、雙膝、雙腳及其相應病灶部位可拍打一小時以上，每天一至三次，待病情緩解後再酌情減少拍打時間。

6. 通常拍打幾次後再拍打不易出痧，這時仍應定期拍打。無論出痧與否，只要拍打就會疏通經絡，達到保健、治療功效。

7. 拍打時間與頻率如同拉筋，沒有絕對標準，因人而異。無論有病沒病、出痧與否，都可每天拍打。

8. 一次拍打不完，也可分成幾次拍打。

如何從出痧的顏色深淺檢查身體狀況？

一、有病就出痧，無病不出痧，病重痧就重，病輕痧就輕。

二、痧色越深，說明體內之毒、寒、濕、熱等邪氣越重。

潮紅：正常

紅色：風熱，多見於亞健康者

紫紅色：淤熱，容易痠痛

青色：痰濕，容易疲勞

紫黑色：淤滯，體內毒素累積，微循環障礙

黑色：多數是長期慢性病患者或長期服用藥物者

三、根據出痧的部位可以判斷出相應經絡、臟腑發生的疾病或潛伏的病症，也說明相關臟腑的毒素正在被排除，治療已經開始。

四、經絡淤堵嚴重者出痧較快，拍一分鐘不到就會出痧，且痧色較深；反

痧即毒血，皮膚上拍出顏色為出痧，用同等力拍健康組織不會出痧。拍有病或潛伏疾病的組織或穴區會出現痧斑。

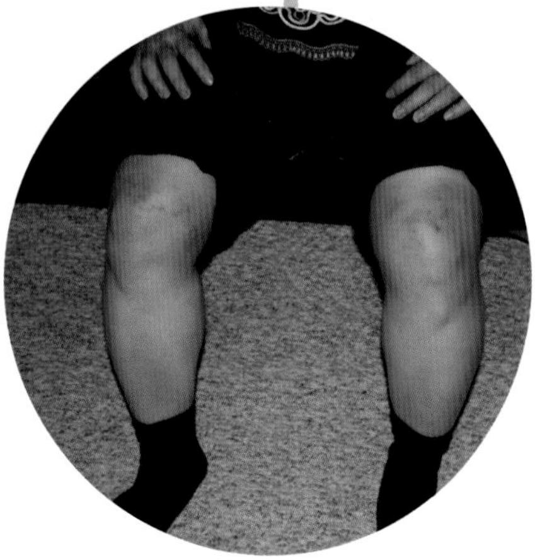

之則出痧較慢，痧色較淺。

五、有些人先出紅痧，拍的時間久後出暗紫色痧點、痧塊；嚴重者出深色硬包塊。

六、有些人首次拍不出痧，拍幾次後出痧，説明痧毒較深，須多次拍打才能慢慢調出，也説明了體內毒素處於遊走、變化狀態。

七、有些人初拍出痧，拍幾次後再拍不出痧，但過一段時間後又可拍出痧，説明身體狀況一直在變化，心情也在變化。

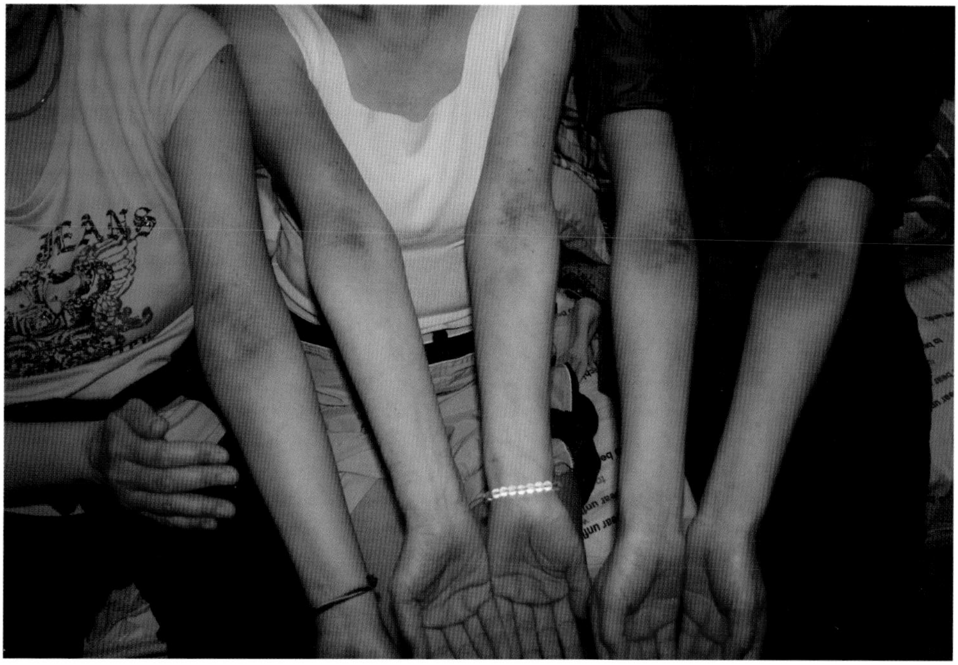

拍打時需要注意什麼？

1 拍打時應避風

不可用電扇或冷氣直吹，以免風寒之邪通過開泄的汗孔進入體內，引起新的疾病。

2 拍打後要補充水分

拍打前、後飲用一杯熱水，可適當補充消耗的水分，防止頭暈疲勞，促進新陳代謝。

3 拉筋拍打後洗浴

拉筋拍打後，如果天氣涼、汗不多時，最好當天不洗澡。如果天熱出汗多，又在睡覺前拉筋拍打，可在拉筋拍打後半小時後洗澡。如果不在睡覺前，起碼在一小時後洗澡，而且洗澡只能用熱水，切忌用涼水。因為洗澡過多耗氣，拉筋拍打後氣血正在體內自動加強循環調解，所以最好盡量不要受到外在因素的刺激或干預。

4 皮膚病拍打方法

大面積拍打時，整個手掌及手指部分全部用上，比如拍打膝蓋正面。拍打部位面積不大，或牛皮癬一類的皮膚病須長時間重拍打才有效，皮膚外傷或滲液潰爛的不可拍打。

5 糖尿病、下肢靜脈曲張、下肢浮腫者拍打方法

糖尿病患者皮膚耐受力差，血管脆性增加，要輕拍，再循序漸進拍打。下肢靜脈曲張及下肢浮腫者，宜從下往上拍，手法要輕柔，以促進血液循環。

拍打的禁忌

1.嚴重出血傾向的疾病，如血小板減少、白血病、過敏性紫斑等禁。
2.孕婦禁止拍痧。
3.嚴重糖尿病、皮膚外傷或皮膚有明顯滲液潰爛者禁。
4.昏迷、急性創傷、嚴重感染部位、新發生的骨折處、新扭傷局部禁。
5.原因不明的腫塊及惡性腫瘤部位禁止拍痧。
6.對疼痛過敏者，不宜拍打。
7.醫生明確規定不可拍打的病症。

（文上承第64頁）

拉筋為何會有不良反應？

蘇州一位讀者拉筋半年，療效顯著。我一查郵件，才發現她幾個月前來過信，當時的各種負面反應足以令一般人放棄，但她沒有，結果越拉身體越好，說明了堅持的重要性。她自己受益後趕緊介紹給同事，別人也馬上跟著受益，功德無量！其實她這些難受的反應都是「氣沖病灶」的正常反應，是拉筋有效的信號。有的人才拉幾次，一有「氣沖病灶」的反應就放棄，太可惜！茲將其四月與七月寫的兩封信照登如下：

江蘇 素心若雪

尊敬的蕭先生：

看了您寫的《醫行天下》以及您在新浪的部落格，對您的爲人、醫德甚是佩服。

開始拉筋四天，前幾天都只能堅持兩、三分鐘，昨天起能堅持每條腿拉十分鐘了，上午、下午各拉一次，拉左腿時，雙手、雙腳皆十分麻，感覺氣接不上，拉完起身換腳時，感覺頭暈，並伴噁心。再拉右腿，感覺比較輕鬆。全部結束後，起立，發現胃開始脹氣，並伴有噁心，然後是不斷地想打嗝，一、兩小時左右這種症狀消失。拉完感覺腰裡舒服，但早上起來就感覺腰部不舒坦。我平時的主要症狀是腰部一年四季感覺冷，左邊膝、肩、肘也常能感覺嗖嗖的寒氣入侵，夏天沒法待在冷氣房裡，必須穿長袖、長褲。如果有緣，蕭先生定能看到我的郵件，感恩！

蕭老師：

您好！有緣結識《醫行天下》，幸事！現將拉筋體會向您彙報。

一、堅持臥式拉筋已近半年，剛開始拉時頭暈、心慌、氣急、打嗝。但堅持一週後，上述症狀消失。再堅持一段時間後，發現多年睡眠不好的毛病得到了很好的改善，原來都是淺睡眠，睡的時間長，但總是多夢易醒，早上起來就疲倦。拉筋幾週後，發現夜裡十二點到早上五點之間睡眠特別好，特別是十二點到二點之間，不再甦醒，而且即使颳風、打雷也聽不到，白天不用午睡，精神也不錯。同時，便秘的毛病有了較大的改善。

二、由於一次摔傷，導致我的右肩漸漸發展成肩周炎，在沒有拉筋前，我堅持甩手，已有改善，我以爲肩周炎已好，但開始拉筋後，我發現其實我的右臂沒有眞正痊癒，因爲不能平放到凳子上，但是越痛我越堅持。現在我的右臂活動輕鬆自如，一點問題都沒有。所以，拉筋眞正治好了我的肩周炎。

三、由於職業關係，我幾乎成天都坐在辦公室，運動少，所以腰痠背痛是常事。每次拉筋後，就感覺腰立即不痠，人輕鬆很多。

嘗到甜頭後，我把您的書推薦給同事，教同事一起拉筋拍打。她從五月一日起開始堅持拉筋，結果，嚴重的失眠症狀消失了，同時治好的是便秘，還有她的胃經常要泛酸水，好多東西都不敢吃，現在胃也好了。她的變化太大了，所以一直堅持拉筋。

但是我還有一些問題向蕭老師彙報：

一、我拉筋的姿勢很標準，每條腿都能堅持十到十五分鐘。我每次拉完感覺腰很舒服，馬上不痠了，可是坐的時間久了，又痠了。我痠的部位在尾椎處，平時自己運動扭扭臀部時，能聽到右側骨骼發出「咯咯」的聲音，左側則沒有。您說我是不是有錯位呢？

二、我左側各關節和腰部尾椎處一年四季怕冷。這個季節因爲穿短袖和裙子，待在冷氣房裡，左側關節會感覺有嗖嗖的冷風直往裡鑽，又冷又痠，非常痛苦，所以都不敢穿裙子。腰呢，則最好秋冬季都要捂個熱水袋才行。

最近幾天開始，我除了臥式拉筋和拍打外，每天增加立式拉筋兩次。我想自己可能是經絡不通，期待通過兩種拉筋加拍打，能解除這個痛苦。請蕭老師指點。

我在蘇州，不知蕭老師何時會雲遊到蘇州，我想請您正骨。感謝蕭老師！

人到中年的蘇州讀者 素心若雪 2009/7/15

我簡要回答如下：

◎心想事成。只要您堅定地認為自己的病一定會好，病就一定會好。您的這個念力有多強，病就好得有多快。類似案例，可謂舉不勝舉！

◎您的椎骨可能有錯位，有機緣我會幫您正骨；其實拉筋也能幫助正骨，您可以把每條腿的拉筋時間延長到二十至三十分鐘。

◎怕冷是綜合性問題，除了骨頭錯位，您可能元陽不足，也就是腎虧，考慮到您以前的失眠和便秘，可能還有心、脾兩虛，體內寒濕較重。現在病症已祛除不少，要想去根，除了堅持拉筋、拍打，還可練習扭腰功或貼牆功，都是強腎驅寒的秘法。

◎練功後，可飲薑棗湯驅寒。

拉筋加上拍打、站樁的療效

上面的信在「醫行天下」部落格上登出後，這位讀者又來信談了拉筋加上拍打與站樁後的療效。

蕭老師：

您好！今天我那個拉筋很有成效的同事，發現您部落格上登了我寫給您的信，見我上線，連忙告訴我。眞是巧了，明天就要去九華山幾天了，走之前就收到了您的來信，很受鼓舞。最近又有許多心得向您彙報。

一、拉筋加上調理有奇效。如您所言，我的確是元陽不足，也就是腎虧。因爲我有過敏性哮喘、過敏性鼻炎，舌邊常年有齒痕。在一對北京中醫發燒友夫婦的指點下，堅持服用黃精、淮山藥湯（補腎），黃耆、陳皮粥（調理脾胃）幾個月，再配合拉筋（拉筋就是他們介紹給我的，還有您的書和部落格），我的過敏性鼻炎大有好轉，基本得到控制了，過敏性哮喘沒有發作過，體質明顯增強，並且半年裡基本沒有感冒過。您來信提到的薑棗湯，我還沒研究過，過兩天試試。

二、拉筋拍打加上站樁。看了您的書，我試過練貼牆功和扭腰功，發現難度很大，特別是貼牆功，我練不起來。我就開始找更適合我的鍛鍊方式。您書上說，拉筋、拍打再加上站樁，效果會很好。於是，從七月十六日開始，我每天堅持練習站樁一至二次，每次十至二十分鐘。並介紹我那同事一起練，相互交流鼓勵。我同事練站樁第二次，就感覺手臂有熱流並且發癢。我剛開始站樁時，一會兒就大汗淋漓，呼吸不均勻，現在站十分鐘是微汗，以後慢慢延長站樁時間。每次站樁時，手心發熱，左肩奇痠，左腳三、四、五三個腳趾還會發麻。我想因爲是我左側關節不好，經絡不通的緣故吧。每次站完我就使勁拍打兩肩，感覺十分舒服。

三、拍打有奇效。我母親年紀已大，筋縮現象很嚴重，骨質疏鬆現象也很嚴重，我不敢介紹她拉筋，就讓她拍打，結果，經常拍得手腿青紫一大片，自己感覺病痛好很多，特別是有時晚上身子痛得睡不好，就起來拍，拍完舒服好多，再睡覺。現在拍打已成了她必不可少的功課，每天堅持。並且有幾次拍打後發現自己經常痛的眼睛也不痛了，只是搞不清自己到底拍到了哪裡才會有這個療效。我自己也經常拍打，這兩天天氣涼，可能晚上受了寒，前天出現夜裡、早上乾咳現象，且比較嚴重，我就重點拍打雙肩和上臂內側、前胸，結果今天竟然沒有咳。上文寫到的我那個同事，就更有意思了。有一次可能在冷氣房裡待久了，感覺左側頭痛，然後她就開始拍打雙手肘，她以前可是基本沒拍出過什麼痧。結果那一次，左側拍出好多痧，右側則基本沒有，頭痛馬上見好。然後第二天繼續拍打雙腿內側，也是這樣，左側拍出好多痧，右側則拍不出痧。人呢，感覺更舒服了。

四、先拉筋再拍打，然後站樁。試了幾次，發現站樁前先拉筋、拍打，感覺雙手一會就熱了，不知我這樣練對不對？我一直在尋找適合我的方法，最近拍打成了習慣，拍上了癮，一坐下來雙手就忍不住拍打，而且不再感覺痛，越拍越舒服。自從練習站樁後，即使散步一個多小時腳也不疲了。以前我的鄰居跟我散步，都要自己先出去走一半路，然後回來再跟我一起走，她總嫌我走得慢，走不動。現在呢，我們倆一起走，她走不過我了，哈哈，一個多小時下來，她晚上雙腳痛得沒地方放，我說我一點感覺也沒有啊，以前我是一走路腳跟就要痛的。還有睡眠，自從增加站樁後，真的可以說是嬰兒般的睡眠，晚上不再醒啊，一覺到早上，真是神奇。沒拉筋前，我是一夜醒來無數次，拉筋後，睡眠明顯改善，醒的次數少很多，加上拍打和站樁後，許多時候一夜不醒，好像連夢都很少做啊！

五、拉筋治病會有反覆，一定要堅持。還是我那個同事，拉筋後睡眠好轉，但過了一陣又有反覆，這時候一定要繼續堅持，過一陣又好了。現在我同事又把拉筋介紹給一位失眠特別嚴重的朋友，結果，睡眠一下改善，那位朋友現在一天拉筋三次。

拉筋、拍打、站樁，一分錢也不用花，對於我的確是療效神奇。原來經常要上火，口腔潰瘍，現在再沒這個問題。

蕭老師，我還有個問題要請教您，我本來不發過敏性鼻炎，站樁後幾天，早上開始出現過敏性鼻炎。我的中醫發燒友説我可能是出汗太多，反傷了陽，他説汗在內爲血，在外爲汗。我以爲是氣沖病灶，因爲一開始我每天練得大汗淋漓才甘休，於是我就改爲微汗即止，果然，現在鼻炎好轉。並且鼻子一不舒服就站樁，一會兒鼻子就舒服了。我想這就是過猶不及吧！凡事不能操之過急，得慢慢來。所以，我想慢慢適應增加站樁時間。

根據您的指導，我接下來就增加拉筋時間。對了，我立式拉筋時，發現自己胸口悶，透不過氣，是否胸椎有問題。蕭老師有機會到蘇州，我一定請您正骨。現在我先通過自己努力，希望能把病痛消滅掉。現在我女兒、表姐，還有我的幾個朋友都開始拉筋了，我十八歲的女兒便秘有很大的改善。就是她太怕痛，小小年紀，筋縮現象也嚴重，拉筋的姿勢不夠標準，但時間有十分鐘了，正在進步中。

希望我的心得能和大家分享，希望大家都能有一個健康的身體！

蘇州 素心若雪 2009/8/6

從憤怒到感恩——拉筋的戲劇性變化

我曾經在部落格上見到一個對拉筋表達憤怒的留言，後來又看到了相關留言，發現是同一個人寫的，就把它們收集起來，直到最近收到一封信，一切才清晰起來。她的案例很典型：腰腿痛，說明腰腿連在一條經上，治腿即治腰，所以叫「腰背委中求」。其實她的腰與婦科病都跟腿直接相關，直到她的腿徹底好了，腰與婦科病才真正好了。她最初腿痛的反應就是「氣沖病灶」，是好事！感謝汪洋小葉跟大家分享，以下是她在部落格上的發文。

還在說拉筋，吹牛的，害人不淺。我本來不知什麼是拉筋的，剛好一個朋友說在地攤上買到這本書，說得很神，一拉就立即去腰腿病，剛好我有點腰不好，想到這麼神，就拉了起來，結果拉了三次，膝蓋嚴重受傷，連睡覺都睡不好，上醫院治了一個月了，現在走路還膝蓋發痛。現在的人，爲了經濟利益，什麼都敢吹，不管我們老百姓的死活了。

新浪網友：2009/4/10

我上次拉筋三次拉出了膝蓋疼，疼的位置是肝、脾、腎三經經過處，由於對拉筋不太瞭解，就停了下來，改用灸法治膝蓋疼，沒想到治膝蓋的同時，把痛經的毛病也治好了。婦科和肝、脾、腎三經有關，我想我拉筋時膝蓋疼，應該是反映了我的婦科不太好。後來在治膝蓋的同時，就無意中治好了多年的痛經。我膝蓋疼的源頭，應該是痛經。現在又恢復拉筋了，希望堅持就有收穫。

新浪網友：2009/4/21

蕭老師：我是汪洋小葉，以前給您留過言的。我以前拉筋拉出膝蓋疼，就沒拉了，用艾灸治好膝蓋，見這麼多人說拉筋效果好，我就不信我拉就拉出病來，於是我仔細再讀了您的書和您在網上的資料，認眞再學習了一下拉筋的方法。在膝蓋好轉的前提下，又重新拉。沒想到一拉就有效，我拉了一個星期了，一天加起來一小時，剛開始還拉出長短腿呢。現在，很好了，沒有長短腿了，腿疼病也幾乎不存在了。這個腿疼病，我花了不少心機，可是就是治不好。沒想到，一拉就拉好了一大半。在此謝謝您的方法，祝您天天快樂。

新浪網友：2009/4/30

四月三十日，我收到一封電郵，終於與這個汪洋小葉對上了號。

蕭老師，我來回饋一下我拉筋的收穫。

我是四月二十四日開始拉筋的。沒拉前，我有嚴重婦科病和腰痛病，但用艾灸方法治好了。但腿一直疼得厲害，睡覺也在發疼，而且不敢伸直，走路更不用說了，而且我發覺我站時，左腿是站不直的，膝蓋向前彎的。我也不知自己是什麼毛病，可又不想上醫院去檢查。因爲之前腰痛病我已照過兩次X光片，我想再照下去非照死不可。

有幸讓朋友介紹認識您的部落格，我就試著拉筋，每一次拉完，不知是因爲我的膝蓋寒重，還是拉筋拉得太猛，拉完後膝蓋內側（肝、脾、腎三經）疼得很（應該是之前嚴重婦科病的後遺症），我只能停拉，改用艾灸治膝蓋，把膝蓋治好後，我又仔細上網學習您的拉筋，看到這麼多人都拉得這麼好，我就不信我會拉出問題。

於是四月二十四日我又重新拉，這次我拉完後感覺到腿很舒服，但是拉出個長短腿，我知道這是正常現象。於是我堅持艾灸腿痛處和拉筋相結合的方法，拉筋一天三次，每次十分鐘，每次都按您的說法，拉得痛不可忍，有時痛得心跳跳好快。現在，兩個月了，我眞正感受到了效果，走路腿不疼了；而且站著時，兩腿可以完全併攏站直了，眞開心。

我覺得做人要有感恩的心，所以現在向您回饋一下，謝謝您的方法。要不，我的腿可能會越來越嚴重，醫院我是不指望的了，之前因爲嚴重婦科病和腰痛到醫院，可除了會用各種儀器幫你檢查，送你一個具體的病名之外，什麼都不會做，那些專家開的藥，我越吃越嚴重，寒性中藥吃多了，本來只是婦科而已，卻給我弄來腿疼的後遺症。

多謝您的拉筋，我會定時回饋拉筋效果的。準備一生都拉下去了。

汪洋小葉 2009/4/30

拉筋治療慢性病

蕭醫生：您好！

也許這樣稱呼您比較適當，呵呵！二〇〇九年三月初在廣州日報拜讀到您的大作《醫行天下》的部分章節，本人對於拉筋的療效深感認同，當即於當當網請購了一本，供全家人閱讀學習。可惜您的培訓班不在內地，要不然我真想報名系統學習一下。

在看到您大作之前，我已自悟自通這個道理，不過我沒有任何傳承，也不知道民間是否存在這種療法，現在看到您的書，有種被高度認同的興奮感。我不是學醫的，卻是久病成醫，所以沒理論、不系統。我悟到的是：經絡和筋是密切相關的，筋縮使肌肉緊張，從而壓迫血管、神經，由此催生百病！我早年因運動損傷腰椎，多年理療、吃藥無效，乾脆放棄治療，後來發現腰疾對腸胃消化功能也有影響，但亦無可奈何。偶然機會我碰到一個民間按摩高手，他說腰腿病只需兩個小時手法按摩就搞定，於是我就讓他試試看，他是用擊打穴位、肌肉的重手法進行治療的，痛得幾乎欲還擊。第二次我已不敢再去了，但腰部疼痛的確明顯減少，療效比多年來的理療好多了，這引發了我後來的思考，既然能夠這樣治療，肯定有更善巧的方法存在，我開始由經絡入手，發覺理論體系十分複雜，又無師承，有蚊子上鐵牛之感，唯有放棄。我不斷回想那個民間按摩師的手法，思量再三無非就是將筋打鬆，於是試著從拉筋開始實踐，發現與筋相關的肌肉群會迅速變柔軟，比重手法的敲打不知好多少倍，就算一下不能做到，體質再差的人也可循序漸進達到效果，比重手法更善巧、更人性化。

自此凡有痛症我都尋找相關的筋拉鬆，配合穴位、肌肉按摩起到了很好的療效，後來更參考了很多瑜伽的動作，創編出一些適合自己的拉筋動作，當作日常保健操來做。

短短一年間，我已自助治療好慢性腸胃炎、背痛、偏頭痛、足弓勞損等身體問題。當我向朋友推薦這種方法時，總是人微言輕，加上理論之匱乏，難以讓人生信及嘗試，直到看到《醫行天下》才知道拉筋療法民間本有，更堅定了我對拉筋治療的信心，也方便向朋友們推薦這一實用而有效的健身方法。

對於正脊等療法我就無能爲力了，也不知道在廣州去哪裡尋找這樣的良醫。如果有機會能在國內見到您，眞是我莫大的榮幸，一定請您正脊治療，呵呵！無論如何，能拜讀您的大作即感到十分鼓舞，彷彿得到善知識之印證與指導，幸何如哉！

致禮

無師自通的拉筋客

拉筋降血壓有特效

二〇〇九年三月我去武漢承傳中醫門診示範拉筋，順便治療了一批病人。其中一位讓七十九歲的老母也來拉筋，她母親的背駝得厲害，幾乎快九十度，但一拉筋就明顯拉直，儘管下拉筋凳後又會駝，但已經在慢慢好轉。以下是這位讀者寫的網評：

看了蕭宏慈的《醫行天下》，馬上就試行拉筋，結果發現自己嚴重筋縮，於是每天堅持拉筋。家裡老公、七十九歲的老母親以及八十四歲的婆婆看到我每天樂此不疲，也都好奇地要求拉筋，結果出現了意想不到的神奇效果。婆婆高血壓已經二十多年，一直靠吃波依定、倍他樂克和脈君安三種藥來控制，一般控制在145/80左右。我看了那些藥物的說明書，其中的很多副作用如口、眼乾澀，以及便秘、頭暈頭痛等，這些症狀也困擾了她多年。

臥式拉筋兩次以後，有一天婆婆頭昏，以爲是血壓高了，趕緊找藥吃，我突然想起蕭大師的書裡好像有一個拉筋降血壓的案例，忙說先量一下血壓決定是否吃藥，結果一量血壓只有118/73，我告訴婆婆，頭昏是因爲拉筋後血壓已經正常，但沒有及時減藥或停藥導致血壓太低引起的，現在不能吃藥，只要堅持拉筋就可以，甚至不吃降血壓藥，那些吃藥引起的副作用也會慢慢消失。婆婆非常配合，改變以前的吃藥習慣，總是先量血壓，只要不高就不吃藥，或只吃比較緩和的中成藥脈君安，並逐步減量。後來因爲臥式拉筋降壓太快，她年紀太大，怕她不適應，就讓她改爲立式拉筋，並逐步增量。前幾天一天吃一至二次最小量的脈君安，昨天只吃了一次，今天一天沒吃，也懶得像前幾天那樣老量血壓了，因爲每次量都很正常，而且頭不昏，也不便秘了。

再就是我老公以前血壓也偏高，每次量血壓總是在148-156/80-90之間，雖然沒有吃藥，他自己也好像不在乎，但大家還是爲他擔心，總是提醒他

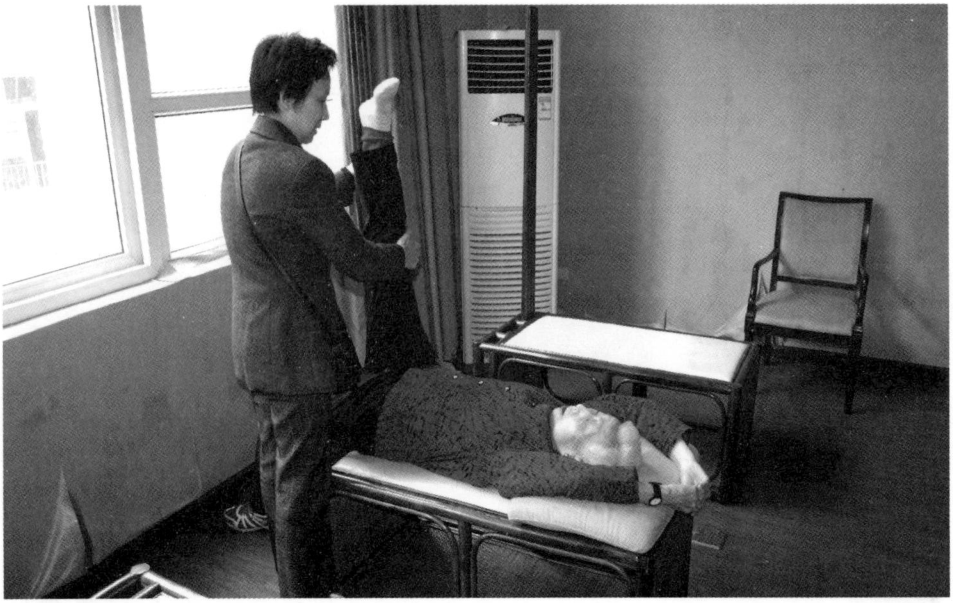

•七十九歲駝背老人拉筋

注意。他拉筋不到十天，這幾天量血壓都在136-138/75-78之間。現在全家每天都在三個板凳拼起來的拉筋凳上痛並快樂著。眞的很感謝蕭大師的無私奉獻。

拉筋治腰痛立竿見影

以下是一位讀者的來信。除去姓名後節錄於此供大家參考。我不斷呼籲：行動、行動，還是行動！Just Do It！對於這種已經行動的人，我們就一定要幫助！用什麼？還是行動！我在西藏治療的最後幾天就是先讓他們拉筋，因為人太多，大家都拿了號排隊，後來凡是拉了筋的人，我就優先給他用其他方法治療。事實上凡是拉過筋的人，再用其他療法治療就更容易了，毫不矛盾，只有互補。

對於蕭先生書中的觀點，我完全贊同！而且覺得蕭先生是先天有佛緣、道緣、醫緣，而且慈悲，每天救治那麼多人！自己會累成什麼樣啊！是個奇人！

我認爲跟您是有緣分的，因爲春節期間我腰疼得無法下地（晚上起夜，腳都無法沾地，要癱一會，然後忍著疼，小步走才可以），只好去北京廣安門中醫院看病，吃藥後稍好些，說是骨質疏鬆和腰間盤突出。只好先吃藥，讓疼痛減輕點再說吧。讓我做牽引，我想先吃藥試試，沒有做。正在這個時候，同事給了您的書（他探親剛回來，也不知道我腰疼）。

我一看書就手不釋卷了，第二天看到拉筋之腰間盤突出的章節，決定第二天不去醫院拿藥了，自己練習。於是，回家，拉筋！當時好像就不疼了，後來晚上還是有點疼，第二天再拉，又好些，第三次拉後，好像不疼了，能從床上一骨碌翻身起來。很神奇！我徹底服了！

拉筋拉出自發功

蕭老師：你好！

自從在廣州日報上看到了你的文章，我就把拉筋作爲治療身體各種問題的主要方法。我想把拉筋過程的一些體會、疑問，向你彙報與請教一下。

我現在做拉筋大概有一個星期了，三月六日拉的。

第一次，我會雙手、雙腳冰涼，雙腳抖動、發麻，頭部不適，有些發暈，心有些發慌，拉了十分鐘（動作大致標準，因爲平時有做壓腿動作）。但是拉筋後感覺人十分輕鬆、輕快。腰身突然挺得好直的（平時比較懶散型），人的動作敏捷了許多（平時動作較遲緩、僵硬）。第二天睡醒發現，我長期以來的晨醒後腰痠背痛及僵硬的現象沒有了，還有右肩胛骨及前右胸部的疼痛現象都好多了，我好高興的。拉筋時覺得右手的小腸筋拉得好痛，不由自主地去撥動它幾下。

第二次，發現我會做些自發動作，比如轉動脖子、雙手臂、手腕等動作。但是我頭部不知是否轉動得太快，有頭部暈眩的現象，後來發展到很嚴重。就是不能平躺著，晚上睡覺也不行了，原來是往左邊會有些暈，現在無論何種方向都會暈眩，是那種很可怕的暈法，就是物體都往一個方向轉，直到無底深淵的感覺。最嚴重有兩天晚上，只能把枕頭墊高傾斜著上身睡。

第三次，我在家裡的鋼琴凳子上做的，頭部下半部剛好到凳邊，我怕暈，墊了小枕頭，後來枕頭掉了，我的頭部不由自主地在凳邊敲打、摩擦起來。第二天我發現頭部下半截好痛，而且還發燙，有著一股股熱氣冒出來，一整天都是；但是上半截卻是涼涼的（不知是否與刀療法有著異曲同工的作用）。但是身上不知爲何會從背後到前身都有發癢的地方，這時廣州的氣候還是好潮濕的呢！是過敏嗎？還是身體內的邪氣都發出來了？

第四次，我拉筋時會用雙手的其中一個手指插入耳朵洞內，並且不停地有方向、有規律的轉動，還會沿著耳邊的穴位撫摸、沿著耳朵的外圈按摩，拽自己的耳朵直到發熱、發燙爲止；後來還按摩起頭部與面部。起來後，我發現我的眼睛異常明亮，頭腦非常清晰，看東西非常地清楚了，因爲我是二百五十度的老花眼。頭部的暈眩立即幾乎全消失了。這天以後，我晚上睡眠時再沒有醒過來了。爽呀！這種睡眠眞是久違了，太幸福呀！右手腕已經活動自如，轉動時沒有任何響聲了，並且還恢復手指的握力與抓力了。

第五次，前幾次拉筋都是雙手、雙腳發涼，這次我發現我的左腳會有熱的感覺了，雙手也會熱了。腿部在拉完筋後站在地上，會有涼氣往上走。不知是否氣上了？

第六次，這次我的左腳終於第一次有股熱流暖暖從下往上流了，我好高興呀，這大概就是氣血的流動吧！這回不知爲何會眼睛瞪得大大的，不停地上下、左右來回地轉動，但是頭部卻是一動不動的。雙手把雙眉不停地捏揉好瘦的，過後雙眼眶舒服極了，再也沒有脹痛的感覺了。爽！昨天不知爲何會把上身往豎起的腿部上靠近，做了好久呢！還會把腰身左右地來回轉動（是在桌面上平著與側著的都有，因爲我是在長條桌上做的拉筋）。是否要正骨啦？

我的動作全是沒有學習與模仿過的，但是我後來上網看了中醫的各種按摩手法，發現我竟然會無師自通地運用了這些手法呀，比如什麼切、撥、揉、揪、滾等等，眞奇怪？好像是一股氣在促使我做這些動作的，但是我中途也可以停下來的。還有用艾熏時也是會自己找穴位，看不到的地方也能控制好距離，比如頸部、肩部、背部。

我喜歡看你的遊記，也十分欣賞與欽佩你的爲人，我想要是把身體弄好，學會中醫的本領，我也想與你們一起去這樣醫行天下……我是在教育部門工作的，我在同事間及幾個QQ群上都傳遞練習這種拉筋法，還上傳了你的拉筋圖片；最巧的是，我無意中在百度上搜到你在天涯網上的文章，我興奮極了，馬上把網址發給了我的好友，讓他們能上網看到你的文章。說實在的，我好久沒有看到這樣的好文章了，眞是眼前一亮呀……我還認識不少年紀大的海南知青們，我也把你文章的部分內容貼到了知青網上。我覺得應該是挺有緣分的吧，海南島就是天涯海角呀，而海南知青裡就有好多上了年紀的人，他們的身體都不好，到處是病痛，還有那些農場的老工人。每次與我先生到海南看到那些老同志都腰腿痛，只能感到束手無策，愛莫能助。最後我想代表我所認識與不認識的正在飽受疾病折磨的病患，還有所有熱愛與支持中醫的人們謝謝你！支持你！願中醫事業發揚光大、弘揚全球、造福人類。

盼望你早日到廣州來

你的支持者 麻海石（這是我的眞名，我的網名海風）

註：就是這封信，導致我專程到廣州做了一次演講，也因此與全國各地趕來的讀者結下了不解之緣。麻海石夫婦四處奔波，找到華聯私立學院的侯校長，他不僅免費提供場地，還親自主持會議。在此對海石夫婦與侯校長表示感謝。

自己拉筋，拉好了二十年的腰痛

我有二十多年的腰痠痛史了。以前腰痛的時候自己無法穿褲子、襪子，因為腿都抬不起來。於是按摩幾次，好了，就這樣打打停停幾十年。今年以來，後腰、臀部很緊，回家後先生給按摩一下，好了，第二天下班回家又「板」了。但是今年春節期間突然很不舒服，痠疼，又找那位按摩師按摩，卻不管用了。晚上起夜，腳都不能沾地，瘸幾次才可以小碎步走，後腰還是疼。翻身的動作要十分小心，否則狠疼一下！沒辦法，只好看醫生。照片子、電腦斷層掃描，結果是骨質疏鬆和腰椎間盤膨出，吃藥！一下八百多元出去了！疼痛是輕了些，但是覺得自己像個玻璃人，不經碰，很脆似的。只要一不小心，就馬上疼你一下！正好這個時候同事給我《醫行天下》的書，一看就放不下，很同意裡面的觀點。越看越痛快。而且馬上行動——在家拉筋，同時做補腎的功法。拉筋後，就覺得不疼了。

當然，畢竟是二十多年的「積累」了，因此時間稍長時，又有點疼。仍然堅持拉，大約拉五至六次了，現在覺得是個實心人了：晚上起夜就跟平常一樣，翻身就起，不像以前翻身都要雙手搬動臀部。最高興的是，一天在床上看書，電話響了，我竟然一骨碌爬起來跑著去另一房間接電話，什麼事情都沒有，太高興了！感謝蕭先生及《醫行天

•在廣州演講

下》！我現在仍堅持拉筋，除了吃鈣片外，根本不找醫生了！目前後腰一個固定的地方有時有點隱約發疼，但不影響日常的生活工作，我估計是否正骨後就可完全好了。

我仍然堅持每天拉筋，希望每個朋友都實踐，拉筋吧，它只會帶給你健康！快樂！

拉筋受益人 黃女士 2009/2/28

拉筋治療漏尿、尿頻及前列腺炎

目前用拉筋治好此類病的案例越來越多。湖北省的一位退休老領導被前列腺炎折磨多年，拉筋一個月後，晚上數次起夜的毛病徹底沒了，特地給我打來電話報喜。一朋友父親也有前列腺炎，每夜數次起夜，剛剛拉筋十天，每天兩次，每條腿拉足十分鐘，結果已經不再起夜。一位六十多歲的美國朋友每次小便都困難，憋得難受，拉了十幾天症狀就消失了。現在發現，凡堅持拉筋兩個星期以上的前列腺炎患者，無論尿頻、尿急、憋尿、漏尿問題，統統都有改善，有的病症完全消失。

以下是一英國患者的來信，談及治療漏尿、尿頻方面的疾病，發現拉筋效果不錯，我簡單翻譯了一下來信大意，順附我對其問題的答覆。

蕭先生你好！

我幾星期以前在蘇格蘭聽了你的拉筋講座，並從此開始拉筋，先練了一個月，每天一次。背痛有點好轉，但早晨起床前還有點痛和僵直。但最大的進步如下：我六十四歲，有漏尿毛病，尿一來便憋不住，常常漏出來。我做了些加強該部位肌肉的練習都沒效。然而，只經過一天的拉筋，這毛病就完全解決了！估計是拉筋使膀胱的約束肌功能得到改善。總的來說，我的某些筋拉鬆了，走路比以前舒服一些。

我老伴七十六歲，有同樣的毛病，正準備到醫生那裡去看前列腺問題。他每晚起夜二到三次，但拉筋後每晚只起夜一次了。我的問題是，爲了鞏固以上成果，我拉筋頻率應該多少次才對？我除了第一個月每天拉，目前每星期只拉三到四次。我老伴是否也應和我一樣按這個頻率拉筋？

對你感謝和祝福！

安娜 2009/4/17

我的答覆是：

起碼每天拉一次，拉兩次最好，而且必須拉得感覺到痛。如果僅僅拉一下，姿勢不到位，完全沒有緊、痛的感覺，或者時間不到十分鐘，效果會差一些。

拉筋治療腰痠、失眠與頻尿

蕭老師好！朋友們好！

我也來交流一下體會。現已拉筋一個月，最多一隻腿十分鐘，最少三分鐘，呵呵。因爲我是二十多年的腰痛了，以前得過骨結核，西醫要開刀的那天我出院跑了，呵呵……後來服中藥

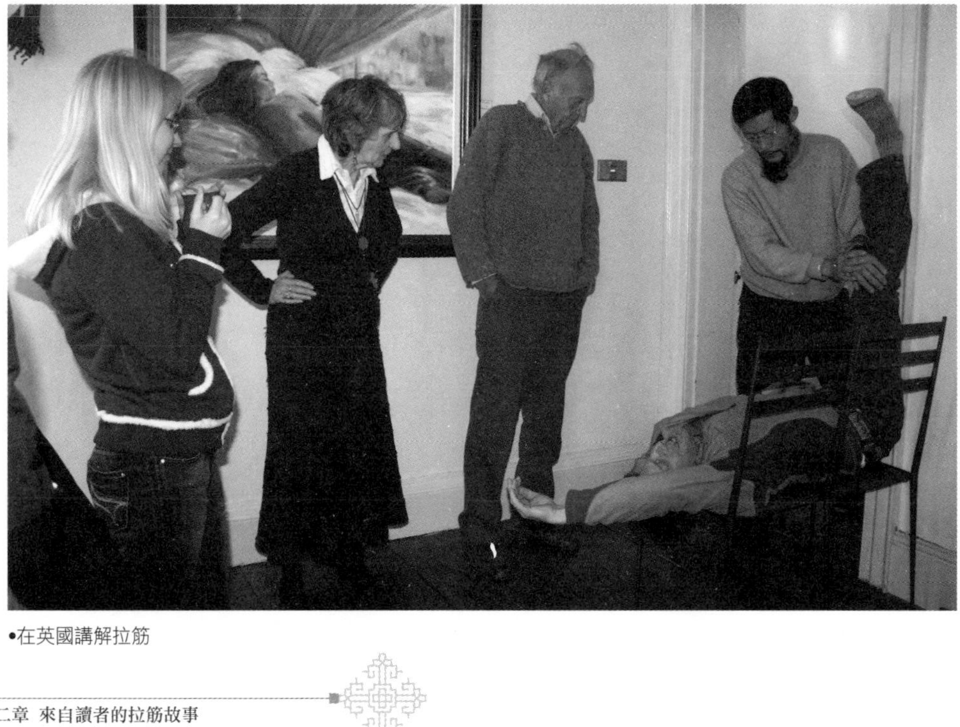

•在英國講解拉筋

好了。

但是骨結核「治癒」了，卻一直消不了骨質增生、椎管狹窄、脊柱側彎，天天腰痛，洗碗那幾分鐘就痠痛得直不起來了。還每隔三、五年照一次X光片複檢，結論都是一樣的。醫生們說一輩子就這樣了。

有幸遇到書店最後一本蕭老師的書，看完後練起了拉筋。大家不知道，這個二十多年腰痛的人，拉起來可不輕鬆啊！痛得我叫喚，呵呵，還得要人一直壓著腿才行，而且還不能太直。開始是幾天拉一次，沒什麼特別感覺。後來覺得腰變輕鬆了，沒那麼容易痠了，就下定決心要聽老師話，堅持拉筋！現在幾乎天天拉筋一次。每次左、右腿共二十分鐘。點上一支檀香，電腦裡放古琴曲（為了讓自己忍受起來好過些，呵呵）。也不用人壓著腿了，自己就能直著腿貼牆。十分鐘也變快了，以前可是感覺像一天啊！這說明是耐受力好了。我有兩年的睡眠障礙，還一直服西藥，睡不好，吃啥都長不胖，因為熱量全消在興奮中的大腦了！半夜才睡，天不亮就醒，中間還起床幾次小便，一點聲音就讓我睡不著。

到現在一共拉筋一個月，發現睡眠不知從哪天變好了，且可以半夜不小便，白天跑衛生間的次數少了。最重要的，或許是經絡更通的原因吧，全身有多處發癢、痠腫，得用手指狠狠戳才舒服。從前天起自己扎起了針灸，苦於找不準穴位時，身體多處又癢起來了，乾脆就當做是穴吧！結果從最癢的手背處下針，一小時後（心急，想多留針一會兒，呵呵）拔出銀針，手背癢處不再癢，也不再痠痛了。昨天、今天也如法，在感覺最癢的地方下手，膝蓋內側一處，手臂外側一處，大腿背前部一處，都是針下去轉動針身，有得氣的感覺，痠、脹、麻。出針後，這些地方都不再痠癢了，或許過幾天有可能再癢，沒關係，再照做就是啦！還有，我沒有拍打，是因為拉筋後全身癢的地方太多，剛抬手拍打就有地方癢，不得不時時停下來，狠狠地用雙手中指戳，不這樣還眞不解癢！這幾天發現，戳過的地方變暗紅、淡青紫，哇！出成績了！還有前兩週和老公去釣魚，閒得無聊時戳大腿，回來洗澡時發現有一小片紅紫的痧，像刮片刮出來一樣的。那塊地方到現在就沒有再癢了。

腰痛二十幾年，也不會一下好完，可這麼簡單的拉筋就收到了這些效果，已經讓我驚喜和無比感恩啦！我會一直堅持下去，而且從今晚起，要拍打了！以後的效果，我會繼續彙報給老師，並和朋友們分享！

關於拉筋的好處我不想多說，更想說的是我們應該聯合起來，共同呼籲政府盡快恢復傳統中醫是頭等大事，此事關係到每個人的健康問題。請各位仔細想一想我們的親人、朋友，他們的疾病在所謂的「醫院」是怎麼治療的，就像蕭老師所說的，眞正的中醫在民間，他們連行醫執照都沒有，被打擊為非法行醫，他們甚至失去了傳承的勇氣。那可是我們民族的瑰寶啊！所以，我呼籲每一個人都認眞想一想，因為此事關係到我們每一個人！關係到我們整個民族！謝謝！

竹影 2009/6/24

說明：竹影拉筋後多處癢，說明排毒效果很好，祝賀！她自己扎針已有療效，如果再加上拍打配合，療效會更好！拍打可先集中於雙肩、雙肘、雙膝，再猛拍大腿內側、外側，尤其內側血海穴、外側風市穴及周圍。

拉筋治好二十多年的皮膚炎

蕭兄：

昨晚又一個驚喜：突然發現折磨我二十多年的神經性皮膚炎好了。

我是在大二時一次藥物過敏後落下的病根，用了一種眼藥水，然後臉和頸部就先是皮膚紅腫，然後開裂流黃色液體，那幾天是實實在在的「沒臉見人」。在左胯部的一個豌豆大的小傷口（打球時弄破的）也開始流黃色液體，而且傷口擴大到四分之一手掌大小，那麼大塊面積沒了表皮。從校醫院轉到區醫院再到上海華山醫院，當時「確診」爲藥物過敏引發的過敏性皮膚炎，唯一辦法是用激素。從此落下病根，一種外用的激素類藥膏伴隨我多年。去美國留學時，還託人弄了一大盒藥膏打入行囊。皮膚炎時癒時發，發時就用激素塗抹，幾天便好，隔一段時間又會發作。就在這樣的循環中，我依賴激素藥膏大近十年。大約在一九九八年看了美國的皮膚專科，被改判爲神經性皮膚炎，停止激素藥膏，改用一種刺激性很低的潤膚油每天塗抹全身，一忙忘了抹潤膚油必發無疑。如此，又是十餘年。

聽你在聖地牙哥的講座並第一次拍痧，該是四月五日。聽說能排毒，我就瞎琢磨（沒辦法，就愛瞎琢磨），是不是我的常年皮膚炎是因爲身體裡有毒？排了毒是不是能好？當然是指假如拍痧眞能排毒的話。抱歉，當時我是帶著疑問甚至是懷疑的，畢竟是第一次和中醫親密接觸，半信半疑。當時正好有那麼幾天忙碌忘了抹油，雙臂和雙腿又開始發濕疹，不算太嚴重。按慣例要立即早晚各抹一次潤膚油，否則就會惡化。我當時想試試看是否拍痧能挺過去，就沒抹。

兩週前開始拉筋，前面已經和你聊過體驗。昨晚突然想起很久沒有抹潤滑油了，便撩起衣服看了一眼，竟發現雙臂、雙腿上三週前皮膚炎起的紅色濕疹沒了（註：神經性皮膚炎的重要特徵是對稱），而且皮膚上不留任何痕跡。其中兩點值得注意：（一）我已三週多沒抹潤膚油，濕疹不僅沒有惡化，反倒自癒。難怪忘記抹油那麼久，沒有症狀（不癢），當然想不起。當時只是一念試試，因爲忘記而得以堅持，居然發現皮膚炎自癒了。（二）過去先抹激素類藥膏後改抹潤膚油，濕疹消失後皮膚上會有黑色素沉積·這次濕疹消失後皮膚上不留痕跡，連雙臂過去的黑色素痕跡也完全消失·小腿上的濕疹也消失，皮膚光滑，但過去沉積下來的黑色素尚有明顯痕跡（註：腿上本來就比上身較嚴重）。

幸喜之餘，因爲多年理工科培養出來的思維習慣，又不免讓我有些遺憾。不知哪天自癒的！我又拍痧又拉筋，不知到底是哪樣起了作用？是排了毒？還是拉筋啓動了「殺毒軟體」？還是兩者相輔相成？有意思！以後更要用心體會，不敢錯過細節。沒辦法，放不下的邏輯思維。

醫治有緣人，看來我是無緣太久。巧遇蕭兄的《醫行天下》，又被蕭兄的行動力感染，不管信不信先幹了再說。第一次和中醫親密接觸就如此受益，老天對我不薄啊！若是效果不那麼快，就憑我的惰性，未必能堅持多久。

Allen Zhang 2009/4/30

拉筋、拍打對治皮膚頑疾

新浪網友汪洋小葉用拉筋治好膝蓋痛之後，又來信反映治好了皮膚炎。

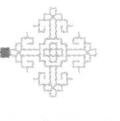

蕭教師，您好：

我是汪洋小葉，下面繼續回饋我堅持拉筋的成果。

我有十多年的神經性皮膚炎，在雙肘背，呈對稱性。每次發作，只有用一些含激素的藥膏才能止住，但過不了多久，就又發作，總之我也知道這個病，是不治之症。長期用激素肯定不是好事，所以，現在我都不用藥了。前段時間，天熱，加上吃了海鮮，又發了，癢得我受不了，直抓，抓得這兩塊血肉模糊。剛好這時我感冒了，想到老師教的拍打，就猛拍雙肘內側。沒想到這次拍打後，我的神經性皮膚炎居然好了，到現在，患處皮膚光滑，期間吃過一些刺激性的東西，但目前還沒有發作的跡象。

拍打就拍了一次，而且才半小時，我想這個神經性皮膚炎能好，應該是我堅持長期拉筋和最近拍打的結果。另外，現在我走路，感覺身體很輕鬆，雖然長胖了八斤，而且別人說我臉色變白了。這些，應該歸功於拉筋。

汪洋小葉 2009/8/3

全家人拉筋的結果

蕭老師：

無意中從朋友得知您，一下子幫了我們很多大忙。拉筋、撞牆法現在我們家人在做過一段時間之後如下：

一、媽媽從前手指關節上長的骨刺，如今縮小了很多。目前是膝蓋骨的骨刺還沒有消。不過這個骨刺長的時間久了，只有通過長期拉筋才會好。希望這樣。

二、爸爸去年從兩米高的房頂上摔下來，托佛祖的福（媽媽是虔誠的佛弟子），爸爸只是腰部的軟骨受傷，其他的是軟組織碰破皮和出血，屬於皮外傷。如今爸爸腰部的軟骨經常疼通，渾身不舒服。後經我和媽媽勸說，答應堅持拉筋七天，如今七天早已過去，他主動拉筋了。他說：「舒服，不疼痛了。」問我從哪學來的？神醫啊！

三、我由於去年產下女兒，月子沒有休息好，落下病根，頭見風痛、頸椎痛（跟職業有關）、肩周炎、背部疼痛，腰部痠脹痛。我四處買膏藥貼，皮膚的皮脱了一層又一層，只當時好，一停用馬上又痛。加之婚姻不幸，有時萬念俱灰，連自殺的念頭都有。生活太多煩惱，但總要學會堅強。在學習您的拉筋法之後，我一天的筋骨會順暢一些，只是一些骨痛我實在沒辦法控制。蕭老師，您濟世行道，功德無量，不知解決了多少人長年累月的病痛，感激之辭，難以言表！

四、如今我媽把拉筋法教給姐姐一家，以及媽媽的師兄們。一傳十，十傳百，相信更多的人會加入進來！

祈盼蕭老師能來深圳，或是最近有哪些行程？希望能面見老師，我想我其他的病痛應該是可以通過正骨解決的。謝謝了！

拉筋之受益人 SZ阿蘭若 2009/5/18

拉筋治心臟疾病

我要談談自己拉筋十天來的感受。

我三年前開始感到心臟不舒服，憋脹、心慌、早搏、氣短等，去過國內有名的大醫院檢查，甚至做過心臟造影，都沒有發現問題。後來改看中醫，診斷爲氣瘀、血瘀，服過各種名醫的中藥。都是剛開始有些效果，但一段時間後還是沒有改善。有一次碰到了一個名方《血府逐淤湯》，服兩帖藥後的夜間，體內聽到了冰塊化開的聲音，當時覺得效果神奇，高興了好長時間。但後來服過一段時間後，就沒有了效果，而我的病苦依然。

我是六月十五日開始拉筋，頭三天每天早、晚每條腿各十分鐘。結果白天都非常難受，胸悶氣短，氣血翻湧，心跳加快，還伴隨有心悸和心臟供血不足的感覺，甚至夜裡三點鐘左右因心跳過快而醒來。雖然有些擔心，但我覺得無論好壞，這說明拉筋使身體有了反應和動靜，出現了效果。於是決定繼續拉筋，只是改成每晚臨睡前各十分鐘。果然，從第三天夜間（大約三點鐘）開始，肋骨左側到心臟部位脹痛，並有熱烘烘的感覺，同時聽到體內有冰塊化開的聲音，還伴有腸鳴。這種情形大約持續了兩小時左右。那種感覺消失後，我感覺胸部輕鬆了許多，只是在肋骨的左側和乳頭附近留下了刺痛和壓痛。

第四天夜間，也是大約三點鐘左右，體內又響起了化冰的聲音和腸鳴，肋骨左側到心臟部位開始脹痛，同樣是熱烘烘地，明顯感覺到氣血湧往心臟部位脹痛的地方。這個現象同樣持續了兩小時後，我感覺胸部又輕鬆了些，左側肋骨的刺痛和壓痛變輕，只有乳頭周圍的刺痛和壓痛依然。這時候，我覺得拉筋眞是有效果，眞的好有效果！我感到激動和快樂！又突然明白頭三天爲什麼難受，這是因爲早、晚都拉筋的話，身體就需要大量的氣血去通經活絡。而我的身體比較虛弱，一下子沒有那麼多的氣血供身體去打開經脈。但拉筋的效果又使得身體不得不行動，所以只好調動僅有的氣血去幹活了，這便出現了那些不適。所以，我建議身體虛弱的朋友和上年紀的人，剛開始不宜時間太長。

第五天夜裡，同樣的時間，同樣的腸鳴和冰釋聲音，同樣地熱烘烘的感覺湧在左側心臟周圍，而左側肋骨已經沒有了疼痛，只剩下乳頭左側一個痛點。而以前胸部的憋脹感也幾乎感覺不明顯了。我開始興奮不已！第六天夜裡，依然是三點鐘左右，化冰的聲音小了許多，不注意聽幾乎聽不到。腸鳴也沒有了，而從左側肋骨的下方開始一寸一寸地趕著往上痛，到了乳根穴附近，分成兩路，一路疼痛從前胸往心臟裡疼去。而另一路疼痛竄向後背，由肩胛縫往上疼到大約肩井穴附近。整個過程持續了大約一個小時，過後我感到胸部的憋脹感徹底消失，心臟也感到輕鬆舒適。這時候，我興奮地只剩下了感歎：拉筋眞是神奇！

第七天和第八天的夜間，左側肋骨和心臟部位長時間的疼痛沒有了，只是偶爾有一下刺痛，不過熱烘烘的感覺也還有。整個過程持續的時間只有不到一小時，而這一小時過後我竟然又安然睡去！我以前每天夜裡三點鐘醒來後，從來都沒有睡著過啊！

第九天到現在，每天夜裡只是醒來一下，翻個身就又睡過去，一直到早晨六點。而我又一個好的感覺是，以前一直冰涼的手腳（即使現在夏天天熱），竟然感覺到熱乎乎地！

因爲我得病時間長，身體又被折磨得比較虛弱，依然還有些不適感。但是比起我以前服用過的上百副中藥，拉筋十天的效果眞是只能用神奇來形容。我一定會堅持拉筋，觀察拉筋效果在我身上的具體體現，不管最終結果如何，也都會告訴大家。如果最終效果神奇，我的病痛徹底消失，那麼大家也可以從中得宜。我今年四十五歲，像許多同齡的男子漢一樣，是應該正在幹事業的。但願拉筋的神奇效果，能夠使我再次煥發青春！

拉筋體驗者 森林王子 2009/6/30

拉筋治好了痔瘡為何會再犯？

蕭先生：您好！

我患有內外混合痔瘡已經十年了，最近二年尤其嚴重，經常流血。嚴重影響了我的生活，使我苦不堪言。因不想動手術，試了很多偏方，均無效。

今年三月看了你在天涯網上的拉筋介紹，馬上買了《醫行天下》，開始照書練習。第一次拉時，平時腫脹的部位有絲絲涼意，很舒服，腰部也有一種伸展開的舒服感（腰經常痠痛，因痔瘡的痛苦，已忽略不記了）。這給了我很大的拉筋動力，站著拉，躺著拉，拉完再扭腰。奇蹟就這樣出現了。拉了幾天，腰和肩不痛了，痔瘡也不流血了，偶爾的便秘也消失了。生活一下子明媚起來。

但好了傷疤忘了痛。最近事多，開始熬夜用電腦，飲食也不忌辛辣，昨天又犯了，我哭呀！給我的教訓是：再好的方法也是需要好的習慣來保持療效的。

蕭先生，我七月廿五日從日本回國，不知能否有緣當面向你請教。首先，想校正一下拉筋的姿勢；其次，想學學拍打法；最後，我常年使用電腦，懷疑脊柱彎曲，看是否需要正骨。

謝謝您！蕭先生！

祝夏安！

拉筋的受益者 鐘玲

說明：作者的切膚之感已經對拉筋、得病與生活方式的關係作了詮釋。管理自己的健康和生命，實際上是人生最大的管理。只有內心對自己有要求，生命的品質才會提升。

拉筋治胃痛、失眠、便秘

我拉筋的次數不足十次，雖然次數不多，但依然不敢小瞧這看似簡單的小招數。一、拉筋使我的胃痛立即消失，屢試屢效。二、睡眠變好，晚上九至十點眼皮就開始打架，躺下去很快入睡，且一覺到天亮。這在大暑天陽氣發散、不開空調的環境是很難得的。三、每早大便準時報到。我從小大便難產（能量嚴重不足），自到一元堂調理後也常常二天一次，且一般是早飯後（能量進）。拉筋幾日，大便出奇地正常，晨起即來報到。我的感悟如下：

一、為什麼拉筋治胃痛呢？痛則不通，說明經絡、氣機不暢。一邊拉筋，一邊放屁（如果是飯後拉筋還會打嗝），上下通氣，經絡通暢，自然不痛。腿上六條經絡，以肝經、脾經、腎經至為重要，身體的許多疾病都與此相關。當然，膀胱經、膽經也是功不可沒，特別是對排除寒氣幫助很大。這只是表面，更深一層的是，人體十二條經絡密切相關，經絡與臟腑、胸腹腔、骨架、血管網、皮膚無不相關！

二、爲什麼拉筋後睡眠變好？拉筋使經絡通暢，氣機當上則上，當下則下。人體的太陽順應天道（陽明降、升降調），當睡則睡，當醒則醒。依此類推：膽經能降則不上火、失眠，拉筋能治口腔潰瘍就不奇怪了，胃經能降則不腹滿。

三、爲什麼拉筋後排便準時？拉筋使氣機順暢，陽明降與太陰開幾乎是一個硬幣的正、反兩面。太陰開則大便通暢（能量足的情況下，能量不足則推陳出新就慢，二天一次大便也屬正常）。

綜上所述，拉筋可以治百病，小到口腔潰瘍，大到中風、癱瘓、心臟病，其實都是解決了通道的問題。通道不暢，短期而言就會產生：不通則痛（絕大多數的痛症），體內上下寒熱不交，易上熱（如失眠、上火、青春痘等）下寒（如腳冷、後腰冷、肚子冷、不孕等）；而長期經絡不暢，則使體內寒氣聚集、垃圾堆積，產生更深層的疾病（如腫瘤等）；長期氣機不暢、升降不調，易形成高血壓、膽結石、肝炎、乳腺增生等毛病。

從至簡論來看，通道的問題解決了，只要能量充足，所有的疾病都能治癒！這也是爲什麼拉筋要配合薑棗湯（補能量、促進排寒）的妙招！

《醫行天下》的蕭宏慈大量的臨床實證，再次驗證了一元堂的至簡論——疾病的本質：能量與升降！博大精深的中醫再次驗證了頭痛可以不治頭，腳痛可以不治腳！人體是個繁雜的有機整體，環環相扣，唇齒相依。更多的發現等著我們去挖掘！

作者　豆寶

網友拉筋體驗總整理

泉城居士：2009/6/29

我從北京聽課回來後，到臨沂老家給我媽媽拉筋了，她的一條腿都伸不直了。呵呵，第一次拉了十五分鐘，當天她上樓腿就不疼了。我女朋友在學校裡教給她的同學拍打和拔罐，效果很好啊！！她們就像星星之火一樣，一定會燎原的。我讓女朋友暑假回老家給她的父老鄉親治病去了，不要回報的。

新浪網友：2009-07-29

宏慈老師，我拉筋十多天了，氣短消失了，牙齦出血消失，人比以前精神了。非常感謝。最近幾天拉筋，腳麻的感覺嚴重了。請教原因。

版主回覆：2009-07-29

腳麻嚴重，說明氣正在給你加緊治療，大大的好事！

新浪網友：2009-07-26

拉筋太好了，才實行二至三天，一腿一次一天，才二至三分鐘，拉筋後，對比如下：

一、電腦病，肩膀痠，像針扎，不痠了。

二、腿疼，下雨天，更是不疼了。

三、便秘，三至四天一次，一早七點。

四、飯點時無餓感，早七點，午十一點半，晚六點，有餓感想吃飯。

新浪網友：2009/7/26

老公的病也有明顯改善：一、寒腿，上樓疼，不疼了。二、肩疼，不疼了。三、能忍餓到點要吃飯，不吃不行。

老公還說這兩天怎麼腿不疼了？我說是拉筋的好，他還不肯定，我說你這兩天沒幹別的就拉筋了，還不是？看來要想讓更多的人信服很難啊，但他向朋友都推薦這個，還要親自教他們，看來心裡還是服啊！他哥和一個朋友都患有風濕性關節炎，正要把拉筋推薦給他們。人不做這個不知好，一旦做就離不開了。現在老公睡覺前都要做，要不然不踏實。習慣就成自然了，人要克服惰性啊！這麼簡單的功法再不做，其他人就救不了你了。版主造福天下，功德無量。

新浪網友：2009/7/25

蕭老師，我前天第一次拉筋，昨天上午出現了胸悶、堵的情況，以前心臟沒事，請問這是什麼原因？盼您回覆，謝謝。

版主回覆：2009/7/29

全是好事，氣沖病灶，說明此法診斷出您的心臟問題，並在進行治療中。

相信堅持就是勝利：2009/7/24

蕭老師，我已經堅持拉筋和拍打四十多天了，收效還是很顯著的，腿腳靈便了很多，原先萎縮的右腿外側已經長出肉了，我心裡特別高興。但有個疑問，別人拉筋、拍打可以達到減肥的目的，我的體重沒有大的影響，但肚子比以前大多了，不知這是什麼原因。另外，雖然大腿根處拉筋疼，但拍打一直沒有出痧，是不是與肚子沒有打下去有關呢？

版主回覆：2009/7/25

您拉筋時間可延長到每條腿半小時。拍打部位可增加肚子，每次起碼拍肚子二十分鐘。您還可不再吃晚飯了，早、中餐也可減半，吃飯咀嚼最好每口飯嚼三十六次。此外，您的七情六欲只有您自己能控制，這也是得病的重要原因之一。

lindahe74757：2009/7/22

我也要來彙報拉筋的效果，不怕大家笑話，到今天爲止，我才堅持四天，但是效果不錯，最明顯的就是感覺肚子小了，拉筋時能感覺到小腹部一個個氣泡破滅，排出體外，所以沒幾天我的肚子就小了一些。有時也會在肚子上再放一包熱的黃豆，灸灸中脘，感覺奇妙無比。

新浪網友：2009/7/21

蕭老師您好！我堅持拉筋二個多月了，一個月前我把拉筋的感受寫了下來，現在我感受更多，我的附件炎❶好了，睡眠好了，臉色好了，整個人年輕許多，生理期也恢復成三十天一個週期。現在我用我的親身經歷帶動我的家人、同事一起拉筋。謝謝版主！無量壽福！

版主回覆：2009/7/25

每個受益之人帶動九個人拉筋、拍打，就是健康天使。

青草香居：2009/7/21

我和朋友一起去聽了蕭老師的課後，回來也拉了筋，我沒有堅持一天一次，因爲我拉

註❶：指輸卵管與卵巢的炎症，屬骨盆腔發炎的一種。

的時候腿不疼，雖然身體有時還有些氣力不足，只要拉拉就好了，但沒達到去根的效果。但我朋友拉得很痛苦，經過這一個多月，她的效果特別明顯，原來有些短的腿肌肉慢慢豐滿了，發沉的腿輕快了。我們這兩天研究了一下，找出了根本原因就是方法不對，效果就會不明顯，每個人只有拉出痛苦來效果才會出來，我剛剛認真地拉了二十分鐘，確實感到有很大的收穫，不但找出了痛苦的地方，而且還特別痛苦，每個人的病症不同，筋絡的痛苦點就不同，只有好好拉出痛苦的地方，才能收到顯效。

版主回覆：2009/7/25

如果能拉三十分鐘，效果更好。

大頭娃娃：2009/7/21

我拉筋一個月了，最明顯的感覺是膝蓋上下樓不疼了，原來上廁所蹲下來很困難，現在也輕鬆多了，肩膀的僵硬也好了很多，繼續努力，一定會有更好的效果，謝謝版主，無量壽福！

新浪網友：2009-07-21

蕭先生，感謝您的大道至簡，我也堅持拉筋二個多月，原先的腰腿痛，肩周痛都消失或緩解，比起長期的吃藥和針灸好多了，堅持拉筋！無量壽福！

拉筋能否治療糖尿病、高血壓

這是從天涯網上抄錄的一段我與讀者的對話，謹供參考：

helenl7375 (14:10)：想請問關於十幾年的高血壓能否馬上停藥，採用拉筋法來治療？糖尿病（才查出兩個月）是不是也可以？您的介紹裡說最好諮詢治療的醫生，這個恐怕有些難度。因爲現在的人有幾個是固定看一個醫生呢？再說，醫生對於此類問題也不會給答覆的。所以還望得到您的回覆。

蕭宏慈（14:19）：拉筋治好高血壓的案例已經很多，但每個高血壓患者病情不同，許多人同時有其他病，所以停藥最好循序漸進。其實拉筋不只降血壓，而且降血糖、血脂、膽固醇等許多有害物質。問題是患者管不住心和嘴，心會擔憂、害怕，因此擾亂血壓、血糖及整個五臟六腑；嘴貪吃，一吃就加劇病情。建議禁食三天，只用大白菜熬湯喝，一天喝一碗。三天後慢慢進食，但最好戒掉晚餐或早餐，至少必須戒掉一個，少吃肉，最好喝粥、吃素，並堅持拉筋、拍打。別每天量血壓、血糖，過一個月再量不晚。

第三章

錯位，無數痛症的真實原因

什麼是「錯位」、「復位」？

「錯位」就是骨頭位置不正，有的只是一線之差。雖然上、下椎骨相對的位置只差一線，但在身體內造成的變化可能「失之毫釐，差之千里」。骨與骨之間只要有輕微的錯移、不正，就會引起周圍正常軟組織緊張、紊亂，患者會出現肢體的痛、麻、冷等不適症狀。問題是，這麼細微的錯位用電腦斷層掃描、核磁共振等「高科技」儀器都檢查不到，於是大量病人都得了「科學」無法實證的病：明明痛苦萬分，醫生偏說沒病，因為儀器說「不」。對此，醫生通常只好做全面檢查，於是病人花費更多，受苦更多。雖然西醫不知真正的病因，但只要發現有異常，如椎間盤突出、骨刺、椎管狹窄等等，就一口斷定這就是病因，便欲除之而後快，於是用藥物、理療、手術等方法折騰病人。這就叫在科學的指導下「謀財害命」，合理、合法、合科學，但就是不合「道」。

儘管世界各地對「錯位」用的病名不同，其主要症狀都是手、腕、肩、臂、背出現痛、麻，甚至失去活動功能。據新華社布魯塞爾二〇〇四年十一月十三日的報導指出，這種現代職業病的病發率有嚴重上升的趨勢。單在歐盟國家發病人數已超過六千萬人，每年給歐盟造成的經濟損失，約占歐盟國內生產總值的百分之〇．五至百分之二。美國的《新聞週刊》亦有報導，美國約有六千五百萬人有腰背痛病，而腰背痛患者的醫療費，連同因腰背痛而降低的生產力，每年導致一千多億美元經濟損失。按此比例計算，中國腰背痛的人數有幾億。

拿重物、抱小孩、搬東西、滑跌一下等等都可引起腰、背、腿、手臂疼痛，但這些並不是病因，只是誘發原因。病人的主訴、症狀，加上醫生的診斷、X光檢查、核磁共振的結果，都不一定能找出真正的病源。要細心聆聽、追問、記錄與分析，從誘因及症狀中找出病源，知道疾病關鍵所在，才可真正把問題連根拔起。

「復位」就是用手法對骨頭的錯位微調，以達到筋、腱、骨、肉之間的平衡，解除、減緩患者的緊張、疼痛。目前，因使用電腦時姿勢不正而引起的錯位病人越來越多，即使是醫療技術先進的美國，也不能簡單地解決這個疾病。

錯位可能導致哪些疾病？

從以下圖示（見134～135頁），看看錯位可能導致的疾病。錯位導致病痛與用手法復位治病目前還是個新理論，因為連錯位本身也是個新概念。

近視、弱視的學生幾乎都有錯位

除了圖表中所羅列的病症，我在臨床中也發現，很多七、八歲到十幾歲左右的中小學生也有骨頭錯位的情況，除有痛、麻等症狀的兒童外，凡患有近視、弱視等眼疾的學生也有錯位，從頸椎、胸椎到腰椎、薦椎都有。少年兒童為何錯位？原來他們都是遊戲機、電腦與電視的常客。我雲遊到一個鄉下的小鎮上，居然看不到玩耍的小孩。一打聽，才知道都去了遊戲機房。鄉下尚且如此，大城市的孩子一定更嚴重，因為他們用電腦、遊戲機的時間更多。有些地方的重點中學晚上九點甚至更晚

脊椎錯位可能會有的症狀(一)

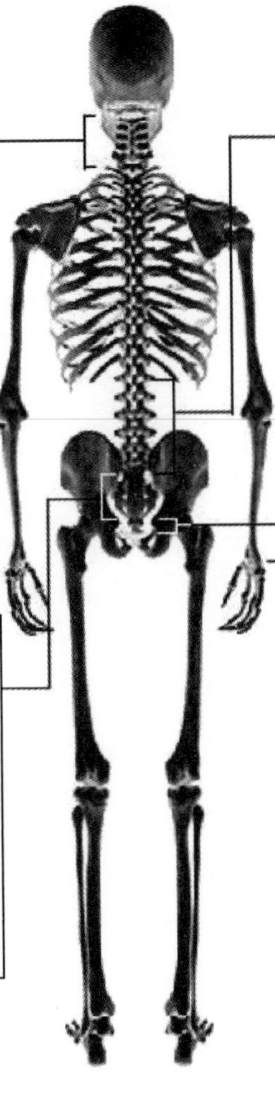

頸椎錯位：
1. 頭痛
2. 暈眩
3. 面麻痺
4. 耳鳴
5. 視物不清
6. 舌麻痺
7. 頸痛
8. 頸肌緊繃
9. 肩臂不適
10. 肩背痛
11. 手麻痺
12. 觸摸皮膚時有刺痛感

腰椎錯位：
1. 腰背痛
2. 下肢痿軟
3. 腿麻痺
4. 不能彎腰
5. 不能下蹲
6. 膝痛
7. 各類婦科疾病：月經不順、痛經、子宮肌瘤、卵巢囊腫、骨盆腔炎等

尾椎錯位：
1. 坐立不安
2. 尾骨處有痛感
3. 包括頸椎、胸椎、腰椎錯位的病症

骶髂關節錯位：
1. 腰背痛
2. 不能彎腰
3. 行走困難
4. 膝關節痛
5. 各類婦科疾病：月經不順、痛經、子宮肌瘤、卵巢囊腫、骨盆腔炎等

腕骨錯位：
1. 手指麻痺
2. 手腕無力
3. 手腕疼痛
4. 手腕不能旋轉
5. 腕部腫痛
6. 抓握拎托提等動作有困難

脊椎錯位可能會有的症狀(二)

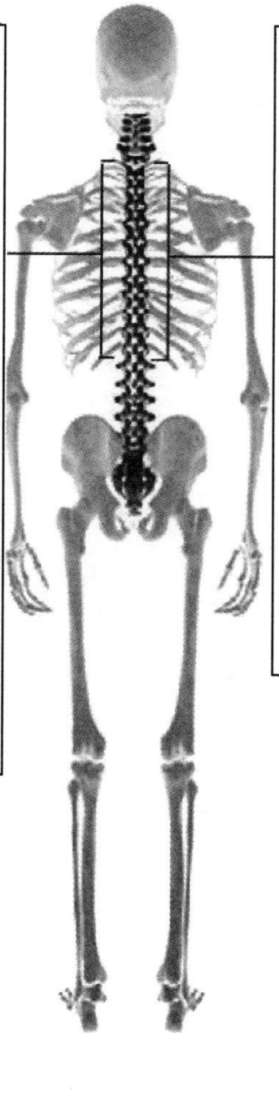

胸椎錯位：
1. 頭痛、偏頭痛
2. 暈眩、耳鳴
3. 反胃、嘔吐、空腹會吐白沫、飽肚會嘔
4. 肩臂痛，手臂不能上舉或背駝彎曲，似五十肩，有火灼感
5. 手痛、手麻痺、肘前臂痠痛不能用力打球、拿東西
6. 背痛
7. 胸悶
8. 呼吸不順暢
9. 心跳加速
10. 心律不整
11. 肋間神經痛
12. 胃痛
13. 腰痛、不能正常彎腰
14. 腿麻痺、抽筋
15. 肋痛，提物跑動或咳嗽時甚痛
16. 膝蓋痛，無法下蹲
17. 踝關節痛
18. 髖關節痛
19. 腳跟、腳趾疼痛
20. 部分人會有閃光
21. 眼睛疲倦
22. 吃辣後會腰痛
23. 打嗝、屁多
24. 常覺枕頭、睡床不舒適
25. 自己感覺有長短腳
26. 臀部有灼熱感
27. 精神不振
28. 出冷汗

才放學，如此長時間的伏案學習，必然導致大量學生患上錯位、筋縮、近視眼與失眠等病症，後患無窮，因此必須盡早用拉筋、正骨等方法治療。

頸椎錯位的症狀

頸椎錯位屬於頸椎症候群的一種。長期不正確的姿勢會導致頸椎勞損、錯位、變形。頸椎錯位者除感覺頸部不適、疼痛外，有時亦感覺面部、舌部、手部麻痹。錯位時間久了，還會引起肌肉僵硬、肩背痠痛、手不能用力，工作時易疲勞、頭痛、暈眩，若用手法復位後，不適症狀便會消失。

頸部肌肉過度疲勞、頸部受寒、睡眠體位不正、睡覺的枕頭過高或過低，都容易引起此病症。常使用電腦的人、伏案工作的白領人士、側頸夾著電話記事的秘書、背大袋信件的郵差等，因姿勢體位不正，易患頸椎錯位。這類人宜多做頸部運動，工作一小時後應起來活動一下，最好躺到拉筋凳上拉拉筋；使用電腦者須注意台、椅的高度；秘書應多使用免持話筒的電話，避免長期側頸。

頸椎復位可坐在椅子上實施，所以我平時治療量最多的病種之一就是頸椎錯位。有時吃一頓飯，就得在餐廳調整四、五個頸椎。有一次，去看一位開茶館的朋友，他說最近一直頭痛，頸椎更痛，我說可能是頸椎的毛病，他當場讓我治療，於是我用手法給他調正，兩邊都「咔喳」響了一串，說明頸椎復位，當場頭痛、頸椎痛消失，眼睛亮了許多。

我在清華大學演講時，許多同學要求治療頸椎不適，我當場用正骨法治療了幾位同學，個個有效，結果大家排起長隊，紛紛要求治療，這一次就給幾十個人調正了頸椎。但頸椎屬於高危險區，一般不要給人動，所以我建議大家養成良好的生活習慣，並每天實施臥位拉筋與頸椎拉筋法，盡量少吹冷氣。

骨頭錯位與五臟六腑的關係

二〇〇七年十一月初，我與幾個朋友在北京的一家飯店大堂喝茶，其中一位是《國家地理》雜誌社的社長李栓科。當時李社長的頸椎、雙肩已經疼痛數月，不能舉肩，脖子左、右轉時劇痛，有時疼得他徹夜難眠。當時拉筋不方便，我就讓他趴在大堂的地毯上用手法為其正骨，大堂服務員面對此舉目瞪口呆。只聽其腰椎與胸椎各響一聲，李起身後連聲說肩與頸痛已消多半。我再為其調正頸椎，兩側都有響聲，其頸椎痛頓時全消，脖子活動亦正常無礙，右肩可舉、甩自如。此時唯剩左肩略有痛楚，肩頸區還有點發緊。我就給他在頭上扎了一針，留針五分鐘，其左肩也不痛了。至此，全身痛症與不適全部消失。整個治療過程約十五分鐘。

•在清華大學給女生講養生

次日，社長再約我晚餐，請來其公司的三位員工作陪，原來醉翁之意不在酒。吃完飯，他要求我順便為公司在場的三名員工治療，其中兩個患腰背、頸椎痛，被復位後當場痛症消除。看另一位小姐的氣色並查其舌苔後，我在其主要經絡上觸診，她都劇痛無比。我說她五臟六腑皆有問題，她說老中醫給她號脈也這麼說。我說既然如此，她的骨頭一定有不少錯位。結果為其正脊時，她的骨頭從頸椎到腰椎幾乎每節都有異響，說明錯位嚴重。骨頭錯位與臟腑之病關聯極大，因為人的五臟六腑都掛在椎骨上，任何一節骨頭有絲毫的錯位，就會引起相應臟腑的病變。而這細微的錯位在電腦斷層掃描、核磁共振的片子上都看不出來。

骨正筋柔，氣血自流。骨是由筋、腱等軟組織固定的，所以拉筋會加強正骨之效，正骨也會加強拉筋療效，這兩者又與五臟六腑息息相關，拉筋、正骨治百病的原理也基於此。人體從頭到尾的各節骨頭與十二經絡、十二筋經盤根錯節，骨由筋支撐，所以筋縮易造成骨頭錯位。骨頭如同百葉窗上的葉，筋就像連接這些葉的繩，繩動則葉動。病重之人一定會筋縮，是因為筋與骨一樣都需氣血滋養，氣血不通就會筋縮，筋縮又會導致骨錯位，錯位與筋縮又導致周圍的軟組織功能紊亂，進一步淤堵經絡、血管與神經，導致內臟病變。反之，這些病變也會造成筋縮、錯位。所以，很多胸悶氣短以及心、肝、脾、肺、胃、脅肋的疼痛、不適症狀，用拉筋、正骨就能消除，筋、骨與臟腑的病變就這樣互相影響。

從中醫臟腑論的角度來看，肝屬木，藏血，主筋，筋縮則說明肝一定有問題。有個中醫門派就認為肝病為百病之首，所以治病從調肝開始。從生剋關係上看，肝與心、脾、腎關聯密切。木剋土，脾胃屬土；木生火，心屬火；水生木，腎屬水。此外，肝與膽互為表裡，所以肝膽相照，一損俱損。可見肝有問題，則心、脾、腎、膽都會連帶有問題，繼續分析下去，筋縮使五臟六腑都受牽連。於是拉筋可首先治肝，治肝則治了五臟六腑。況且，拉筋不僅治了肝，膀胱經、脾經、腎經、督脈等等都會不同程度打通，當然就可治療很多病。

從解剖圖上看，五臟六腑都掛在脊椎骨上，所以骨頭錯位極易造成相應臟腑病變，通過拉筋、正骨讓錯位的骨頭復位，也順理成章治療了臟腑疾病。臟腑、筋、骨這三者的病變就這樣互為因果，一者病變就會引起其他兩者的病變。經絡是氣的通道與樞紐，氣是血行的動力，所以任何一種病變其實都源於經絡不通，打通經絡就是在治療疾病。拉筋、正骨都能打通淤堵的經絡，當然能治療與此相關的臟腑疾病。

胸椎錯位的症狀

胸椎錯位可引起胸背痛、背頸肌肉繃緊，不能提取重物，嚴重者可能造成頭痛、噁心、嘔吐，胸悶透不過氣，手臂就像患「五十肩」一樣不能抬高，所以時有醫生將其誤診為肩周炎，施治手法復位後，這些症狀便減輕或消失，但長期肌肉與筋腱的繃緊與不適，不能一次解決。搬重物、抱小孩、不小心跌倒、身軀突然扭動、長時間坐姿不正確等等，皆可能引致胸椎錯位。使用電腦時，若經常側著身軀，即使側身的角度只有區區五度、十度，日子久了也會胸椎錯位。

上半部的胸椎錯位，可以彎腰，但彎度會受阻，若下半部胸椎錯位則彎腰的度數更小。胸椎錯位還會引起腰痛、髖關節痛、膝腫痛、踝關節痛、髂關節與臀部外側肌肉疼痛，下蹲時兩膝會有高低之別、背部不適、手部麻痹無力。胸椎錯位還可能令患者的內臟感到不適，比如胃痛、心臟不適、心律不整、心跳過速、胸脅痛、眩暈、噁心等。

一友人從美國來北京出差。她是羽毛球高手，常年堅持打球，即使到中國出差也不間斷。雖說她愛運動，但常常頭暈眼花，頸椎也不適，這次回國症狀更明顯，頭暈的厲害，而且眼睛發霧，視力下降。我說可能胸椎、頸椎有錯位，她說這個解釋很新穎，但不知如何證明，我說趴下正骨就知道了。她當場趴下讓我正骨，胸椎有三下異響，她站起來後頓時滿面笑容，說自己整個換了一個人，頭暈全消，而且眼睛亮堂了許多。我再為其調整頸椎，亦有連串異響，她頸椎的不適也全消。

腰椎錯位的症狀

腰椎是人體中較容易受傷的部位，損傷可分為急性損傷與慢性勞損。急性腰扭傷的患者會感覺腰部持續性劇痛、兩腳乏力，不能正常上下樓梯，雙腿麻痹、疼痛，嚴重者不能活動，咳嗽或深呼吸時

疼痛增加。慢性腰肌勞損則多因急性腰扭傷治療不當，或平日姿勢不正，日積月累而成。上述病症的主因就是腰椎錯位，只要放鬆腰背肌肉，再用手法復位，痛苦自能減輕。但是很多腰椎錯位被當作腰椎間盤突出治療，有的甚至被施手術，造成不必要的痛苦與費用。

我在四川與西藏雲遊時，治療的各類腰痛不下數百，其中大部分屬於腰椎錯位或者腰肌勞損，有相當一部分已經被醫院診斷為腰椎間盤突出。在峨眉山的時候，有一天光治療「腰椎間盤突出」就十幾個人。有許多類似的病，拉拉筋，再用手法正骨就好了，西醫的病名通常很唬人，但其實沒那麼嚴重，也用不著做手術。最近我從手術台上救下的人越來越多，而且有些被救的患者本人就是給別人做這類手術的主治醫師，於是我方知手術的真實意義：不僅賺錢，而且開了個賺錢的活源頭。

錯位痛症手到擒來

這是個令我印象很深的錯位案例，因為其錯位部位遍及全身。患者是我家保姆的朋友，一個做鐘點工的工人。她的腰痛得不能往任何方向彎，脖子也不能左、右轉動，肩膀、胸口、膝蓋都痛，晚上渾身痛得無法入睡。我問她病得這麼厲害，怎麼不去看醫生？她說去醫院看了幾次，錢花了不少，卻檢查不出任何結果，只拿回一堆口服藥與膏藥，但都沒效。我讓她轉動頭、舉肩、彎腰、起蹲，她沒一樣能正常進行。

我先給她正脊椎，其胸椎「咔喳」響了一大串。她起身後感覺輕鬆了許多，然後正腰椎，其腰椎又響了一串，再正頸椎、雙肩與薦椎，發現都有錯位。這時我再讓患者重複剛才檢查時做的動作，她已經可以任意轉動、彎腰、起蹲，腰、背、肩、膝上的疼痛全消，她笑著說現在連眼睛都亮了許多，此前一直眼發矇。整個診斷與治療過程大約十五分鐘。

有些病是在聊天時不經意治好的。二〇〇八年元月，內蒙古友人才江邀請了全世界一百位頂級青年建築設計師到鄂爾多斯設計一百棟建築，吾亦應邀前往考察。在他家裡與一位美國建築設計師閒談時，他說其右邊脅肋及後背疼痛了三個月，經美國與國內多家醫院久治不癒，連原因也沒搞清楚。我說這可能是骨頭錯位，他問我可否治，我說可以試試。就當場在地毯上給他正脊，果然腰椎、胸椎各有一處異響。他起身後發現痛減緩了許多，再替他正骶髂關節時響了一串，其痛症當場全消。他又驚又喜，感覺不可思議。

薦椎錯位與婦科病

骶髂關節扭傷與錯位的原因跟腰扭傷的成因差不多，其症狀也跟腰扭傷相似：腰痠背痛、腰肌僵硬、臥床時不能轉側、腰無力、腰部活動受限、不能彎腰，嚴重者兩腿麻痹、疼痛。診斷關鍵在於骶髂關節部（即上髎部位）有明顯的壓痛點。

我自己的新發現是：凡婦科病患者，十有八九薦椎有錯位。比如痛經、月經失調、色斑、子宮肌瘤、乳腺增生等等。所以我用薦椎復位治療婦科病特別有效，再配合針灸點穴，療效更好。

腕骨錯位與電腦滑鼠

人的手腕部位有八塊小骨，只要其中一節骨錯位，手腕就變得無力、疼痛，甚至不能旋轉。致病原因除了受創傷外，最多的原因是過度或者不當使用滑鼠。照料小孩的女士們平常不慣做粗重工作，有了孩子後要經常用手腕托著小孩的頭部或身體，也容易造成腕骨錯位。腕骨容易錯位的族群有：服務員、空姐、消防員、護士、廚師、美容師等等。

腕關節錯位通常用拔伸、抖震手法復位便可，大部分病人在腕骨復位後，腕痛會立即消失，但太嚴重的則需要多次治療。我的一位老友是個劇作家，經常通宵寫作。我建議他別熬夜，如同對牛彈琴。一天，他突然來找我治療，原來他不僅脖子痛、背痛，而且腕關節痛，導致右手無法拿滑鼠，這意味著無法寫作。我先給他調正腰椎、胸椎、頸椎、肩關節、肘關節，全部都有「咔喳」響聲，說明錯位都復位，頸、肩、肘的痛果然減緩許多。然而在為其調正腕關節時，剛拿住他的右手腕他已經痛得大叫。為其拔伸手腕時，他痛得幾乎暈厥過去，足見其腕關節錯位的嚴重程度。儘管他當時劇痛，但調正後痛症基本消失，可以正常寫作了。這種病在西醫被統稱為「腕隧道症候群」。

人人可用的正骨法：睡覺正骨法

睡覺正骨法就是睡硬板床，而且最好不使用枕頭，這等於給頸椎及整個脊椎正骨。許多人拉筋、正骨後當場療效很好，但不久後又退步，甚至恢復原狀，原因之一是習慣沒改，比如回家仍然坐沙發、睡軟床。本來榻、席是中國傳統產物，傳統的坐法是席地而坐，或坐硬椅、睡炕或席，可惜此等中華傳統已經失傳，中國人現在要找睡的榻或席都說不出名字，只能說日語的「榻榻米」，可見日本與韓國無意中成了中國傳統的避難所。

中國的西化是全方位的，連家具也沒逃脫，於是西式彈簧軟床與沙發成了萬病發源地之一。因為軟墊不著力，遷就而非糾正骨頭的錯位，使骨節易散亂，氣脈受阻，於是骨歪筋硬，渾身是病。有人抱怨睡硬床身體硌得痛，其實這正好說明硬板在為您正骨，因為硬板不會遷就骨節的錯位、塌陷、彎曲，而是自然、自動與人的體重對抗，拉直、梳理骨頭。

睡覺正骨法的好處，首先是安全、自然、不假外力，正骨在睡覺時自然而然地發生，正骨力量來自人的體重。長期睡硬板床，輕度錯位就不用特意找大夫復位了。其次，此法正骨較全面，幾乎從頭到尾的椎骨，包括頸椎、胸椎、腰椎、薦椎都可能被矯正。第三，容易診斷病灶，凡是感覺痛之處大體就是病灶。中國古代家具為何做得方方正正，原來就是為了讓人坐正、坐直，否則就易駝背、骨歪、筋硬，導致渾身是病。打坐、修禪的第一要求也是坐正。沙發、軟椅容易導致駝背塌腰、腰膝痠軟。許多人愛縮在沙發與床上看電視，久而久之，筋骨就會出問題。

如果家裡沒硬板床，正骨就更簡單，可直接打個地鋪睡覺。有一次我在洛杉磯住朋友家，女主人就告知，她在軟床上睡七個小時還覺精力不夠，可睡在地板上，只睡三、四個小時也感覺精力充沛。我深有同感，所以有床也不用，經常把床單鋪到地上睡，也不用枕頭。如此睡覺的品質，一小時頂兩小時。有些人不適應太硬的床板，可以鋪棕墊或在木板上加較薄的褥子、毯子。

睡覺是人接地氣的時候，睡在地上更容易接地氣，所以睡在一層地上比睡在樓上更好。一言以蔽之，睡硬床、睡地板、坐硬凳，就是在拉筋、正骨。

第2部

拍打、撞牆有奇效

第一章

拍打原理與病例

拍打法是我在跟清修道人肖道長雲遊峨眉山與終南山時，他向我親傳的道家秘法。後來我在美國碰見一佛家高人八思巴，這是一位全能型通天高人，不僅佛法、世間法圓融，而且精通中醫、西醫、藏醫及現代高科技，並指導一批美國科學家開發了一系列醫療產品與創世紀新能源。因緣際會，他收我為徒，也教了我一套療效立竿見影的佛家拍打秘法，佛、道兩家的拍打法各有所長，但異曲同工。我將兩者結合，產生了「醫行天下拍打法」。

世上流傳的拍打法已經很多，為何我還稱之為「秘法」？就因為此拍打法與眾不同，不僅拍打時間長，拍打力量重，而且必須用心去拍打，讓心靈與身體神交。它不僅養生健體，而且大病小病都治。拍打通常能拍出痧，故有人稱之為「拍痧」。但拍打法在道家卻不叫「拍痧」，也不叫「拍打」，而叫「調傷」，即調出陳年舊傷與風濕邪毒並以氣化之。此傷包括舊創傷與病痛。

拍打傳奇

俗話說，真傳一句話，假傳萬卷書。佛、道兩家都有秘法，許多法門只能秘傳，甚至秘而不傳，自有道理，因為道不輕傳。首先，要避免所傳非人，否則成事不足敗事有餘，甚至以此謀財害命。其次，許多心心相印之法只能口傳心授，不立文字，否則即使傳了也沒用，還可能惹麻煩，惹是非。

第三，依人性特點，公開、免費所傳之法太廉價，人們對輕易獲得的法往往毫無珍惜之情，不認真學，甚至表示懷疑，執行更難。

先來說說肖道長得此法之經歷。有一年，肖道長在終南山雲遊，一老道見他是罕見的清修道人，為人極善，遂勸其到另一處尋訪一位道長，曰可學一法。肖道長翻山越嶺走了八小時，終於到了一個破舊的茅舍。但見裡頭只有一位坤道（道姑），閒聊幾句，感覺學不到什麼，便給她留了五元錢，起身告辭。沒想到那坤道突然張口說，既然您走了一天才到我這裡，我若不給你說個法便是我的不是，聽不聽由你。說完將兩個溜圓的石頭與兩根光滑發亮的木棒放在桌子上，肖道長便靜靜地坐在那裡，聽這位道姑講了她的故事。

她先取出一段繁體字經文念了一段，問：「念得對否？」肖曰：「對呀！」她說：「你可知，我以前是個傻子，別說認字，連話都不會說。我從小生下來就傻得出奇，不僅體弱多病，而且又聾又啞，我爹沒辦法，就到山裡的道長那裡求醫。道長看看我，就給我爹出了個醫方，還說是個秘法，就是回家用石頭與木棒拍打全身，打出瘀紫顏色最好。剛開始是我爹拍打，後來讓我自己慢慢打，我沒事就成天拍打自己，從頭到腳打，不僅用手拍打，而且還用石頭與木棒打。渾身被打得青一塊紫一塊，但我越打頭腦越清醒，就這麼打了幾年，石頭與木棒都被打光亮了，我的身體也慢慢越來越好，漸漸聽到人說話，也慢慢會說話了。我爹一高興，就跟道長說，既然這閨女是你們道家秘法救的，我就把她交給道觀算了。於是，我就入道觀成了道姑。」

此法成了肖道長治病的秘法之一。一般人用石頭、木棒拍怕疼，所以自己用手拍最簡單。有一次，他在南嶽衡山遇到一女廚師求他治病，該女因大胯受傷而多方求治，然中西醫遍治無效，她一直行走艱難，生活不便。肖道長說：「這病簡單，你回家用手使勁拍打患處，每次一小時，過三四天就好了。」哪知第二日該女子又來求他治病。肖問：「你按我說的方法拍了嗎？」答曰：「沒有。」

顯然她不相信病能拍好。道長就說：「我現在告訴你，不用三、四天，一天就能拍好。但是你要多拍幾個小時，醫方都給你了，信不信由你，你也別再找我了！」次日一大早，肖道長剛起床，該女子就急急跑到他跟前，也顧不得害羞，當場展開自己的臀胯部，激動地說，她拍了整整一夜，胯部全成了嚇人的紫色，但胯關節的病好了，她已經可以正常走路了。

肖道長對我說，此法療效神奇，然而多數人會認為太簡單而不屑一顧。但我知道你不僅能將這個法傳遍中國，而且會傳遍世界。我問：「何以見得？」他只是淡淡一笑，說：「因為我知道，時機到了，機緣也到了，所以才傳給你。」佛家高人八思巴闡述得更清楚，他對我說：「你以前所做的一切事情都是為了今天來跟我學習做準備的，我會將所有拍打法傳給你，而且會將藥師法的傳承傳給你，而『醫行天下』這個牌子不僅會用來傳播中醫、道醫、佛醫，而且會發掘與傳播世界上所有對人類健康快樂有益的醫法與藥方，無論中醫、西醫，還是道醫、佛醫、巫醫。」

我傳播拍打法的結果表明，此法傳播起來的確神速，但許多人輕看此法，即使學了也不認真堅持，還是喜歡吃藥，認為這才算醫。但凡是認真拍打者個個有效，有些甚至有奇效，故很容易就放棄或減少了用藥。認真拍打的人有兩種，一種是被病痛折磨已久，遍治無效的患者；另一種是對中醫之道極為推崇並虛心好學之人。

有一點可以肯定，拍打法正在國內外以燎原之勢迅速傳播。

拍打為何能治病？（見圖解89頁）

拍打身體首先能聚精會神，這是一般人想像不到的，因為施者與受者都是自己，有意、無意迫使拍打者心生自己管理健康、主動治病的念頭，這個念頭越強，治療效果就越好。在拍打過程中，被拍打的部位會如同神助，自動聚氣、聚血，加強氣血循環，被加強的氣就如同清道夫，自動在全身掃描，找到並打通淤堵的經絡，經絡通則體內有害的垃圾、炎症、腫瘤等等都會被一一清理，從而治病。用現代語言解釋，即拍打可將體內代謝物「痧」這種毒廢物，經過一系列複雜的生化過程排出體外，因此排毒治病，同時增強了人體的「自我免疫力」。

用西醫進一步解釋，皮膚是人體的重要器官，具有呼吸功能、防禦功能、分泌功能、排泄廢物功能。皮膚被拍打刺激後，人的中樞神經會調動身體各種系統全面配合，使汗孔開泄，毛細血管擴張，血液循環加強，從而活化細胞，活血化瘀，改善微循環，加快廢物排泄，通過體內一系列生化過程分解毒廢物。中醫的解釋則更綱舉目張，明瞭簡單：皮膚與經絡、四肢、五臟、六腑、九竅均有密切關聯。拍打皮膚會啟動人的信念、心力，刺激、疏通相關經絡，聚氣、行氣，氣行則血行，氣血行則經絡通，經絡通則治病。

其實中醫的所有療法都是在打通經絡，經絡通則陰陽平衡，平衡則健康。而拍打療法的最大特點就是一看就懂，一學就會，一用就靈，熟能更生巧。

拍打方法（見圖解90～92頁）

1 用心拍打。心存正念，會調動體內正面能量，要堅信自己的病自己治療效最好，其他任何外在療法也需自己的心念配合才起作用。心念負面，則往往起副作用。

2 用實心掌展拍。拍打時感覺痛說明拍對了，每痛一下說明病業消除一點。

3 手掌每次拍打皮膚時，可加上從手掌向體內注入清氣之意念，手掌離開皮膚時，可加上手掌抓出濁氣的意念與動作。

4 大面積拍打時，整個手掌、手指部分全部用上，比如拍打膝蓋正面。被拍打部位面積不大，如拍打膝蓋背面的膕窩，可以手指部分為主拍，拍時腕關節可靈活抖動。

5 拍打力度越大越好，越痛越好，只要能忍受；開始拍時稍痛，隨後痛感會降低。有些人手抬得高，但快拍到皮膚時突然放慢速度減小力度，這是過於心疼自己。

6 拍打時若口中念佛、念經或念祛病消災咒，則效果更佳；念的內容由個人喜好自定。

拍打順序（見圖解90～91頁）

一般是從上往下拍打，順序如下：

1 先拍頭頂，次拍頭兩側，再拍後頭、後頸部。

2 拍雙肩，可左手拍右肩，右手拍左肩；肩的前部、外部、上部、後部都要拍到。

3 拍兩側腋下及兩脅內側，心臟病、肺病、乳腺疾病患者尤其要多拍此處。

4 拍雙肘關節內側，其範圍應包括內側全部經絡，從內側下沿心經到外側邊緣的肺經、大腸經，以及正中間的心包經。

5 拍打雙膝，雙手先拍雙膝正面，可用整個手掌包住膝蓋拍，其次拍膝內側、外側及膝後的膕窩；各類膝蓋、腿的毛病，無論腿痛、腿麻、腿脹等均可如此拍打，尤其準備做手術的人可以因此免做手術。配合拉筋療效更快。

6 完成以上步驟後，可根據本人病情隨意拍打全身任何部位，哪裡有病灶就拍哪裡，渾身無處不是穴。比如各類痛症可拍打病灶處，癢症患者除拍打患處，還可拍血海、風市、曲池等穴位；各類婦科病（如子宮肌瘤、卵巢囊腫、痛經等）、男科病（如前列腺類疾病、陽痿、早洩等）、腎虛、更年期症候群、高血壓、糖尿病、心臟病、腎病、肝病患者，可沿大腿內側一直拍到大腿根部，並可重點拍打大腿根，再拍小腹、腰腹部。減肥者可拍打腰腹等肥處，有奇效。配合拉筋療效更佳。

拍打時間與頻率

一天的任何時候都可以拍打。若養成規律，可早、晚各一次，也可早、中、晚各一次。其實一日三拍比一日三餐更重要。拍打頻率則因人而異，如下：

◎身體健康者，單純保健，每次可拍打頭、肩、腋下、肘、膝等處一至五分鐘，每天一至二次，多次不限。

◎亞健康者，某些部位功能不佳，除拍打以上保健部位外，可在病灶處加長拍打時間，一般每處拍五至三十分鐘，每天一至二次，更多次不限。

◎自感不適或有明顯病灶者，除拍打保健部位外，可重點拍打病灶處半小時以上，比如膝蓋痛、五十肩、頸椎毛病、頭痛、失眠患者，可重點拍打雙膝、雙肘，拍打次數不限，但每天起碼要拍打一至二次。

◎大病患者，如肩不能舉、腿不能走，或被醫院診斷為牛皮癬、心臟病、高血壓、糖尿病、癌症等患者，建議從頭拍到腳，拍雙肘、雙膝及其相應病灶部位可拍打一小時以上，拍打時間沒有上限，每天一至三次，待病情緩解後再酌情減少拍打時間。

通常拍打幾次後再拍打不易出痧，但這時仍應定期拍打，權當吃藥打針或服用營養品。因為無論出痧與否，只要拍打就會疏通經絡，達到保健、治療功效。拍打時間與頻率如同拉筋，沒有絕對標準，因人而異，這正是中醫的美妙之處。無論有病沒病、出痧與否，都可每天拍打。一次拍打不完也可分幾次拍打。拍打不同於吃藥，沒有任何副作用。如果患者出現嚴重疲勞反應，可休息幾天後再接著拍。

痧色的深淺與病理

痧即毒血，皮膚上拍出顏色為出痧，用同等力拍健康組織不會出痧；拍有病或潛伏疾病的組織或穴區會出現痧斑。基本原則為：有病就出痧，無病不出痧，病重痧就重，病輕痧就輕。因此，痧色越深，說明體內之毒、寒、濕、熱等邪氣越重：

◎潮紅：正常。
◎紅色：風熱，多見於亞健康者。
◎紫紅色：淤熱，容易痠痛。
◎青色：痰濕，容易疲勞。
◎紫黑色：淤滯，體內毒素積滯，微循環障礙嚴重。
◎黑色：多是長期慢性病患者或長期服用藥物者。

根據出痧部位可以判斷出相應經絡、臟腑發生的疾病或潛伏的病症，也說明相關臟腑的毒素正在被排除，治療已經開始。拍打是至簡之法，跟拉筋一樣，既是診斷又是治療，而且不必勞駕醫生，完全能自己操作。另外，出痧狀況也因人而異：

◎經絡淤堵嚴重者出痧較快，拍一分鐘不到就會出痧，且痧色較深；反之則出痧較慢，痧色較淺。
◎有些人先出紅痧，拍的時間久後出暗紫色痧點、痧塊，嚴重者出深色硬包塊。
◎有些人首次拍不出痧，拍幾次後出痧，說明痧毒較深，須多次拍打才能慢慢調出，也說明體內毒素處於遊走、變化狀態。
◎有些人初拍出痧，拍幾次後再拍不出痧，但過一段時間後又可拍出痧，說明身體狀況一直在變化，心情也在變化。

對痧的理解與處理

有些人對拍打出痧毒的現象感到懷疑、害怕，認為不科學，是血管破裂造成的出血，便停止拍痧。其實人的血管就像軟水管一樣，在水管暢通的情況下，對水管拍打、施壓，受壓處的水會立刻流到其他不受壓的地方。所以血管沒有毒淤堵的地方，拍打時血會流到他處，不會出痧。血管壁的結構是網狀的，一般情況下網非常密，當拍打到有淤堵或痧毒的地方，因為瘀血或痧毒的黏度很大，有的近乎固體，所以受壓時不能很快溜走，它被擠壓時，血管也被擠壓，血管的網眼被撐大，痧毒就從撐大的網眼中被擠出，不斷被拍打，痧毒就不斷被擠出，痧毒出來了，但血管沒有破。

拍打出的痧是深淺不同的點狀與塊狀紫斑、紅斑等，手摸、揉都不疼；拔火罐、刮痧時出痧毒的道理也是一樣。事故碰撞、打架鬥毆出的瘀斑則不同，它是過大的壓力強使血管破裂出血所致，事後會疼痛。如果拍打出的色斑處摸起來會疼，可能是拍打得過重。

拍出痧說明找到了病灶並揪出了暗藏在體內的毒素，應開心才對。如果剛一出痧便停止拍痧，不利於疾病治療。出了痧還繼續拍打，會加速痧毒褪色。不信的人可以拿自己的左、右兩臂或兩膝的痧做實驗，看繼續拍打與停止拍打的痧哪個消得更快。拍打會在被拍打處聚集更多的氣血，並加速該處的氣血循環，有利於排毒。停止拍打，不做處理，過幾日也會自然退痧，只是時間稍長。痧消失快表示身體素質好，通常小孩、年輕人、健康人的痧消失較快，老年人、重病患者的痧消失較慢。

有人採取灸、針、刺絡拔罐等方法加速退痧，但還是繼續拍痧最簡單方便。

拍打注意事項

◎拍打時應避風。不可用電扇或冷氣對著身體直吹，以免風寒之邪通過開泄的汗孔進入體內，引起新的疾病。

◎拍打後要補充水分。拍打前、後飲用熱水一杯，可適當補充消耗的水分，防止頭暈疲勞，促進新陳代謝。

◎拍打後洗浴：拍打後洗浴要在三小時後，並要用熱水，不可用冷水。

◎皮膚病拍打方法：牛皮癬一類的皮膚病必須長時間重拍打才有效，皮膚外傷或滲液潰爛的人不可拍打。

◎糖尿病、下肢靜脈曲張、下肢浮腫者拍打方法：糖尿病患者皮膚耐受力差，血管脆性增加，要輕拍，再循序漸進拍打。下肢靜脈曲張及下肢浮腫者，宜從下往上拍，且手法一定要輕柔，以促進血液循環。

拍打禁忌

◎嚴重出血傾向的疾病，如血小板減少、白血病、過敏性紫斑等禁。

◎孕婦禁。

◎嚴重糖尿病、皮膚外傷或皮膚有明顯滲液潰爛者禁。

◎昏迷、急性創傷、嚴重感染部位、新發生的骨折處、新扭傷局部禁。

◎原因不明的腫塊及惡性腫瘤部位禁。

◎對疼痛過敏者，不宜拍打。

◎醫生明確規定不可拍打的病症。

自己拍——肥水不落外人田

我一向強調自己拍痧，即使有人幫你拍也最好謝絕，理由如下：

一、中醫理論曰「心主神明」，自己拍打與拉筋一樣，是人主動管理自己的生命與健康，是人心靈對身體的關愛，是心與身的互動，拍打過程是身、心、靈的融合過程，他人無法替代，所以此法有別於服藥、按摩、推拿、拔罐等，這些都是他人、他物對自己作用，患者本人是消極、被動的。此法也不同於體育比賽，因為比賽時人心關注的是輸贏，不是自己的身體。

二、自己拍打時，手與被拍處最容易得氣，此刻治病療效更佳。有的人拍打後說手腫了，其實手不是腫，是脹，是得氣的表現。這個氣就是氣功的氣，有人感覺練氣功太難，找不到氣，其實得氣最簡便的方式即拍打。撞牆之所以是太極拳的基本功，也因為撞擊身體背後與脊椎馬上得氣的緣故。生病可解釋為人體能量的無序化，身體某部位受刺激後，氣會自動流向該處調節狀況，能量流向該處，令體內無序的能量序化。手得氣後就進入某種氣功態，用帶氣的手拍打身體療效更好。拍打時，手與被拍打處會有痠、麻、脹、痛等感覺都正常，扎針後得氣的感覺也如此。拍打的優勢在於刺激經絡、穴位的面積更大，力量更大，所以作用不可小視。如果拍打時手腫了，那就該恭喜你！因為你得氣了，手上有氣功了！更應加緊拍打！

三、手掌如腳掌、耳朵，是一個充滿全息穴位的系統，亦即五臟六腑、四肢百骸的反應點皆分布於手掌，手一拍就會啟動手上的穴位，直接、間接對全身進行整體調節。從經絡學的角度看，手上布滿手三陰與手三陽六條經絡，如心包經、心經、肺經、大腸經等，而這些經絡經手臂聯通肩周、頸椎、胸腔、大腦等部位，並與足三陰、足三陽與任、督兩脈緊密相連，所以用自己的手拍痧不僅啟動了被拍部位的經絡、穴位，而且啟動了手上的全息穴位，打通了手上的六條經絡，形成繼拉筋之後的又一輪地毯式轟炸，有利於全方位調理治病，手掌上如果也拍出痧，更是大好事，治療效果更好。我一向宣導治病不能只關注病名，而更應找到並打通淤堵的相關經絡，理論即源於此。

因此，即使有人想幫你拍打也最好謝絕，因為自己拍打就是「肥水不落外人田」。

拍打與刮痧、拔罐的區別

拍打與刮痧、拔罐一樣，都有疏通經絡之功效，但也有區別，主要表現在：

一、拍打是人主動治療，調動了人心的力量。這是人心對身體的關愛，與體育比賽的贏球心態截然不同。心主神明，位同君主，療效自然神奇。亦即拍打啟動了人主動治療的「殺毒軟體」，這與被動接受拔罐與刮痧的療效不可相提並論。從西醫的角度看，主動拍打產生的刺激令中樞神經與全身細胞都處於高度興奮狀態，產生大量修復、免疫激素，導致人體自癒功能全面加強。

二、拍痧時手發脹，有人以為手腫，其實是手得氣，就是氣功的氣，以得氣之手拍打療效更佳，而刮痧、拔罐都無此氣感、氣功。所以即使有人幫你拍打也別讓，這叫「肥水不落外人田」。

三、拍痧的穿透力更強，其作用力垂直向內，隨拍打層層深入體內，可調出更深層部位的邪氣，所

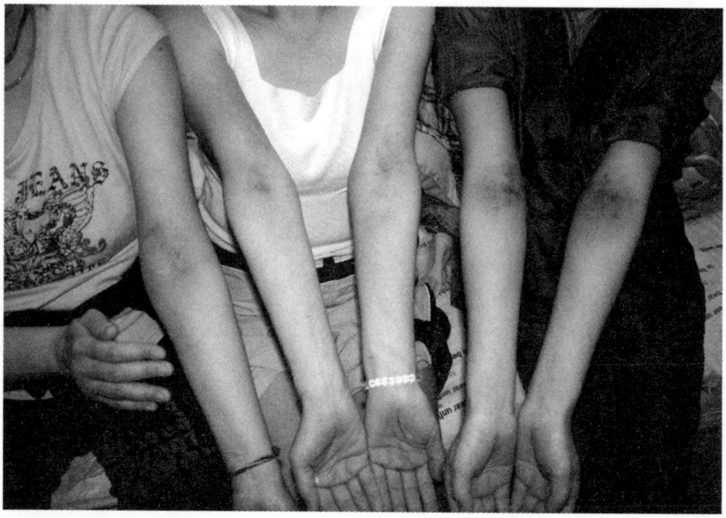

•女上班族拍出的痧

以被道家稱為「調傷」。而刮痧的大部分用力是橫向的，作用面較淺。拔罐力量雖然垂直，但處於靜態，不像拍打處於動態發掘，層層深入。

四、拍打是用自己的手拍，等於手也被拍，不僅刺激了被拍處，更刺激了手上的全息穴位與兩手上的各六條經絡，相當於對身體進行了一次「地毯式轟炸」，而被拍打處則相當於被「定點轟炸」，兩者相得益彰，令手、足十二條經絡交互刺激，在體內形成了一種氣場的內循環，更利於排毒治療。

誰應該多拍打腿內側？

蕭老師，您好！自從看了您的《醫行天下》，我也毫不猶豫地加入您的粉絲隊伍，每日必拜讀部落格。近來也在堅持練習拉筋及各功法，效果不錯。由於流產後患有婦科病（近半年了，帶黃、異味、怕冷，飽食後次日腹脹），昨日偶爾觸到陰陵穴時感覺很痛，於是對膝關節附近進行拍打，結果非常令人驚訝，竟然拍打出來很多暗紫色的痧點！這也印證了您在部落格一篇文章裡建議一位婦科病者多拍打膝蓋關節的說法，很激動哦……仔細翻閱一下經絡書，發現可能是自己脾經長期濕熱及肝經有淤積，才會導致痧點如此恐怖，於是決定繼續對大腿內側的脾經及肝經進行拍打。結果更出乎意料，整個大腿內側幾乎都布滿了痧點，其中不少是暗紫色的痧，心中不免暗暗叫苦，不知自己的病竟如此嚴重了。請問蕭老師，不知我這樣操作對嗎？請百忙中對我的情況點評一下如何？感謝！

答覆：能拍出痧是好事，你應該高興才對呀！病重的人每次拍的時間最好在一小時以上，別一看見痧就停止。以後病好了，拍不出痧也應繼續拍，可通經絡，保健強身。治婦科病就是要治血，肝、脾、腎三條經都在大、小腿內側，而且都與血相關，肝藏血，脾統血，腎造血造精。與血、精相關，就會與婦科病、男科病有關。所以不僅女人，男人也應拍腿內側，男人陽具的勃起不就靠氣和血嗎？發胖、乏力、三高、陽痿、前列腺有問題的男人，尤其是肥胖者，幾乎個個都腎虛，而拍打肝、脾、腎三經正是強腎、減肥秘法。

肝的問題主要是鬱，即所謂「肝鬱氣滯」，凡鬱悶而無處發洩之人，肝鬱就重。有些女強人一臉色斑，多為肝斑、腎斑。腎的問題主要是「虛」，腎虛會導致氣虛，而氣虛會導致血虛，以上婦科、男科問題就是這些「虛」的表現。既然虛，其床上戰鬥力和耐力亦必會大打折扣。脾的問題主要是濕，這已是現代人的常見病態，大多是吃多了撐出來的，脾濕的具體表現是痰多、發胖。肝、脾、腎三者一榮俱榮，一損俱損，即使從減肥的角度，也應從肝、脾、腎這些根本解決問題。吃一堆補藥、減肥藥、壯陽藥，往往還不如拉筋加拍打管用。

拍打的另一個直接效果是排毒養顏，這叫上病下治。許多女士在肘關節和膝蓋拍出了毒痧後繼續拍打十五分鐘以上，氣色會變得紅潤許多，先前發暗的臉上會閃出光。所以我不斷強調，身上拍出的痧毒越多，臉上的斑點、皺紋、粉刺就越少，氣色越好。如果拍完肘再拍膝、腿，對治療便秘、祛斑的療效更好，消化也會更好。所以除了治病，拍打還勝過美容院的美容效果，既然排毒，則必然會美容。鳳凰衛視的主持人曾瀞漪就是拍打的直接受惠者，剛拍打一星期臉上的色斑就明顯變淺。要美容必須先健康，美容不過是健康的副產品。

臉上長斑、額頭起痘，該怎麼拍打？

蕭老師治病的主要方法是：拉筋、撞牆、貼牆功、刀療、拍打。這幾項除了刀療沒試驗過，其他我都感受過了。我個人的體會感覺撞牆、拍打效果最好。一開始撞牆，二十次左右腿就站不穩了，後膝蓋窩發痠、麻，漸漸就好了，撞牆最大的好處就是刺激脖子下面的脊椎，中醫講是打通人體中脈，結果就是我的頭不再昏沉了，頸椎病好了許多，基本不疼了。拍打也是排毒立竿見影的好方法，第一次拍打肘關節內側，黑紫的毒痧把自己都嚇壞了，但是拍完之後，熱血沸騰好舒服。

蕭老師說，婦科不好要多拍膝蓋，我感覺自己婦科沒什麼毛病，就是臉上有黃褐斑，以前到寬街的北京中醫院看過，大夫說我婦科不好，愛生氣，就容易長斑，開了藥，但是效果不好。昨天睡覺前我拍了拍膝蓋，兩腿膝蓋內側都出痧了，左腿膝蓋內側尤重。想問問蕭老師爲什麼有的痧拍出來是鮮紅的，有的就好像是蘊含在皮膚裡的青點，怎麼拍都不紅。我這種現象是身體哪裡出現了問題？如何調理？另外我的額頭總起痘，好了之後還留有疤痕，總是反覆發作。我相信中醫治病是靠緣分的。

答覆：「痧」如果翻譯出來，就是帶毒或帶邪之血。風、寒、濕等等，在中醫看來都是邪氣。顏色反映了毒的深淺，也確定了淤堵的方位，亦即哪條經絡被邪氣淤堵了。臉上長黃褐斑、額頭起痘，說明肝經、胃經、膀胱經、脾經都有問題，只要這些經有問題，連帶腎經、心經、肺經乃至五臟六腑都出問題，所以我的建議是地毯式轟炸，臂上、腿上的經統統都拍個痛快，將病一網打盡。拍出的顏色不完全取決於拍打的力度、時間，還取決於毒的性質、深淺。拍出什麼色順其自然，不必強求；通常顏色越深說明毒越重。拍打時間越長，出痧效果越好，因為手不斷拍也不斷啟動手上的穴位，而手掌和足底一樣是個全息系統，拍手意味著啟動全身經絡，同時拍的時候手臂在動，也可達到相應活血通絡之效。

總之，跟拉筋一樣，拍打要順其自然，不必強求某種顏色，要循序漸進。

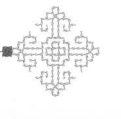

網友對上述疑問的評論：

膝爲筋之會，肝主筋，拍膝可調肝，具體看照片正好是膽經所過之處，可清肝熱；手是心、肺、心包、大小腸、三焦經氣會聚之地，用手拍膝，就好比把六經中的脈氣化作雨露落在翠綠的葉面上，這種自然的潤澤彷如輕風拂面，堅持！再加多吃點素食會讓你的臉如沐春風，各種痘瘢去無蹤。

健康之星 2009/4/21

為何要長時間拍打？

剛開始拍打的人，不太相信如此簡單的方法能養生治病，更不信這能治大病。半信半疑的人，自然沒耐性「拍打」這個單調的動作。若只是健身，拍打十幾分鐘就可以，但對於病魔纏身的人，起碼應拍一小時以上，這正是拍打的秘訣所在，也是此拍打法與其他拍打法的區別之一。即使拍出痧了還要繼續拍，理由如下：

一、拍打的結果是先出痧，是為「顯毒」，繼續拍則讓痧毒被自身循環吸收、排除，是為「排毒」。拍打時間越長，排毒的深度、廣度越明顯，尤其是大病、重病，冰凍三尺非一日之寒，故拍打更必須長時間。對有悟性之人，拍打時間一長，其實就進入某種禪定狀態，焉有不通經絡之理？

二、拍打的手上布滿穴位，長時間拍會啟動手上的六條經，即心、肺、心包、大腸、小腸、三焦經，進而啟動足部六條經絡，形成一個循環，影響全身。從全息論看，手與足一樣，密切聯繫全身的所有器官與組織，拍打就是對全身的系統治療，對已知與不知的諸病實施地毯式轟炸。但拍打刺激與相關病灶的對位、調頻都需要時間，時間越長，對位越準，深層病灶才會與頻道連上。

三、拍打除了刺激被拍部位與手掌上的穴位，更刺激了人心，而心乃君主之官，需要將相準備好了才會伺機出宮，號令天下。當拍打的施者與受者同為一體時，人會自然觀照自己，覺受因果。習慣於被動治療的現代人只有在拍打時間延長到一定程度，才能讓心這個「君主」進入某種覺受境界，如同剛學打坐的人，很難在短時間內入定一樣。中醫之心與西醫解剖學的心不同，後者只是個物理器官，而中醫的「心」主神明，既有形又無形，管理全身，包括大腦及身體的每個細胞。心力的全面調動使積極治療與被動治療出現本質的區別：拍打調動了心力，亦即愛力，令神明主動、精確治療疾病，而非被動等待外力介入。愛由心生，其力無窮大，如何用儀器測量？此即天人合一、大道至簡的具體呈現。

四、拍打時肩背會跟著手動，手上的穴位與肩臂、頸椎、大腦、心臟相連，拍打可將肩周、頸椎、睡眠的毛病一起治療。手臂動的力量與幅度小，唯有時間長才生效。一位退休老人腿痛、肩痛，我讓她回家先拍兩小時膝蓋，結果她次日告知，拍完膝蓋不僅腿痛消了大半，連不能舉起的肩也舉起來了。有一次戴晴老師跟我們聊天時不知不覺拍打了兩個鐘頭，期間她突然發現自己的頸椎不痛了，這就是手上的穴位在起作用。次日一早她又專程打來電話，說她昨晚九點多回家，倒頭便睡，一覺睡到次日早晨六點，這是多年來睡得最舒服的一覺。

五、拍打是道家秘法，只有門內弟子才秘傳。非不願傳，而是秘法如公開傳授，人們往往不僅不信，反而嘲笑之，因此會傷害自己。所以老子曰：「上士聞道，勤而行之，……下士聞道，大笑之！」對此秘法堅信無疑者，其拍打時間、強度會明顯超過一般人。無數事實證明：秘法還是秘傳的力量更大，所以凡不信此法者，不必多解釋，因為多解釋會令其生更多疑心。半信半疑或不信秘法之人，即使修練秘法，其負面的心性、心力也會導致療效下降。所以，要練好拍打與拉筋，首先要戒疑。心中的疑鬼總是以我們的病痛為樂，我們越懷疑它就越樂。

如今公開傳法之氣候逐漸成熟，越來越多的人悟性已達到一定境界，故可觀照、體驗其妙。大家可以想像在一個風雪之夜，你獨坐火爐邊讀禁書與秘笈的愉悅與快感。外面的黑暗、寒冷與你此刻內心感受的溫暖、光明，形成多大的對比與反差？

拍打治好了我的頑疾

我跟北大醫學部的馬克梅主任很有緣。在二〇〇八年十一月的一次中醫研討會上，我當眾花三分鐘治好了她二十多年的腰椎間盤突出，今年又教她用拍打治好了幾個頑疾。二〇〇九年六月我到北大演講時，邀請她來講自己的拍打體驗，她欣然前往，結果她的親身體驗給全國各地趕來的聽眾很大的震撼。於是我邀請她寫篇拍打心得，以便讓沒聽那場演講的人們從她的文章中領略其主動管理健康的精神。我認為，從被動健康管理進入主動健康管理已經成為人類醫學發展的大勢所趨，因為無論中國還是歐美各國的醫療健康產業，都已步入西醫設置的死胡同，各國政府面對「醫改」都一籌莫展。方向錯了，只會南轅北轍。許多人忙著學習各種管理技能，卻偏偏忽略了人最需要學會的一種管理——生命健康管理。

我是北京大學醫學部的工作人員，患有銀屑病（俗稱「牛皮癬」），病史二十一年。

在二十餘年中，尋醫問藥是我生活中的必修配課。爲了治病，我嘗遍了有關病患的各種中草藥，人間的五味雜陳，均揉在丸散膏丹中。病情極其頑固，反反覆覆。烈日炎

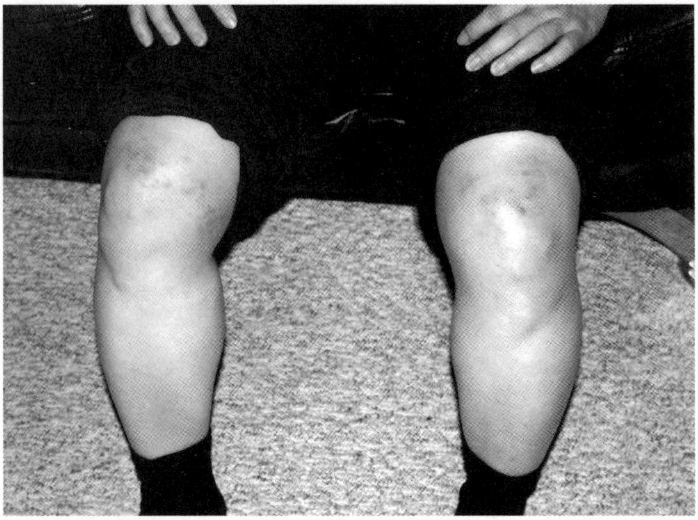

•膝蓋排出的痧

炎，我也須長袍馬褂地將自己裹得嚴嚴實實，總怕自己這身患病的「五花肉」影響眾人視線。在患病的二十幾年中，我先後在空軍總院、北醫系統所屬的各個醫院治療過。中藥、西藥交叉使用，外用、內服都有，嚴重時輸點滴，比如丹參、苦參等。那些藥物，對病情有抑制和控制作用，但不能根除。專家說，銀屑病屬世界疑難雜症之一，不可能治癒。

今年夏天在一個茶館的聚會上，我再次見到了蕭老師，就羞澀地向他提出這個難題，問能否幫助介紹一位大師或找個偏方，治療我的皮膚病。因為去年蕭老師只花三分鐘就給我治好了二十多年的腰椎間盤突出，所以我一直對他有信心，心想他說不定認識什麼高人能治這個病。

•在北大講課

蕭老師聽後當即說，你怎麼不早說呀，我教你一招秘法：拍打。說完他就在自己的胳膊肘上拍打起來，我就跟著模仿，旁邊的幾位朋友也是向他求醫的，大家都跟著拍。我拍了不到一分鐘，胳膊彎內側就起了些紫斑，嚇了我一大跳。蕭老師說別停，繼續拍，我持續拍打了近十分鐘，胳膊上迅速出現了大片紫色。我問蕭老師以後該如何拍？他說可以先拍胳膊肘和膝蓋、肩膀，然後哪兒有病就拍哪兒。我的病情重，每次起碼得拍一小時以上，多拍不限。得知此法後，我無心再聊下去，急忙告別了朋友。

奔到家，洗刷過後，我站在鏡子前面，雙手開始了有節奏地拍打，一開始，信心足，幹勁大，對著鏡子瘋狂地拍打著自己，別無選擇，背水一戰了！漸漸地，手脹了，胳膊痠了，皮膚疼痛難忍，全身上下大汗淋漓，火辣辣地疼。此時此刻，《曹劇論戰》篇目中「一鼓作氣，再而衰，三而竭」的警句名言及那泣血悲歌場景，忽然呈現在腦海，成敗在此一舉，手臂抬不起來時就打腿，緩過勁兒來，打上身，前前後後扭動地拍著，像跳大神兒。隨著時間的延續，一位遍體鱗傷的怪人出現在鏡子面前：全身呈紫黑色。看著面前的傷者，汗水、淚水交織著，堅持否？革命先烈曾經歷過辣椒水、老虎凳，那種酷刑可想而知；我用自己的雙手給自己加刑，力度總大不過先烈們受過的刑罰吧！好吧，我在家也給自己樹一位革命黨人的形象吧！寧可站著生，絕不跪著死，爲了戰勝病魔，拚了！！一卯勁兒，打了自己三個多小時，癱了，眞的癱了，拍打過後，挪到床上，倒下再也沒爬起來。床頭櫃上的水杯，近在咫尺，自己的手臂已不聽使喚，看著那杯龍江水，渴呀！我想上甘嶺戰場上的戰士，那時那刻對水的需求我眞讀懂了！我仍然認爲我比他們幸運多了，他們只能「畫餅」充饑，我是「望梅」興歎，後來漸漸地睡著了，還是到夢家莊找水喝去了。

第二天，拖著沉重的雙腿，到市場買回了兩台長條鏡，回家三面鏡子一擺，脫光衣服，往中間一站，來了一個立體呈像，又開始「自殘」活動，繼續拍打。我發現開始拍很痛，隨著拍打繼續就漸漸不那麼痛了。按照蕭老師的意見，我除了重點拍打關節和病灶區域，還對全身實施「地毯式轟炸」，後背拍不到，我就用一個很長的木頭鞋拔子拍。對拍打療法越來越熟練後，我像這樣集中火力持續拍打了一週，每天拍打兩小時左右，又用一週的時間鞏固成果，結果取得了明顯療效：患部由發紅漸漸變暗，然後結痂，直至脫落，從前難以入目的皮膚已變得平滑並發亮，全身的癬基本痊癒。兩星期後，正好趕上蕭老師到北京大學演講，他問我願不願意去現身說法，我欣然同意。我上臺講話的時候穿的是短袖，要知道我已經二十年沒敢穿短袖衣服了。我還特意給大家展示了自己的胳膊肘，因爲那裡的癬都消失了。現在我全身的皮膚更好了，連那時腿上結痂的印記都沒了，可以跟其他人一樣穿裙子了。

值得強調的是，拍打除了治好牛皮癬，還給了我更多的意外驚喜，治好了我的失眠和腹痛。這二十年間，失眠也是困擾我的一個大問題。平日，我睡眠品質極差，晚上入睡困難，睡覺時間短且多夢。由於睡不好覺，臉色不好，頭暈、全身乏力。因爲晚上難以入睡，我常常熬到下半夜還不困。拍打過後，我首先入睡變得很容易，躺下就睡著，其次是睡眠品質超好，一夜無夢，每天都一覺睡到天亮自然醒。這是以前從未有過的現象。眞是奇蹟！

再說說另一個病，長期的腹痛。一九九六年，我曾因結腸大出血入院，出院後，出現腸脹氣現象，形成腹痛，後來居然成了規律，每日下午五到六點間疼痛就發作，我看遍名院名醫，結果均無藥可醫。經這次脫胎換骨的拍打後，我發現這個每天必來報到的疼痛現象也消失了。沒想到，拍打這種簡便易行的方法，居然有如此神奇的功效！太不可思議了！

我的病都是多年頑疾，而且經過京城各大醫院治療都無效，沒想到都讓蕭老師給我一點撥就治好了。很多人不相信拍打，我就堅信。一是因爲我對蕭老師有信心，二是因爲我恨病，所以治病心切，也就不怕痛，不怕難了。我比一般人理解「痛快」二字，就是「痛，並快樂著」！很多人捨不得自己，我捨得！捨得自己，才能夠得到健康、快樂！

馬克梅 2009/7/9

評論：馬克梅的案例，充分說明了心力的強大與主動管理健康的奇妙。病可用很多療法治，如藥療、食療內治，也可用針灸、推拿等方法外治。但拍打不是一般的外治，而是身心緊密相連的外治，是自己的心對身的關愛，拍打使身心合一、天人合一、心生萬物這些平時掛在嘴邊的抽象辭彙具體、鮮活起來。我說得病是心想事成，許多人不信。其實治病也一樣，還是心想事成，用自己的心與身試試就知道了，就看你的心力有多大，願力有多強。

拍打還猶豫？心中有「疑鬼」

蕭老師，您好！昨天晚上，天氣悶熱難耐，我的手臂又癢起來了。我只能輕輕地掐癢處。每年六月開始，大雨將至之前的燠熱時候，我就癢得難過。記得二〇〇六年夏天，幾乎全身都腫起來了，臉上腫得眼睛只能勉強睜開一條線。去吃中藥，吃了一個多月。停藥又癢，斷不了根。前幾日開始拉筋，昨晚就在癢的手臂上拍打。

天啊！才拍五、六下，手肘處就出現了黑點，漸漸地越拍出痧越多，拍到四十多分鐘時，右上臂心經和心包經處也出現了瘀黑，手臂也不癢了。左臂昨天只拍了二十多分鐘，就感覺心臟有些悶。今天早上起床一看，昨天的痧漸漸變淡了，成了紅色，也在擴散。看來今天還得繼續拍。我現在肚臍周圍也很癢，這個部位癢應該拍哪裡呢？

答覆：已經嘗到甜頭了，還在懷疑！肚臍周圍癢就拍那兒呀！通常先從上往下拍，可先拍雙肩，再拍雙肘，再拍雙膝，並沿大腿內側一直拍打到大腿根，最好脫光衣服猛拍，拍兩小時以上，因為你病重。唯有如此，才能揪出暗藏在身體內部的敵人。現在大家面臨的最大問題是心中有很多鬼，其中最大的鬼是「疑鬼」！如果誰付一萬元我才教這個方法，估計大家會毫不疑慮地猛拍，因為那是花了錢買來的秘法，如果我再加些高科技的儀器設備，估計信的人會更多。

拍打用拉筋配合療效更好。我可以明確告訴大家，用拉筋凳拉筋效果明顯更好。您花錢買的拉筋凳如果不用，呵呵，心疼啊！

拍打止癢

我堅持拉筋三個月了，一開始拍打，除了手肘處出痧外，其餘部位都沒有什麼反應。

最近半個月來全身（大腿、小腿、手臂、肚子、胸前、側腰、屁股、肩膀）皮膚，依次、反覆出現癢癢反應，仔細觀察，這些癢癢包是順著經絡排列的。一開始會感覺皮膚有點說不出是癢還是痛那樣刺刺地一跳，接著就看到那個部位鼓起來一個小包塊，很癢，輕輕抓兩下就變紅了，如果晚上睡著不小心抓破了，第二天還會流水。我試著用拍打來止癢，奇妙的是：只需對著起包癢癢的地方拍打數十下，就會有或紅痧或鼓起來的青瘀塊成片被拍打出來，連續拍打約二百下，癢癢的包就消失在一片紅痧青瘀的「汪洋大海」之中。

我也試著拍打過沒有起癢癢包的皮膚部位，哪怕拍打五百下，也只是皮膚表面發紅而已，眞的驚奇啊！所以我現在是「癢癢包閃閃亮，指引我拍打方向」，每天都有三、四個「荒地」被我「成片開發」，極有成就。

綠野遊仙 2009/9/22

評論：皮膚出現癢、癢包或疹，都是拉筋、拍打後出現的排毒現象，是好事。癢、包、疹順著經絡排列，說明相關經絡、臟腑之毒正被排出，治療正在進行。對此處理的最好辦法就是繼續拉筋、拍打，而且是順藤摸瓜式拍打。

拍打治療急症

我跟梁冬在中央人民廣播電臺的節目中，談到用拍打治療急性胃痛的案例，很快就收到聽眾來信，其實施結果也是立竿見影：

可能是因爲昨天晚上請朋友吃飯吃得太多了吧！早上起床被風一拍，胃疼起來，想起前天電臺節目說一個音樂老師治療胃疼的經過，就在床上用雙手同時拍打雙腿的足三里，因爲我是學佛的，修的主要是地藏法門，所以就口念「南無地藏王菩薩」，一下、一下地拍打，大概有幾分鐘吧！膝蓋向下四指偏右腿梁右側一點出現了一片約大拇指蓋大小的痧，當時胃疼結束，就是還有點脹，總比疼好受得多了吧！呵呵！很興奮，上班前跑到一個開門診的朋友那裡炫耀了一番！他是以中醫爲主，很支持這樣的治療，可是指出了我的一個錯誤，穴位應該是膝蓋外側一點下三寸，我找的穴位不準確，暈！可是也止疼了啊！可能是我的巴掌大，覆蓋部分穴位了吧！再說我下手也比較重！

上班的空閒時間，我按照足三里的準確位置又拍了三十分鐘，這次在拍的過程當中就感覺皮膚裡面有個疙瘩往外拱，繼續拍，最後出現了巴掌大小、黑色不規則的好像瘀血的東西，就在皮膚下面，周邊還出現幾個好像煙頭燙傷的傷疤一樣的黑點，這時候胃脹也消失了！

按捺不住興奮，就又跑對面另一個朋友那裡「炫耀」，朋友說是拍紫了吧！可是像煙頭大小的黑點怎麼解釋？而且雙腿出痧的形狀又不一樣，如果是拍紫了，那應該是在足三里穴位上面啊！怎麼沒有拍到的地方也紫了？最重要的是胃疼、胃脹都好了呀！

朋友決定也用這樣的方法來自己治療，呵呵！

再次感謝蕭老師把這樣好的方法教給大家，使很多人能夠用很簡單的辦法解除痛苦，功德無量，隨喜！讚歎！

第二章

拉筋加拍打的治療實例

由於拍打療法迅速傳開，實踐的人越來越多，湧現的精彩案例也更多。無數實例證明，拉筋與拍打等其他自療方法相結合，療效更好。下面用真實案例來說明。

「地毯式轟炸」與「殺毒軟體」

在拉筋、正骨、拍打的章節裡，我曾反覆提到「地毯式轟炸」的全面治療原理。

「地毯式轟炸」本是一個軍事術語，即寸土不留地完全轟炸。拉筋、拍打、正骨的效果類似，能全方位疏通經絡群，清除身體內已出現與尚未出現的病症，且簡便易學。以此三種療法診斷的過程也是治療過程，凡拉筋的痛處說明筋縮，但筋痛時也在被拉柔。凡骨節有異響證明有錯位，但響聲也說明錯位已被復位。凡拍打出痧處則說明相應的經絡淤堵，但毒素已經在排除；許多久治不癒的痛疾可能在幾分鐘或幾十分鐘內就解除。

基於現代人的知識結構與思維方式，我找到了一個對「地毯式轟炸」的補充說明，即「殺毒軟體理論」。簡言之，人體經絡如同一個與生俱來的殺毒軟體，其智慧、靈敏與精巧程度超乎人的知識與想像。一旦我們開始拉筋、拍打、正骨，便啟動了這個殺毒軟體，它就開始自動在全身掃描，哪裡淤堵、有病，氣就在哪裡打通之，如是病緩、病癒。凡病皆源於陰陽不調，而陰陽不調則源於經絡不通。疏通了經絡，病即自癒。

一般的身體痛症，尤其是腰、胯、腿、膝、肩等有活動關節之痛症，先用拉筋、拍打最靈，還可輔之以正骨、針灸。若是婦科、男科與心腦方面的毛病，如高血壓、腦動脈硬化、頭痛、失眠等症，也有顯效，只是根除需時更長。有人問拉筋、拍打是否能治百病？豈止治百病？一定是千病、萬病！但未必這麼表述，因為容易引起誤會與爭議。事實上，天下也沒有包醫百病的療法，醫者常言「治病不治命」、「病治有緣人」，即是此理。人若死也不信此法，或不以此法養生，非病入膏肓了才用此法，那不就是命嗎？因此我們可以胸有成竹地說，拉筋、拍打的功效是疏通經絡，增強免疫力。但經絡疏通的療效因人而異，它與病的輕重程度、人的信心，以及拉筋、拍打的力度、時間等都有關。此二法打通的都不是單一的經絡，而是全身的十二經絡，啟動的是大腦中樞神經與全身的細胞，是對全身軟體、硬體系統的總動員，所以我才稱之為「地毯式轟炸」或「殺毒軟體」。

事實上，人得病少有單病，總是一串病，吾稱之為「複合病」，而且病與病之間互相關聯，互為因果。無論中醫、西醫乃至各種儀器的診斷多麼精確，對人體這個複雜機器的病況診治，總有不周之處與漏網之魚。碉堡、工事可以查出，地雷、暗器不一定看得見。既然有那麼多看不見、查不到的病況，最好的辦法就是盡量將所有的病一個不漏地全面搜索、檢查、治療，類似實施軍事上的「地毯式轟炸」，或曰「啟動殺毒軟體」。殺毒軟體比地毯式轟炸更聰明，不是硬來，而是有點有面，面中有點，既有轟炸機的地毯式全面轟炸，又有導彈的精確轟炸。

中醫療法無數，吾獨選拉筋、拍打為主法，蓋因其療效神速、簡便易行，而且非常安全，人人可用，所以是最好的入門法。如果讓人直接找準經絡、穴位，難度很大，這是許多人放棄自療的原因。我自己與成千上萬人實踐的結果也證明，許多醫院難治的病，也許普通人用這兩招自己就可以輕鬆治癒，而且容易得令人難以置信！人們常說大道至簡，但此說往往過於抽象，而拉筋、拍打這兩個小小的「術」，卻對此大「道」進行了具體而鮮活的詮釋，人們可以由簡單的拉筋、拍打走進中醫！對經絡、氣血、穴位活學活用，並由治療身體而進入治療心靈。

拉筋諸法中，尤以臥位拉筋疏通經絡最徹底，手與足的三陰經、三陽經及任督二脈皆在疏通，只是程度不同。拍打則由點及面，拍頭部打通諸陽之會，即陽經樞紐；拍雙肩、雙肘時，疏通手三陰、手三陽；拍雙膝、雙腿、雙足時，疏通足三陰、足三陽；任、督二脈也在相關節點疏通。

講來講去，大道至簡，萬病不離陰陽失調，而陰陽失調皆源於經絡不通。

從西醫角度看，這也是一種損傷性破壞療法，即通過有意對身體組織的某種破壞而啟動人體的自癒功能。因為拉筋與拍打不僅啟動了中醫所說的經絡，也啟動了西醫所言的中樞神經、血管、淋巴、荷爾蒙，以及無數知名、不知名的生物器官、軟組織、細胞等等，讓它們全體發動來治療疾病。

有一次，一個朋友的母親腰痛、膝痛、胸悶，不能完全下蹲，我當場指導她拉筋十分鐘，果然下蹲改善許多，我再為其正骨，腰椎、胸椎響了三聲，她起身後頓時感到胸悶消失，下蹲亦進一步改善。我叮囑老人在家繼續每天拉筋，一個星期後，朋友來電話說老人起蹲已完全正常。

如果拉筋、拍打、正骨實施完畢，患者還有某部位疼痛，就可以用針灸等其他療法。針灸之神奇，只有在使用之後才深有體會，而且越用越神奇。我將針灸療法稱為「精確轟炸」，對於大部分痛症，針灸可以尋經絡而治，如同導彈精確制導。世界各國從事針灸者對針灸止痛效果已有公論，但精確到什麼程度不一定在於穴位準確，而在個人修練。

拉筋與拍打配合的妙處

在清華大學演講示範後，我答應給一位患腰痛、肩背痛的學生看病，前提是他先拉筋兩個月。我想他若堅持拉筋就會有效。他拉筋兩個月後來電表示，病情改善不大，故要求我給他治療；還有一位患腰痛的廣西退休婦女要求學習拉筋並治療。我大部分時間在外雲遊，看病只能隨緣，出差前將這兩人約到一起治療，一老一少，病症相同。

清華學生先到，他說自己每天拉筋，但效果不明顯，希望我治療。他在拉筋凳上躺下，我給他在凳柱上綁住上舉之腿，還沒在下垂之腿上放沙袋，他已經露出了非常痛苦的表情。我問他是否能忍受，他說可以。但他嘴裡卻在發出痛苦呻吟。我問：「你在宿舍拉筋有這麼痛苦嗎？」他說：「沒有。」我又問：「在這裡拉筋與在學校拉筋不一樣嗎？」他痛苦地答道：「很不一樣！」顯然，他儘管拉筋很久，但姿勢不到位。他說宿舍的椅子不如拉筋凳的效果好，我說關鍵在於是否感覺到筋被拉痛？拉筋是否有效，主要看面部表情，越痛苦說明療效越好。他拉完一條腿下來走路，剛才生疼的腿馬上感覺輕鬆、舒適，甚至比另一腿長一點。他坦言自己拉筋還不到位，因為怕疼。結果他再將另一條腿拉完後，腰痛就基本消失了。他感慨地說：「真沒想到拉筋還有這麼大的區別！」當即便買了台拉筋凳。

廣西的婦女如約而至，但我一開門才發現一共來了八位，全是退休婦女，其中大部分人是第一次拉筋。大家輪流在兩張拉筋凳上拉筋，因為是第一次，我建議她們每人只拉五分鐘，結果療效仍然驚人，凡有腰腿痛的人都有立竿見影之效。因為人多，所以熱鬧，拉筋時互相幫助壓腿就更熱鬧，有痛感的拉筋療效明顯好於沒痛苦的拉筋。拉完筋後，我將所有人集中在一起學拍打，果然每個人都在肘部拍出了痧，真實不虛，大家倍受鼓舞，再拍雙膝時也同樣如此，滿屋「啪啪」的拍打聲與歡聲笑語不絕於耳，如同開Party一般，連眉頭不展的清華學生也被退休婦女們的樂觀情緒深深感染。

這樣拍打了約一小時，每個人都說病症有好轉，其中有腰痛、背痛、肩痛、膝痛與頭暈、頭痛的，病多的人則說有全面好轉。多數人拉過筋，但沒拍打過，更沒人把拉筋與拍打結合起來。顯然，若將兩樣結合，尤其延長拍打時間，對身體的調理會更全面、徹底。

經常有人問拉筋、拍打能否治高血壓、糖尿病、婦科病、男科病等等。如果說拉筋、拍打包醫百病，人家肯定說你吹牛。其實拉筋、拍打可舒筋活血，而舒筋活血就等於在治病。至於這種方法能治療多少病，現在還不可限量。但有一點是可以肯定的，拉筋除了治療腰腿疼，治療前列腺類、婦科類疾病效果也明顯。最近的十幾個病例顯示，前列腺病患者拉筋後幾乎個個有效，如果配合拍打療效更好。對於中年男子，最顯著的效果是提氣壯陽，許多沒什麼病而只是體能衰減的人，拉筋後很快就有不欲而舉之效，再長時間拍打肘部與腹股溝，不僅神清氣爽，簡直連老頭都要「老夫聊發少年狂」。所以，沒病的男人拉筋、拍打還得謹慎點，免得動不動就雄起。而對於女人而言，拉筋後拍打的顯著療效是美容與減肥。簡言之，從胳膊、腿上或其他地方拍出的痧越多，臉上的斑與皺紋就越少。鳳凰衛視的節目主持人曾瀞漪拍打後就明顯感覺去斑效果顯著，另一著名影星

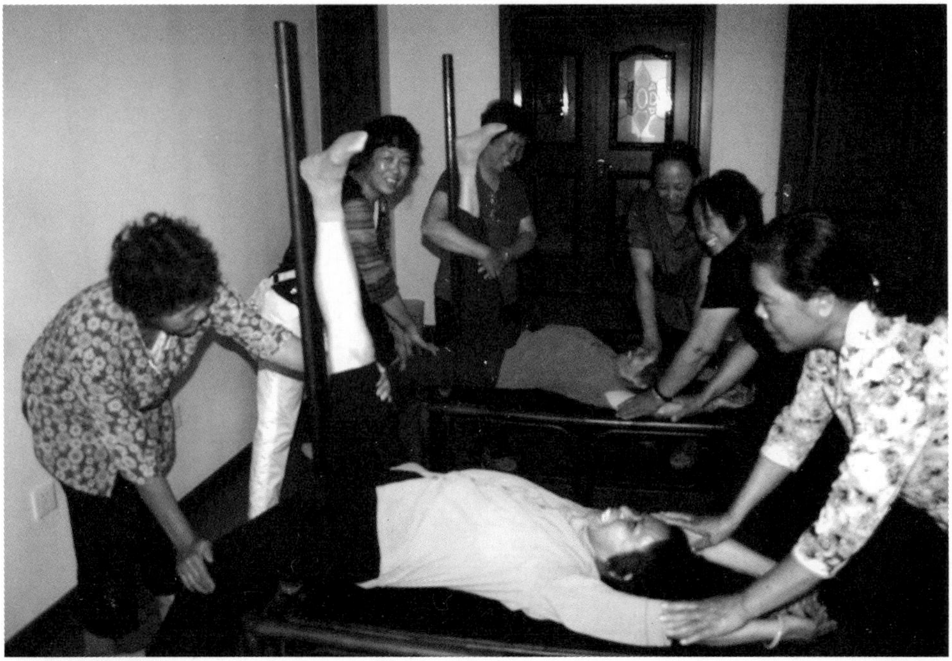

• 廣西退休婦女拉筋

才拍打了十幾天，臉上的斑就變淺了許多，睡眠也顯著改善。現在曾瀞漪逢人就介紹拉筋加拍打的妙處，而且屢試不爽。

目前最常見的問題還是老問題：拉筋、拍打後出現各種不適與疼痛怎麼辦？許多人因此而停止拉筋、拍打。其實絕大多數疼痛與不適是「氣沖病灶」的正常反應，痛則不通。因為痛，所以要拉筋，因為很痛，所以要狠拉。當然，一些病情嚴重的老人，尤其是多種重病在身之人，拉筋最好循序漸進，可以先拍打再拉筋。

二〇〇九年七月四日治療手記

蕭老師：

您好，我的姨媽雙腿嚴重的病症，尋訪很多所謂的名醫也不見好轉，今天在書店拜讀了您的《醫行天下》，覺得您的理論及治療方法似乎可以從根本上解決她老人家的病症，因爲她下週三就要在北京開刀手術了，聽說是割斷韌帶的一部分，很是爲此擔心，希望得到您的幫助。她的情況如下：女性，五十三歲，長期生活在吉林。雙腿不能下蹲，長期走動疼痛，而且現在每天三十八度的高溫下，雙腿仍感覺涼風刺骨，還穿著三重保暖。去多家醫院查，沒有風濕病。昨天在北京中醫院骨研所，說是一側韌帶拉力過大導致髕骨錯位，磨掉了一側軟骨，要開刀割斷部分減小接力，才行使髕骨復位。希望您可以在開刀之前，見到此段文字，並有好的方法幫忙解決，萬分感激！

以上是我昨天上午打開電腦看到的讀者留言。此外，他還給我發了一份電郵說明情況，並留下電話。我當時想，這個留言很可能會導致一系列戲劇化的情節。我一向跟人說中西醫之間最大的區別之一是中醫療效遠比西醫快，正好借此機會驗證一次。果然，這個事件馬上打破了我與患者從不認識到治療完畢的最快紀錄，網路力量與中醫快治的療效形成完美結合。

眼看又一個人即將成為手術的犧牲品，我當即給他打電話，讓他姨媽下午到我這裡調理，因為我正好回到北京，還剛剛預約了一批已經登記的讀者來調理。患者很快如約而至，我對她的診斷結果，就是典型的筋縮症。她下蹲困難，起身更難，腿寒也因筋縮而堵塞經絡導致。除了上述症狀，患者還有肩周炎、頸椎病。這類病用拉筋、拍打兩招足矣，我實在不理解為何要開刀？而且那家醫院似乎還是家中醫院？我給患者兩條腿各拉筋約八分鐘，她頓時下蹲、起身就容易了許多。再教其拍打，雙肘、兩膝立刻出大片黑紫痧，說明寒氣正在往外排。

拍了半小時後，她起蹲已基本自如，肩周、頸椎的緊痛也明顯減輕。她問：「我肩周與頸椎怎麼還沒治就好了很多？」我說：「你拍打的手不是一直在打通經絡嗎？手上的經絡通肩、頸，所以拍打別處也跟著一勺燴了。」剛治療一次就有如此效果，患者大喜過望，問還要治療幾次，吾曰：「這一次足矣！」並告知，只要她每天堅持拉筋、拍打，不出一個月，其症狀會基本消失。患者及陪她來的侄女滿心歡喜，在場眾人也感慨：「僅憑拉筋、拍打就可免除開刀！真是病治有緣人！」專程從海南趕來的一位與其同齡的老年女病人剛開始對如此簡單的療法半信半疑，看到如此療效後深受教育，拍打的力道頓時強勁了許多。

拉筋、拍打改變了我的生命

在北大演講後，我給部分登記的讀者做了調理輔導。其中有位女士給我留下了深刻的印象，她不僅透過拉筋、拍打治好了身上的一堆病，而且主動意識到從現在開始必須改變自己的心態與生活習慣。其實這才是我們真正要達到的目的：以病為契機，找出生命中的因果，積極主動管理自己的健康與生命，而不是進入「自己努力造病，花錢請人看病」的怪圈。主動管理自己的健康與生命，就是一種修行！在此照登該讀者的來信與隨附文章：

蕭老師您好！

非常高興昨天再次見到您，而且有機會請您給我正骨。非常感謝！

我昨天說一直想寫一個拉筋體驗和大家交流。現在交作業了，如果作業不及格我也可以重新寫過！作業沒有具體寫名字，就是用了一個拉筋受益者。照片註明了拍打的時間和具體部位，都是恐怖照片。呵呵！關於牛皮癬，我還在繼續觀察拍打效果。因為三十多年的治療歷程太過艱辛。我以後可以單獨寫這部分。

炎炎夏日，望您也多多保重身體！無量壽福！

我的年齡：四十歲，性別：女

今年五月中旬的一天，我像往常一樣在網上瀏覽，被一篇名為「世上是不是有神仙」的文章所吸引來到了樊導的部落格，認眞拜讀幾天後，感覺受益匪淺。由此又來到了天舒老師的部落格，最終跳到了蕭宏慈老師的部落格，同《醫行天下》這本書結緣，我是不善於三級跳的呀，難道這就是傳說中的緣分？

蕭老師大力推廣拉筋和拍打，有一個口號是：「Just do it！」在我的理解就是：「開練！」於是我就「開練」了！現在就我個人親身體驗同朋友們分享。

蕭老師反覆強調：拉筋就是相當於在體內啓動了全身的殺毒軟體，經絡疏通以後很多問題就迎刃而解了。經過不到一個月的實戰練習，我發現我的身體有了一些微妙的變化。內心充滿喜悅，再一次眞誠地對蕭老師說：感謝！無量壽福！

一、拉筋治療頸椎病及肩周炎

症狀：因爲常常低頭書寫和長時間使用電腦，我在轉頭的時候常常會發出「哢啦」的聲響，有時聲音大得好像折斷了一根筷子。有時候突然感覺頭暈，暈船似的。脖子及肩膀周圍的肌肉僵硬。

效果：目前上述症狀得到有效的緩解。

練習方法：立式拉筋/開始時間：五月廿五日左右至今

開始的時候很辛苦，三分鐘以秒計算，雙腿打顫，肩膀疼痛得要命，雙臂、雙腿痠、麻、脹的感覺明顯，汗水順著臉和脖子往下流。完成動作後，雙臂疼痛得要一點點順著門框滑下來。天下哪有免費的午餐呀！我忍！現在堅持做了一個月了，每條腿可以輕鬆地做五分鐘。在做的過程中，雙臂常常感覺有一股股的熱流往指尖的方向沖。右腿也有明顯的感覺。左腳小時候車禍受過傷，現在還沒有感覺到明顯的熱流。一日做完拉筋後，右腳的五個趾頭像舞蹈一樣自己跳動了大概五分鐘左右。另外，左手大拇指去年做了一個小的血管瘤切除手術，縫了三針，傷口早已癒合了，拉筋後，手術部位麻酥酥的有了感覺。是氣沖經絡嗎？感覺很神奇。

二、拉筋治療心臟病？

症狀：經常會感覺胸悶、氣短。心臟對應的背部有時候鈍疼，而且疼痛有向周圍擴散的感覺。

練習方法：立式拉筋＋臥式拉筋＋拍打，一個也不能少！

效果：近日來北方天氣炎熱，但我胸悶、氣短的現象一直沒有出現，睡眠也很好。有一天氣溫三十六度，我和朋友在室外打網球一個小時。感覺良好。

臥式拉筋： 感受到立式拉筋的效果以後，就開始嘗試臥式拉筋了。蕭老師的書上說臥式拉筋不僅僅可以通筋絡，本身也是檢查身體是否有問題的有效方式。眞是不試不知道，一試嚇一跳！剛剛嘗試的時候右腿伸不直，左腿離地一大截。膝蓋窩的內側疼極了。拉筋凳好像變成了老虎凳，「筋長一寸，延壽十年」，爲了健康地、快樂地活著，俺豁出去了！叫兒子來幫忙，他一隻腳踩在我的左腿上，一隻手壓我豎起的右腿。爲了抵禦我的鬼哭狼嚎，兒子戴上MP5，邊聽音樂邊發問：「媽媽，離咱家最近的山多遠啊？我可得計算好了，看看狼什麼時候被你招來！」呵呵！看在他出力的份上，就饒過他吧！功夫不負有心人，經過二十多天的練習，我拉筋的姿勢已經很標準了。每條腿都可以做到十分鐘。

拍打： 在蕭老師的部落格上看到拍打的方法和拍出痧的照片，我又動心了。心動不如馬上行動！「開練！」手肘的內側是心經、心包經、肺經（蕭老師，如不對請幫我更正），就從它開始下手了。第一次拍痧不到三分鐘就拍出紅色、紫色的痧，之後又拍出幾個大青包。持續了一個小時，眞是觸目驚心，轉念一想這是在排出身體的毒素呢，又有幾分竊喜！之後的二十天左右手肘內側分別拍痧五至六次，感覺出痧越來越少了。

六月十三日有幸參加了中國文化書院舉辦的「聽蕭老師的一堂課」，在課上蕭老師示範了如何拍打，最好從頭開始，之後是雙肩、雙肘內側、雙膝，之後是大腿內側，每次最好一個小時以上。取經回來後，我更加有信心，每天早晚拉筋，有空時就結合拍打。拍出痧後不要停下來，繼續拍。我的體驗是拍打後再拉筋，拍出的痧散得比較快。拍大腿內側好處多多，因爲那裡有肝經、膀胱經、腎經（蕭老師，如不對請幫我更正）。

拍大腿內側的時候眞是很疼的，我又咬牙堅持住了。第一次右腿內側就拍出了大片的紫痧。看上去很是恐怖。左、右腿出痧情況不同。之後又拍過兩次，痧逐步減少。

三、拉筋治療月經不調？

症狀：近兩年發現月經來之前的兩天常常腹脹，早上刷牙的時候還有噁心的反應，有時候經期腰部很痠痛。

效果：這個月的經期前沒有腹脹、噁心的感覺。而且還趕上出差在外，並沒有不舒適的感覺，眞是意外之喜。出差的時候也沒有放棄鍛鍊，利用房間內衛生間的門，練習了立式拉筋。呵呵！小小地表揚自己一下。

四、拉筋減肥

您可能要問了，這是哪跟哪呀？有關聯嗎？

愛美之心人皆有之。減肥是很多女性朋友頭痛的問題，和很多朋友一樣我也嘗試過不同的減肥茶，效果不盡如人意。不同品牌往往是一天跑一次廁所和N次廁所的區別。拉筋之後，我發現我的腸胃功能有改善，排便很正常了。在此我就不具體描述了，否則有些熱愛某種熱帶水果的同志們要鬱悶了。呵呵！拉筋之後我竟然意外地發現有瘦身的效果，也是因爲經絡疏通的原因吧？哈哈，之前喜歡的一條牛仔褲又能穿了。一舉省了減肥茶的錢和衣服錢，眞是賺到了。

五、拉筋止痛＝醒酒湯？

看到這個蕭老師會不會小小鬱悶一下呢？號召大家寫拉筋體驗，你怎麼越寫越離譜呀！這個也是我親身體驗。低下頭，弱弱地講一聲：「本人比較喜歡喝啤酒，尤其在炎熱的夏天。」相信也有很多朋友有此愛好吧。尤其是男同胞們。再小聲嘀咕一下：「其實我們也是在拉動內需呀。」開個小玩笑！愛好是愛好，愛好過頭了，往往第一天是愛，第二天是好頭痛，以前遇到這個情況我就吃止痛藥。我拉筋＋拍打的時間不長，這段時間飲食習慣並沒有改變。飲酒後也堅持拉筋，發現第二天頭痛的情況和口苦的狀況較少出現。拉筋的確是有排毒的效果。

寫這一段其實我眞正想說的是，人無完人，每個人或多或少有一些不良的生活習慣。但身體上的病痛，往往就是這些不良的習慣慢慢積累而成的。經過這一段的拉筋拍打，我也在不斷地反思自己的生活。難道眞要用拉筋當作醒酒湯嗎？這樣的話眞是對不起爲傳播推廣拉筋而不辭辛苦的蕭老師，更是愧對我們老祖宗留下的瑰寶。

在這裡祝願大家都能過上眞正健康幸福的生活！

一位拉筋受益者 2009/6/26

五十肩綜合療法：拍打、撞牆、甩手、拉筋

某女士在一次午餐中跟我學會拉筋與撞牆。第二次見面時她興奮地告訴我，現在她的五十肩與頸椎毛病已經大有好轉，兩肩活動區域增加，以前手在背後扣胸罩的動作沒法完成，現在已經沒問題。

她說她除了練拉筋，還每天練習撞牆，而且撞牆的效果特別好。

撞牆為何能治五十肩與頸椎毛病？因為撞牆在脊椎與胸腔產生的震動與氣流，不僅撞開了包括頸椎在內的整個脊椎堵塞點，也撞開了肩胛骨周圍堵塞的經絡。有的五十肩在肩胛周圍明顯淤堵，軟組織沾黏，所以漸撞漸開。

鑒於此，我又教給她兩個新方法治五十肩：一個是直接將兩臂前後齊甩，每次甩一小時，如果有五十肩，前後甩到極限時都會痛；另一個是自己拍打肩膀，兩隻手輪流拍打另一邊的肩。若兼有膝關節疼痛，也可拍膝蓋，每次都應拍打一小時以上，在這樣的過程中，不僅被拍打的肩、膝氣血充盈，用手拍打的那個肩也累，氣血也被啟動，直接、間接都在啟動肩周的氣血，加快康復。要點是：你必須長時間地拍，拍熱、拍紅、拍紫，讓手與全身都感到熱乎乎的！對於意志更堅強的患者，治五十肩還有一個方法，就是吊單槓。這會非常痛，但療效也非常好。

心腦血管病配方：拍打、拉筋、正骨、撞牆

一位報社老總患的是冠心病，心口疼痛、發悶，並有過緊急搶救的經歷。我的中醫師朋友給他介紹了拉筋正骨之法，並建議他停服西藥，並舉例說我們兩人的母親都患心臟病與高血壓，都停止了服用一切西藥。我初入中醫江湖時，治療的都是中風患者，其共同特點是都伴有高血壓、心臟病，最初只會用手法點穴，但病人對此依賴性太強，現在招數多了，即可單用，又可一起搭配使用，結果療效很好。這些方法如下：

一、先拉筋。剛開始疼痛明顯，但很快適應，拉完一條腿後走了幾步，感覺拉過筋的那條腿明顯更輕鬆，而且好像比另一腿要長。兩腿拉筋完畢，患者感覺全身都輕鬆了。

二、正骨。有些有錯位的人需要正骨，他們在緊連心臟的胸椎處會有異響，說明心臟病與相應的胸椎確有互動關係。有些患者正骨後，胸口發悶症狀就消失了。

三、撞牆。撞牆功可調節整個脊椎與臟腑，對緊連胸椎的心臟尤其有利。

四、拍打。這是治心臟病的大法，也是秘法。方法是，用手使勁拍打另一肘部內側，這裡是心經、心包經的位置，心血管有問題的人拍打幾分鐘後就會出現紅色痧點，接著拍就變成瘀紫色。由患者自己拍打最好，因為手上全是穴位，心經與心包經都經手上，一拍打就可形成一個循環的經絡，氣血行走更暢通。此外，還可拍打手腕上面的內關穴一帶，拍出紫色包塊更好，也可兩手互拍。

除了正骨需要專家幫忙，拉筋、撞牆、拍打這一連串的中醫外治都可由患者自己完成。許多人採納此法後，身體各方面都有明顯改善，尤其在降低與穩定血壓方面，這促使更多的人對中醫外治法信心大增，並停用西藥。

拉筋、撞牆、拍打的排毒療效

我二〇〇九年三月在武漢期間，各地趕來的讀者互相交換了拉筋心得，大家收穫不小，信心大增。西安的一對夫婦來之前就拉筋很久，其中太太剛剛拉筋後數日，就發現從前在一次事故中被撞歪的鼻子居然復位了，開始還以為是眼睛看花了，後來反覆驗證，的確非常清楚地顯示，鼻子已經完全正了。他們回去後繼續拉筋、拍打，並來信談了他們的最新體驗。其中最有特色的是其排毒的效果。多病的人在拉筋拍打早期的良好反應，就是大量排毒。

蕭先生：

在您的部落格和天涯網的貼子上看到更多的人開始嘗試拉筋並因此受益，既爲您的善行感動，又由衷地替他們感到高興！

我每日堅持拉筋一至兩次，貼牆功九次，扭腰功五分鐘。後兩者也是看似容易，實則不然。每次做完都大喘氣，全身發熱，一身大汗，頭髮都濕了。另外，我每日堅持曬太陽，同時冥想陽氣遍布全身，濕寒之氣在陽光照到之處統統消散。在兩到三次之後，原先總覺得體內寒冷，尤其是腹部，現在已經沒有明顯的寒意了。原先我不愛曬太陽的，那日在武漢你讓我們倆多曬太陽，我突然覺得心裡某處突然「咯噔」一下開了竅，陽光生萬物，從遠古以來就被讚美、就被崇拜的太陽難道還搞不定我身上這點小小的寒濕嗎？我想現代人之所以百病叢生，是不是因爲我們離大自然太遠了？這段時間的主要症狀是全身發胖，在飲水量沒有太大增加的情況下，小便多而臭。臉上生痘，左腳踝骨下方出現瘀紫。四天前來例假，身體突然恢復原先胖瘦，臉上痘也有所好轉。經血量不多，但與先前相比，痛經情況好轉且無血塊，基本無黏膜。昨日開始按照胡醫生的方子吃藥。準備今天拍手臂。

老公每日拉筋一至兩次，撞牆功二百次。他也突然全身發胖，在飲水量沒有太大增加的情況下，小便多而臭，甚至可以說臭不可聞。明顯感覺腰部變小，緊實。每日排便二至三次，量大。手臂所拍之處瘀紫消失，卻自行冒出紅色的點和痘，手腕處沒有拍也同樣冒出紅點。在肯定沒有受涼感冒的情況下，他已經連續多日流大量鼻涕，甚至咳嗽。前日他突然兩肩胛處奇癢，我爲其刮痧，出大片紫痧，頸椎處也如此。過去從未出得如此快而多。

我覺得蕭先生教給我們的各種功法非常好，爲我們正骨、針灸也

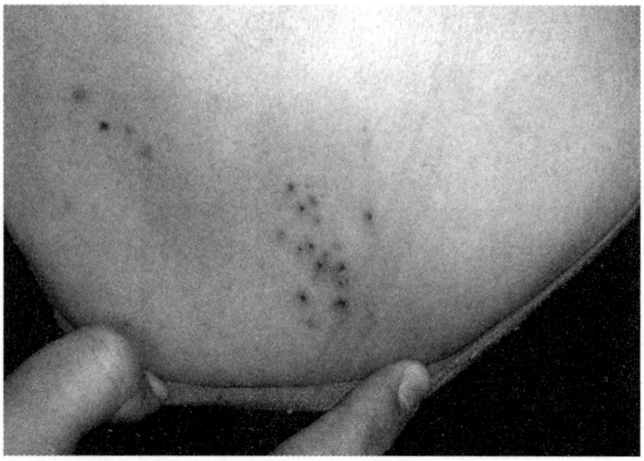

•西安婦女拉筋排毒

非常棒，但對我來說，最重要的是給了我很多難以言表的啓發。不再害怕，每日沐浴在陽光中，把自己交給上天，閉上眼感受著自己和宇宙的連接，感受著自己體內的血脈通暢，陽光照到的每一處，春暖花開。

祝 先生一切安好！

西安朋友 2009/3/25

網友拉筋、拍打體驗總整理

綠野遊仙：2009/6/24

我拍打最初手肘處很快出痧，拍打五天後，手肘已經沒有痧了。但是每天拍雙肩、雙腿、雙膝等身體其他部位，就是沒動靜。不過我現在有點明白了，身體應該是在聚集一個量變到質變的過程，需要耐心。

分享：本人拉筋十二天後，右小腿後下部位出一個紅疙瘩，奇癢，開始以爲是蚊叮包，但三天都不好，抓破了更癢，小包周圍皮膚有點發燙腫起，感覺裡面很多毒，自我判斷是拉筋後的排毒反應，因爲拍打出痧排毒沒有及時跟進到位，所以堆積起來了。情急之下，就在這個包上拔罐十分鐘，破皮的傷口流出了少量血水，周圍有紫瘀。這個包當天就縮小，第二天就收口了。

繼續提問：受包包拔罐啓發，當天索性在窮極拍打不出痧的部位依次拔罐，均有不同程度的紅、紫瘀，請問宏慈老師，我的做法會不會有問題，這樣拔罐能代替拍痧嗎？

版主回覆：

這是個很好的病例，建議您繼續跟蹤，看看以後身體的結果，再跟大家分享。拔罐不能代替拍打，或曰調傷。在拍出的包或瘀紫處拔罐我見過介紹，但沒試過，你試過說明有效就好。那個紅疙瘩如果拍打也可以化掉，但可能稍痛，好處是不破皮。須強調的是，即使拍不出痧，仍應該繼續拍，也通經絡、治病。

新浪網友：2009/6/24

蕭老師您好！在您的部落格上看到網友說腰痛可以拍打膝蓋。我患有腰椎骨質疏鬆症且腰痛（我是六十多歲的女同志），今天我試著拍打雙膝蓋。左膝蓋發紅、發熱；而右膝蓋不僅發紅、發熱，周圍還出現了紫斑點。這是爲什麼呢？爲什麼兩個膝蓋拍打的結果不一樣呢？請指教！另外，腰椎骨質疏鬆是否造成腰痛的原因之一呢？也請指教！給您添麻煩了，多謝了！

版主回覆：

發熱、發紅是經絡在打通，出斑點是在排毒，左、右不一樣說明病情不同。經絡不通是萬病之因。骨質疏鬆和腰痛都與腎相關，解釋起來一大套。建議您不管三七二十一，地毯式轟炸，就繼續拍吧，每次最好拍一小時以上。

新浪網友：2009/6/26

我從一九八二年起因參加校辦工廠勞動而導致右肩麻木，算起來已經快三十年了，這期間倍受折磨，打過針、貼過膏藥，都沒有效果，已對治癒失去信心。偶爾在網上看到有人介紹拉筋，被「筋長一寸，壽延十年」吸引，每天晚上在家拉一會兒，剛開始雙肩特別疼，沒想到才四、五天的時間，就感覺雙肩從未有過的輕鬆，堅持到現在已經三週了，麻木的感覺早已消失了，我逢人便宣揚拉筋的好處，快成祥林嫂了，呵呵！

新浪網友：2009/6/26

我是六十多歲的女同志，六月十六日我的兒子向我介紹了蕭老師的拉筋、拍打療法。孩子們幫我做了一次臥式拉筋，左胳膊自己就能放平，右胳膊因爲大膀疼，自己怎麼也放不平，孩子們幫我慢慢地放平了。當時我都有點不相信，孩子們就讓我自己看看，我一看果然放平了。當然在往下放的過程中是有點痛，但堅持了十分鐘起來後就感覺輕鬆多了！可孩子們說當時我的胳膊在發抖，心疼我，就不讓我拉筋了。他們讓我先拍打，過一陣再拉筋（因我還患有腰椎骨質疏鬆症，並且腰痛）。拍打的當天頭頂、後腦殼就冒涼氣，肩膀、胳膊、腿都發紅、發熱；後來幾天，胳膊、腿又出現了紫色斑點。到今天才拍打了十天就有效果了！我按老師的要求繼續拍，「堅持就是勝利」！朋友們，不要猶豫，趕快行動起來吧！有病治病，沒病健身！亞健康更需要通過中醫來調理！行動起來就不會再受折磨了！

新浪網友：2009/6/26

我的雙膝從去年開始劇痛，下蹲和走樓梯都感越來越困難，下決心拉筋約二週，每天一至二次，每次拉筋時間較短，每條腿拉二、三分鐘，但我和老婆互相協助姿勢盡量到位，拉的時候當然是滿疼的，幾乎要叫救命，但好像從第一次拉筋後就可以很放鬆地下蹲，不覺得疼，走樓梯也不疼，眞是神奇。但是拉了一段時間以後，左腿膝蓋後面反而感到疼了，並且腫了起來，不知什麼原因。昨天我試著用手拍膝蓋後面疼的部位，但不見有痧，要嘛不夠狠？今天再試試拍。

版主回覆：

有沒有痧都應該拍，因爲拍的部位氣血就會通。拉筋後膝蓋後痛多數是「氣沖病灶」，繼續拉、拍就會慢慢好。

在人間1971：2009/6/26

看到大家如此的心態，如此的慈悲眞的很感動！今天在逛街時跟賣衣服的老闆夫婦，還有來買衣服的幾位女士介紹了拍打，幾個人在服裝店就拍上了。老闆娘不到十分鐘就出了痧，腰疼就輕鬆了。有三位還要買書，我把部落格的地址也告訴了他們。通過我在小服裝店的經歷，我發現普通老百姓有病不知怎麼治好，他們內心眞的非常渴求良醫、良方。讓咱們這些受益的人在生活中推廣這些簡單有效的方法吧！

新浪網友：2009/6/26

我從北京回來就向朋友宣傳拍打及拉筋的好處，有個人簡直沒法溝通，說你是在宣傳邪教，我也替他拍打，不一會胳膊拍出很多痧，講了很多道理，沒用。有的人也明白其中的道理，但怕痛又懶得去做，沒轍，其實她本人有很多毛病，比如痛經，子宮肌瘤等，打算開刀也不想自救，眞應了蕭老師的話：「自己的任務是得病，治病是醫生的事。」無緣啊。不過還是有有緣的，我的一個同學她十四歲的女兒牛皮癬滿頭全是，身上冬天有、夏天無，已一年多了，她就拍打女兒的頭，第一天拍打後面，頭感覺疼並且腳很麻，第二天頭不疼了，腳還是麻，拍打前面感覺很舒服。第四天告訴我耳根後拍出很大一個包，有點害怕，想去醫院，我告訴她那是好事，在排毒了，她要是去了醫院，醫生不罵她這個當媽的歹毒才怪。怕她害怕，我不讓她拍頭了，改拍別的地方，她拍打後脖子，女兒的腰像針扎的一樣痛，我告訴她其女兒的腰可能有問題，建議拉筋（不知我說的是否有道理）。無量壽福！

版主回覆：

你說得有道理。拉筋加拍打療效更好，除了頭部、頸部，雙肩、雙肘、雙膝都應拍。別忘了：殺毒軟體！拍出大包就是拍出了毒，說明療效顯著，應繼續拍打！

新浪網友：2009/6/27

我很早在網上就購買蕭大俠的《醫行天下》，一看後就覺得方法簡單且非常好，接著又從網上再次購買四本送給好朋友們。我朋友的腰長期腰痛，不管天氣多熱都要帶著護腰帶，經過嘗試，效果非常不錯，就按照圖片上拉筋凳請人製作，然後就開始堅持每天拉筋兩次。當我再次見到朋友的時候，朋友的腰已經不需用護腰帶了，而且她還問我，你叫我拉筋，你自己拉了嗎？我就笑著說：「我可是一次也沒拉過。」想想自己真是懶。我將近二個月沒來月經了，心裡開始擔心了，就從上週開始每天拉筋兩次，晚上堅持用一個小時的時間拍打雙肘、膝蓋、大腿的內外側，出好多的痧，這樣堅持五天，今天開始就來月經啦！呵呵！真好！不用吃藥和打針，在此，謝謝！蕭大俠功德無量！造福人類！

mingqisun_j1qfu：2009/7/29

蕭老師：我拉筋已有二十天，每天兩次，每次共二十分鐘。感覺很好，腰腿痛比以前好多了。我還經常拍打，手臂和大腿內側出了不少紫黑色的痧。我今年六十六歲，耳鳴、耳聾多年。不知我每天拉筋的時間是否要延長，兩個耳朵是否能拍打，請指教。非常感激。

版主回覆：

前幾天的部落格上有一篇文章專門講了拍打治耳鳴的療效，也是一位老人寫的，您不妨看看，再試試。拍打肘部、頭部，尤其頭後部、耳根以下的頸部都有用。

新浪網友：2009/7/25

蕭老師，無量壽福！向您彙報：我看了您的書、聽了您的一堂課，收穫滿大的，拉筋治好了我的腰痛。更可喜的是在我的勸說下，老伴也開始拍痧，他的皮膚炎有很大的好轉！他就是那個無緣讓您調理的腦血管阻塞病人。醫治有緣人，期盼他能成爲有緣人。

新浪網友：2009/7/19

請問老師僵直性脊椎炎能做拉筋嗎？試了一天臥式各十分鐘，第二天感到人很累，能繼續做嗎？還是換成拍打什麼的？請老師指點。萬分感謝！還有扭腰功扭時腰動手不動，頭要不要跟著扭？

版主回覆：

拉筋是治療此病的有效療法。但是必須忍受痛苦。拉完後可拍打整個後背，尤其脊椎，拍打後再拔火罐，沒火罐，氣罐也行，除了脊椎，整個背部都可拔上。拉筋、拍打可一天三次，拔罐一天一次。練扭腰功時，頭和肩部不要動。

第三章

撞開背部經脈——撞牆功

拉筋與拍打結合療效會相得益彰，尤其是長時間全身拍打。這兩者與撞牆功配合，療效更佳。自己拍打後背有難度，除了用木棒、鞋拔子等工具拍打，用撞牆功正好彌補。撞牆功如同拍打功，其方法在民間不只一種，但大多也跟拍打一樣，淺嘗輒止，不入境界，所以療效不顯著。

我們所談之撞牆功乃道家太極拳不傳之秘，又名「靠山功」，也叫「虎背功」，古時均以正式投門拜帖之弟子方得真傳。古人觀自然謂熊腰虎背以形容男性之健壯威武，太極拳要領「含胸拔背」亦因虎視眈眈獵物時必先弓背，全身炁機集中在上脊背。撞牆功是太極拳練發勁的一個基本功，但練太極的複雜性讓一般人望而卻步，我們只練其基本竅門之一——撞牆，不為比武只為養生治病。然而這一簡單撞牆，如同拍打一樣，也可撞入一種境界。

練撞牆最有名的例子，是台灣的著名企業家王永慶。他八十多歲時身患多種疾病，西醫遍治無效，他本人還是台灣著名的長庚醫院的老闆，但都對其病無能為力。後來他回歸中國傳統，找到一位太極拳高人請教，人家沒教他太極拳，卻教他學了練太極拳的這一練功秘法。王先生是個意志堅強之人，他抱一守一，長期苦練，居然治好了多種疾病，一直活到九十多歲才去世。

撞牆功動作要領

1 背牆而立，雙腳與肩同寬，腳與牆的距離以自己的鞋為單位計算，約一．〇至一．五只鞋的長度。上半身往前傾，若不刻意出力即能自然離開牆面，表示離牆距離適中。

2 人站穩後，胯稍下落，膝蓋不必彎太低。雙手互抱，置於胸前，以便形成含胸拔背之太極姿勢。這既可使內氣集中於夾脊，又可避免肩胛受傷。

3 先吸氣，丹田下沉，身稍微前傾放鬆，接著吸滿入定，再瞬間歎氣，持續緩緩吐氣，意念觀想氣往兩腳掌的湧泉穴及地面下貫；同時感覺有一股反作用力將上半身推向牆壁，背部自然向後撞牆，觸牆剎那人會感覺得轟然一聲，吸入的氣被牆撞擊而擠出，氣脈穴道似全被擠通震開，全身共振舒暢。在呼出瞬間口內發出「呵」的聲音，但聲帶不振動才正確。

4 身體撞牆後，力量透過上半身前傾，自然離開牆面，人體恢復到撞牆前的站立狀，再吸氣、沉丹田，自然後靠，重複以上撞牆動作。背部離牆時，整個腳掌仍應緊貼地面，且膝蓋彎度要固定。

提醒你在練撞牆功時，要注意：

1 觸牆剎那切不可憋氣，而且需要輕微出聲，以帶出體內濁氣。

2 當身體後靠時，上半身仍須保持含胸拔背，背會自然撞牆；背撞牆時，兩膝蓋仍宜保持微屈，兩腳掌不離地。

3 撞牆聲音只有一個，出現兩個撞擊面或兩聲，說明沒有含胸拔背，而是上背部先觸牆，下背部後觸牆，初學者往往如此。

撞牆時間與頻率

撞牆時間與節奏都沒有絕對標準，但不宜太快。每天至少可撞一次，也可撞二至三次，可根據人的年齡、體重、病情來調整。初學者每次可撞二十至五十下，熟練後可增加到一百至五百下。我的感覺是，初學者、年輕人容易高頻、快速撞牆，而常練太極、修禪打坐之人的撞牆速度則相對緩慢，因為氣沉丹田與緩緩出氣總有個節奏。建議大家循序漸進，撞的數量由少到多，離牆站的距離可由近到遠，離牆近則撞擊力相對弱，適合初學者、重病患者與老人。

撞牆功的原理與作用

◎撞牆所撞擊之部位以夾脊穴一帶為中心。夾脊在道家丹功稱「轆轤關」，與胸前任脈的膻中穴前後相對，中醫認為氣會膻中，練此功是借用撞牆之力衝開胸前膻中，使周身氣脈順暢，調和六腑五臟之氣。

◎從中醫經絡角度看，撞牆即撞擊背部督脈及兩邊共四條膀胱經穴道。督脈緊連脊椎，可治的病數不勝數。撞牆時，氣沖督脈而上，離牆時，頭上之氣往任脈而下，撞牆一次，任、督兩脈走一圈，類似氣功所謂小周天功。膀胱與腎互為表裡，強化膀胱功能也就強化了腎功能，即使從西醫角度看，對泌尿、生殖系統功能亦有幫助。膀胱經上有背俞穴，如心俞、肝俞、腎俞、脾俞等等，這意味著五臟六腑之病皆可由此治療。

◎從氣功、中醫、太極「炁」的角度看，撞牆會在人體臟腑、身體周圍形成氣功場，亦即所謂「炁」場。平時練氣功不易得氣的人，也可用撞牆得氣，而且此炁貫穿人體內外，自動調節人的陰陽、五行。太極拳的優勢就在於氣而非力。有位太極師父就說：「撞擊後會在我們身上形成一層保護膜，腸胃不好，容易宿便的人，效果特別顯著。」

◎從西醫及物理按摩的角度看，撞擊整個背部（含肩胛骨與夾脊），會震動胸腔、肺部、心臟，也震動了下部的肝、脾、腎等，等於按摩了五臟六腑，有助於清除體內酸毒、廢物，使細胞活化、再生，強化免疫力與自療力，直接、間接治療了與五臟六腑相關的病。

◎從解剖學角度看，撞牆震動脊椎，令整條脊椎都處於震顫狀，調整了與其相連的所有混亂的關節、筋腱等軟組織，有利於排除其對神經的壓迫，達到正骨、拉筋的作用。

◎脊髓通腦髓，撞牆撞的主要是脊椎，容易打通所有與腦部相關的經絡、神經、血管等等，對大腦及心腦相關疾病極有幫助。

◎使背部肌肉鬆柔，有助靜脈回流，加速血液循環及新陳代謝。

撞牆注意事項

1 為避免上肩部先撞牆，可讓臀部微微翹起，以便整個背部一起垂直撞牆。

2 特別強調，撞牆不需使力，身體應自然放鬆，順勢靠牆，使臟腑兩側之肌肉與韌帶在適度平衡中自然振動，淨化體內。如使力撞牆，肌肉韌帶會緊繃，影響臟腑運動效果，甚至產生不舒服之感。

3 呼氣、吸氣均以鼻子自然進行，在撞牆剎那用鼻孔輕輕自然哼出胸中之氣即可。最好的調息就是不要調息，重點是撞牆剎那不可憋氣或停止呼吸，自然吐出為妙，若能舌抵上顎更好。若碰力太大，承受不了時，可張嘴吐氣。復位時自然吸氣。

4 雙腳掌始終應緊貼地面，不可翹起，膝蓋應保持原姿勢，不可有上下起伏動作。

5 牆面務須平整，不可有凸起物。禁止撞大樹，否則易使椎骨脫位，造成半身不遂。

撞牆禁忌

1 孕婦、生理期、飽食者或手術未滿一年者勿練。

2 心臟病、高血壓、身體較弱或五十歲以上者，初期應由教練或專人陪練。

第3部

解析三大病群：腰椎病、電腦病、婦科病

第一章 醫界的偽症——腰椎間盤突出

腰椎間盤突出是最令人熟悉的病名之一，很多腰腿痛的人到醫院檢查的結果就是這個病，而且有電腦斷層掃描（CT）與核磁共振為證。學了朱大夫的手法與理論，又治療了大批病人後，才知道絕大多數被醫院診斷為「腰椎間盤突出」的患者，並非因此而腰痛、腿痛。曾經有研究人員讓九十八個健康的人接受核磁共振檢查，結果發現其中三分之二的人椎間盤不正常，並有骨刺、骨質增生等症狀，但他們卻不覺得有任何痛楚。由此可見，病人因此而打針、吃藥、做手術，可能是瞎花錢、白受罪。

誤導千萬人的病名

有些病人拿著醫院拍的X光片，告訴朱大夫說自己得了腰椎間盤突出，朱大夫會告訴他們，醫院拍的片子證據確鑿，但可惜這是個偽症。如何證明呢？將患者的腰腿痛治好，再讓他回醫院拍電腦斷層掃描，其結果會依舊顯示腰椎間盤突出。有位自己是醫生的患者對此說法半信半疑，朱大夫就當場為其拉筋、正骨，祛除了折磨他很久的痛苦。醫生回醫院照片子，果然腰椎間盤突出的症狀依然存在。

我也治療了很多拿著CT片來找我的「腰椎間盤突出」患者，其結果與上述情況完全一致。一位南方的患者拿來兩家醫院的電腦斷層掃描報告，上面除了用「腰椎間盤突出」之外，還有其他各種描述症狀的名詞，如骨刺、骨質增生、腰椎孔狹窄等等。患者當時走路一瘸一拐，不能下蹲，連立正姿勢也做不了。我給病人只治療了兩次，她就能正常走路、立正、下蹲了。有一位ＩＴ公司的經理背痛，手臂與腿麻木，她拿著在北京中醫院拍的Ｘ光、電腦斷層掃描、核磁共振三張片子給我看，不知中醫院為何用這麼多功能相同的儀器拍片？其診斷結果也無非是腰椎間盤突出、骨刺等等。我給她拉完筋，痛、麻已減半，再正骨，發現腰椎、胸椎、頸椎、薦椎有錯位，復位後所有症狀當即全消。其實，「腰椎間盤突出」就如同人老了臉上起皺紋一樣，是一種自然衰老現象，它並非與腰腿痛有必然的因果關係。

病例一：腰椎間盤突出與腰椎椎管狹窄症

這兩個名詞在生活中可謂耳熟能詳，無數人深受其害，許多人對此談虎色變。此外，相關名詞還有滑脫、骨刺、骨質增生等等。西醫除了藥物與手術外，別無他法，尤其對於病情嚴重的患者，世界各地的醫院都建議手術，彷彿這就是不可更改的鐵律。但手術的後遺症後患無窮！難道非手術不可嗎？

其實，根據我師傅與我自己的臨床經驗，還有無數民間大夫的經驗，絕大多數被認為必須做的手術，都是謀財害命！也就是說，把你弄死、弄殘，不是免費的，你得乖乖交錢，甚至交鉅款人家才願意動刀，有的還需開後門、託關係才能達到目的。我治療的這類病實在太多，可謂司空見慣，而且許多都是被判斷必須手術的。自從《醫行天下》出版後，我每天幾乎都可從郵件中收到類似的詢問，所以感覺有必要就此再度說明，省得同樣的問題被不斷重複。我的說明通常以病例開始。茲選擇二〇〇九年三月十七日的兩個病例說明，因為正好「突出」與「狹窄」兩個都有。

朋友的岳母得了腰椎間盤突出，久治不癒，痛苦萬分，只能臥床，遂求救於我。然而，他岳母根本不信搞金融的人能治這個病，朋友也是留美海歸，起初也不信我能治病，讀了我的書才開始半信半疑，並到我這裡拉過筋、正過骨，但對我能否治療「腰椎間盤突出」這種醫院都難治的大病還存有疑慮。其岳父母都是高級知識分子，自然顧慮更多。他反覆勸說未果，只能乾著急。畢竟朋友並未見我治過這類病，自己也將信將疑，不能把話說得太滿。後來他心生一計，將《醫行天下》推薦給岳父母讀，由他們自己判斷。到底是讀書人，讀了書至少開始半信半疑。朋友聽我說過，患者發病時最好治。此時其岳母正在犯病高峰期，不能站也不能坐，只能臥床。於是他進一步勸說，最後岳母要親自與我通話，我在電話裡表示多說無用，還是來治了再說。由於長期痛苦臥床生不如死，醫院卻只有開刀一法，岳母終於決定來試試，權且死馬當活馬醫。

他岳母來之前，我正好在治療另一朋友的父親，他被診斷為腰椎椎管狹窄、骨質增生等等，腰痛多年，走路不可久，也不能彎腰、下蹲。對此我的治療很簡單，就是拉筋，病人最初因為痛而抗拒拉筋。但曉之以理，循序漸進後，老人漸漸接受。本來對如此簡單療法不抱任何指望，沒想到先拉一條腿後走了幾步，就感覺比另一條腿輕鬆了許多，等兩條腿都各拉十分鐘後，他在屋子裡走了一圈，感覺腰痛大為減緩，彎腰、下蹲都比拉筋前的測試水準有全面提高，頓時喜出望外，當場就要求再拉一次，於是他兒子幫他繼續拉。拉筋後為他正骨復位，他走起路來更輕鬆了，於是人更高興。我又為他扎了三針。

就在這時，朋友領著他岳母坐輪椅進來，還帶著醫院拍的各種片子與診斷報告，詳細列明有幾節突出、幾節長骨刺等等。我關注的是其主要症狀，即腰痛、腿痛，左膝後下部最痛，故無法站立。治療很簡單，就是先拉筋，但須加一定力度。好在老人家以前是先進工作者，革命意志堅強，所以能忍痛。兩腿各拉筋十分鐘後，她已經能由人攙扶著走路。為其正骨復位後，走路更好了，穿過兩個房間沒問題，只是還有些跛。這時老人家臉上已經露出了笑容，朋友也大鬆一口氣。我再給她扎上針，她對拉筋與自己都更有信心了。在一旁觀察已久的老岳父，也跟我大談拉筋的好處與西醫之害。

給兩位老人取針後，其兒女都問還需要治療幾次？我說腰椎椎管狹窄無須再來，在家練拉筋就夠了，而腰椎間盤突出則再治療兩、三次也夠了，回家自己拉筋，即可慢慢恢復。兩家人當場買了拉筋凳。次日，朋友來電告知，說岳母信心百倍，認為果然跟《醫行天下》說的一樣，越讀越感覺拉筋有道理。幾天後他岳母再來，走路雖然還需攙扶，但已經更加穩健，她說每天在家堅持拉筋。我的治療沒任何花樣，還是拉筋、正骨、針灸。走的時候，朋友又買了一台拉筋凳，說這台是自己用的。幾天後，他岳母第三次複診，已經不用人攙扶走路了，可以明顯感覺到老人的進步。離開時，朋友又買了一台拉筋凳。我問為何又買一台，他說這一台是放在公司裡給員工拉筋的。

與此同時，那天同來為其父治療腰椎椎管狹窄的朋友告知，父親雖然每天拉筋，但進步不大。我問：「拉筋是否到位？」他說：「的確不到位。」因為老人現在走路、彎腰、下蹲都比以前有進步，就不願再忍受拉筋的痛苦。我問他：「每次拉筋都有人幫忙嗎？」他說：「沒有，父親也不願意讓人幫忙壓腿，因為幫忙就是讓他挨痛。」由此可見，誰的痛苦大，誰拉筋的動力就大。不僅如此，拉筋的效果同樣與痛苦相關。所以我常說，檢測拉筋療效的方法很簡單，就是看面部表情，表情越痛苦，療效越好。先進入痛苦這個地獄，是為了進入舒適的天堂。從能量守恆的原理來看，此理成立，從佛家講消業與道法自然的原理上看，此理也成立。

由此可見，絕大多數腰椎間盤突出、膨出，以及腰椎椎管狹窄，還有滑脫、骨刺、骨質增生等西醫概念引起的腰腿痛、麻、痠、脹等症狀，不用手術、吃藥、打針也可以治好。如果拉筋配合撞牆、拍打，療效會更好。現在我用兩名患者寫的文章來進一步說明問題。

病例二：父親差點上手術台

今年三月，我正與宏慈兄等一眾在浙江同遊。晚上給家裡電話時，家人說父親在三月中旬的一天，突然感到右臀部、右大腿一直到腳部疼痛和麻木，不能行走。隨後去山西太原某醫院就診，並做電腦斷層掃描，被醫院診斷爲：腰椎曲度變直，諸椎體有不同程度的骨質增生，椎間隙變窄（伴腰右側的側隱窩變窄）。當地醫生給他開了西藥的止痛藥，就讓回家臥床休養兩週，說如果效果不明顯，他們建議手術治療。

我聽到這個消息，心裡咯噔了一下。那一連串的診斷術語，除了讓我又多了個記不住的新醫學名詞外，就知道接下來可能要動手術。我父親今年七十七歲，是個好動的人，他自己疼痛不說，最讓他苦惱的是他行動的「自由」沒有了！因爲退休十幾年來，他每天都要步行一、二個小時。第二天，我一見到宏慈兄，馬上把我父親的情況說給他聽。不料他卻很坦然地告訴我不必擔心，這種病他已經治療過許多例，等回北京後他用拉筋、正骨的方法給我父親看一下。聽了這話，我心裡雖然不免打鼓，但踏實許多。

隨後的兩週裡，父親按醫生要求臥床休息，因止痛藥無效，停用。經鄰人介紹，父親還改用某外貼膏藥治療，效果仍不明顯。十多天裡，父親只走幾步，臀部和整條右腿就疼痛、麻脹不已，他不得不第一次用上了拐杖，而且大部分時間只能待在床上。我幾次打電話回去說接父親到北京來，家裡人還是將信將疑，畢竟醫院說了，這種病只能臥床，只能做手術，到此爲止了。

四月初，我還是堅持要接父親來北京治療。我到車站接父親時，看到他行走已經很吃力，神情也很凝重，我只得借車站的輪椅推他出站。當天便找宏慈兄給他治療。連續兩天，宏慈兄讓我父親先進行「朱氏」拉筋法，然後給他正骨，正骨時脊椎聽到「嘎嘎」的響聲。同時配合針灸治療，每次一個小時左右。在完全不用藥物治療的情況下，看上去也就是按按、拉拉、扎扎，父親的疼痛感卻大爲緩解，並且慢慢脫離拐杖行走。父親每天認眞按照宏慈介紹的拉筋法在家拉筋，結果越拉越好，一週後他的身體就不用拐杖，上下樓自由行走了。這讓父親和我大爲驚喜，他壓根沒想到這個被醫院確定爲要手術的病，在看似平淡無奇中，完全沒有複雜機器和藥物「陪同」，居然這麼快就好了！他嘴裡每天不斷地就說一個字：「好，好」，喜悅之情無以言表。爲鞏固療效，之後又經宏慈治療兩次，他現在行動完全無礙，每天又能步行三、四公里路了，而且五一期間還在公園裡和我兒子開練了一回羽毛球。

我看著他高興的樣子，感慨萬分！因爲他差點就上了手術台！

楊自立 二〇〇八年五月於北京

病例三：我差點住院一個月

天底下折磨人的病眞是不少，但叫人一下子就起來不得又惱不得的病非腰椎病莫屬。二〇〇八年十月起，我與同事一起利用中午休息時間開始打乒乓球，原想鍛鍊鍛鍊身體，但姿勢確實不夠正規，時至二〇〇九年四月，外出旅遊歸來，一日突覺腰部尤其是腰眼兒痛，沒幾天越發厲害，走路吃力，整個左腿的大筋都疼，無法坐著。我急忙去醫院做了核磁檢查，檢查結果是常說的椎間盤突出，向左側彎壓迫神經，西醫只能保守吃藥治療。當時，我心情很沮喪，也搞不明白自己好端端的怎麼會得了這種「老年病」。

西醫不行只能找中醫了，早聽說空軍總醫院有治療這方面病的專家，就去掛了某專家小兒子的號，人家摸了兩下就說得住院治療，一個月能見好。我的心當時就涼了半截兒，眞沒想到這次病得這麼重，一個月不見好怎麼辦？況且我的工作決定我沒這麼長的假期，諮詢病房說至少還得排二、三個月才能住上院。當時我就矇了，心情極差。但又不完全相信會是這樣，就又去了東直門某骨科醫院，見醫療室內幾個年輕的醫生都在給病人做按摩理療，大夫說我得在他那治療一個月，因爲家近可以一週去治療兩次，由他學生負責採用一種新研究的手法正骨按摩，我婉言謝絕了。

結識蕭醫師眞是緣分。正在我山重水複疑無路的時候，我姐打來一個電話，在安慰我的時候，無意間提起她剛買不久的一本書《醫行天下》，講的是一個人學醫的傳奇經歷，並說通過拉筋能治此病。說實話，當時我只當是在寬慰我的話，就應和她說會去書店找找此書，見我不耐煩，我姐非要快遞給我，我當時上網即找到此書，說不用了，訂一本看看。三天後（週四），我見到了此書，中午無事躺在沙發上翻看起來，掀開了書的首頁，見到宏慈兄的照片，確是道骨仙風，還有他傳奇般學醫的經歷吸引了我，按照圖示，自己抬腿試了試，感覺還好；回家自己躺下，將腿倚牆按照書上要求體驗了一會兒，感覺腿部很受用，疼痛得到緩解。週五，就打電話跟姐說，方法管用，但是要能見到蕭醫師本人就好了，並在冥冥中覺得與蕭醫師有緣，必能度我過此劫，預感七天之內即可見到蕭醫師。週五當晚在家上網查看到了蕭醫師的網頁，後聯繫上了蕭醫師的朋友。果然，在一週內的五月八日，見到了蕭醫師，在經過下蹲等測試後，確實顯現腰部問題嚴重，左背明顯高出右背。按蕭先生的要求，左右腿先分別拉筋十分鐘，最後進行了正骨，在正骨過程中，聽見了一連串的響聲，錯位確實很嚴重。十分鐘後，治療完畢，感覺精神振奮，上、下體非常順暢，腿部疼痛緩解了很多，糾纏我一個月的病魔終於開始退卻了。回家後，我堅持每天拉筋，一個月後的六月八日，我再次見到了蕭醫師，感覺病狀已經消失了，恢復了百分之七十。後七月七日陪姐去蕭醫師那裡治療，此時自我感覺已經好了八成。現今時間已經轉到八月二十日，自我感覺基本已恢復了九成，體力也已好了很多。眞心的要說一句，宏慈兄，謝謝了！

對於中醫外治，我自身瞭解的不多，但深感這是一塊需要我們下大力氣去研究的醫學領域，可以說它自古就是我國傳統中醫學的重要組成部分，爲什麼現在知者甚少，會者寥若晨星，不得而知。客觀地說，相對於骨科、神經科等西醫領域，中醫外治可以說領先了不少，大家心知肚明，有時候西醫的藥就是一種安慰，並不能對患者產生什麼治療效果，可是沒辦法，只好「麻醉」自己。中醫學是中國的瑰寶，眞希望能被我輩發揚光大，它的領域也是很寬廣的，絕非我們想像中的望、聞、問、切，試問有幾位中醫學的本科畢業生認認眞眞地去讀並讀懂了《黃帝内經》、《本草綱目》？國學的沒落讓人傷感，而今譁眾取寵、招搖撞騙的大有人在，有幾人肯付辛苦去周遊四海、不恥下問。宏慈兄的機緣確是不錯，敢於挑戰跟自己專業風馬牛不相及的醫學領域，其膽魄令人敬畏，還能集各方之所長，將拉筋、正骨、針灸、點穴等絕學集於一身，發揚光大，令人稱道。

腰椎間盤突出患者 姜暉

病治有緣人——二〇〇九年三月二日手記

三月二號上午我到辦公室，先用針灸治程先生。他患血壓高且兩腿發冷，已經吃了十年降血壓藥。我見他才四十多歲，就建議他停降血壓藥。他深知降血壓藥對肝、腎、心、脾的副作用，又見拉筋有效，當天就停了所有降血壓藥。兩個多月以來，他除了每天兩次拉筋，每週來找我扎針一次，從此血壓逐漸穩定，腿寒也基本消失。我出國一個月，所以剛回來他就急於補上落下的針灸。我給他扎上針，老友王小姐便帶著一對夫妻進屋。

患者是一少婦，在某大醫院當護士，三年前患了腰痛，後逐漸擴展到腿痛、頸椎痛，連走路、坐椅都困難，以至於有段時間只能臥床。三年來，她治遍北京各類醫院，檢查、照片子、化驗無數，花錢不少卻無效，甚至連病因也不知。不久前他們偶然買到《醫行天下》，如獲至寶，馬上開始按照書上所說練習拉筋。經過一個多星期的拉筋，奇蹟出現了：渾身疼痛全面緩解，她可以走，也可以坐了。幾天前，她偶遇一位正骨的女士，因書上說筋拉鬆後正骨更好，便讓她正骨，之後病症果然進一步好轉，腰腿疼痛減緩。為進一步求醫，他們委託其友王小姐上網查一下《醫行天下》的作者，看能否找到他治療。沒想到王小姐上網一查大吃一驚：原來我是她的老朋友。她當即給我發了一份郵件，那時是二月十二日，我正在蘇格蘭給老外講拉筋。茲照錄其郵件如下：

宏慈，你好。在天涯網看到了這個：「 http://www.tianya.cn/publicforum/content/free/1/1491738.shtml"\t"_blank"醫行天下——一位『海歸』的中醫之旅」（連載），很疑惑。看到照片才敢確認是你。我覺得你在各個領域玩得好開心。

替朋友諮詢你：她胸椎以下直到小腿發麻、痠脹，已經全休了半年之久，一條腿現在已經略短一些了。北醫三院、同仁、宣武都看遍了，核磁也沒發現問題。至今不能確診，都是主任級醫生，宣武醫院是凌峰看的。有的醫生說：胸椎黃韌帶鈣化，有的說：腰椎間盤突出。沒有確診，也就沒有治療。目前，在請中醫針灸，沒什麼效果。心裡壓力很大，還不到三十歲。少年時練過柔道，職業是XX醫院ICU的護士。也許病因是少年時受過傷或者長期站立造成的？朋友很無奈，我很想幫她。方便能給我一些建議嗎？

另外，書中介紹的拉筋確實有效嗎？準備今天回家試試。我似乎是頸椎有問題，很疲痛。沒有看過醫生，嫌麻煩。以爲是缺少鍛鍊，所以堅持游泳，每週三次，每次最少一千米。效果不佳。希望拉筋對我有幫助。你沒吹牛唬弄吧？呵呵！

從朋友的文字可知，她對我也是半信半疑，因為她根本不知我何時改的行？面對這位有緣的患者，我問她：此刻的症狀是什麼？她告知頸椎、腰椎、膝蓋都痛，還有腿麻。吾觀其舌頭，告知其不僅是身體痛，而且肝、脾、腎全都失調。患者做了彎腰觸地測試，她的雙手只能到達膝蓋以上部位；再讓她下蹲，只能蹲一點，跟站樁差不多。當場用拉筋凳拉筋，果然膝蓋最痛，說明腰部問題嚴重；其次胯部也痛，不著地，說明肝、脾、腎、筋都堵。她的拉筋過程很痛苦，但拉筋完畢，腰、腿疼痛大大減緩，剛才測試的兩個動作都有改善。再為其正骨，結果腰椎、胸椎、薦椎、頸椎全有「咔嗒」響聲，說明錯位嚴重，肝、腎、脾失調的原因也就清楚了。此時再讓她做先前導致疼痛的動作，頸椎已基本不痛，走路輕盈，抬腳腿已不麻，彎腰時雙手越過膝蓋，下蹲也基本可以。從拉筋到正骨，幾乎每個步驟都帶來更多的驚喜與歡笑。他們可謂大喜而歸，跟我約好再來。唯一的遺憾是拉筋凳缺貨，還需等幾日。

我把「病治有緣人」一文在網上貼出後，這位護士也在天涯網上撰文說明此事，茲照錄如下：

我是有緣請蕭醫生治療的病人，我很幸運！我是北京一家三甲醫院的護士，今年三十歲。三年前，不知什麼原因落下了腰痛的毛病。拍了頸、腰、胸椎X光片、電腦斷層掃描、MR。吃了無數的中藥和西藥，進行了各種的理療和牽引，結果症狀沒有改善，反而加重了。去年九月突然出現了左側胸椎以下痛、溫覺減退，麻木；左腿只能抬離地面和床面；不能側臥，只能平躺；也不能久坐；睡覺時腰部以下痠痛難忍；就連入廁都非常困難。在家全休了半年之久，左腿肌肉已經略有萎縮，生活不能完全自理，不能工作，更沒有收入。每月的治療費、藥費要二千多元，身體和心理上造成了巨大痛苦。全家人為我著急，陪著我四處求醫。

我們看遍了北京各個醫院的骨科、神經內科、神經外科的國內以至國際知名的專家，專家們有的建議手術治療，否則我的腿會永遠抬不起來；有的認為現在手術太盲目，建議保守治療。被多家醫院診斷為：頸椎C5-6椎間盤膨出、腰椎L4-5、L5-9椎間盤突出、胸椎T8-12段黃韌帶骨化症、胸椎管狹窄等等，具體應該怎樣治療？沒有哪位專家可以一錘定音。我已經身心疲憊了，無奈了，絕望了，甚至想到了死！

每當我獨處的時候，透過窗外看著藍天白雲、歡跑的狗狗、談笑的人們，我能做的只有哭泣。生病之前我是那樣的幸福快樂！愛我的家人，喜愛的職業，穩定的收入，節假日可以去打球、去游泳、去和朋友喝茶聊天、去郊外或外地旅遊。總之一切的一切早已不復存在！這些簡直變成了奢望！

就在我萬念俱灰的時候，福音出現了！我至今還不敢相信，這樣的奇蹟，這樣的緣分能發生在我身上？二月份朋友介紹了蕭醫生的《醫行天下》這本書。讀畢，我覺得書中的病症與我很相像，我抱著「死馬當活馬醫」的心態，次日便開始拉筋。第一次拉筋後，身體沒有感覺不適，反而感覺整個脊椎挺舒服，身上有些發熱，尤其是臉部略微有些發紅，因爲我從生病以來臉色就不太好。於是，我堅持每天拉筋三次，每次左、右腿各拉十分鐘。一週之後，感覺腰痛減輕些，左腿走路也有勁了，老公說我氣色也好了很多。二月二十二日在姑姑家遇到了一位搞中醫的阿姨，簡單介紹了我的病症，立刻給我正骨，只聽頸椎左、右各響一串，腰椎胸椎也各有響聲。隨後，阿姨讓我下地走走，哇！能正常行走了，更奇怪的是腰也能前後彎了，也能坐下了，感覺好極了！但是隔天腰椎還是有些疼痛，於是繼續拉筋。心裡盼著蕭醫生二十七日到京，也許朋友能幫我聯繫上，應該先把功課做好。

眞的沒想到三月二日蕭醫生就打電話給朋友，讓我們去他的辦公室爲我治療。先是詢問了我當時的病症，然後在拉筋凳上開始拉筋，比我在家裡嚴格得多，疼得有些發抖。拉筋後我可以蹲得比往日低一些了，腰也可以彎得低一些了。然後開始正骨，從薦椎、腰椎、胸椎、頸椎，地毯式轟炸一番。起來再試，天啊！我可以完全下蹲了。左、右腿的感覺也一樣了，不麻不沉了，可以隨意地坐，還能盤腿坐呢，整個人就像脫胎換骨了一樣的輕鬆。由於我筋縮嚴重，蕭大夫讓我回家拉筋二至三次，明天再爲我治療一次。當晚，我終於可以坐著和家人一起吃飯了，一頓半年來從未有過也從沒感覺這麼香的家常便飯！爸爸媽媽和老公都留下了激動的眼淚！這一夜我徹夜未眠，不是因爲疼痛使我不能入睡，而是因爲興奮；也有些害怕，害怕明天一覺醒來會恢復原狀。太神奇了！

次日，蕭醫生又爲我治療了一次，然後告訴我不用再來，回家繼續拉筋便可。

外面的天陰著，此時此刻我的心情卻是陽光燦爛，激動不已！久久不能平靜！我有幸遇到了這兩位大夫，用最簡單最經濟的方法，在這短短的幾分鐘就把我長達三年之久的病痛去除了！也去除了我親人們的煩惱。使我又可以自由自在的生活，在不久的將來又能回到我熱愛的工作崗位上了。這一切來得太快、太神奇！謝謝你們又讓我重生了一次，是你們給了我第二次生命！我要好好地活著！生活眞美好！令人憂傷的是，北京是全國醫療水準最好的中心，有著先進的人才和設備，這麼多家醫院治不好我的病，甚至不能確診！讓我的父母操了多少心？讓我的老公傷了多少神？這半年間，我花費了幾萬元做檢查、理療、牽引等等，不但沒治好病，反而越來越嚴重！如果當初選擇了手術切除了身體上的某些零件，我現在又會是怎樣呢？！

以上是我的診療經歷，我希望與我有著相同病痛的朋友們趕快開始拉筋，這個方法簡單、方便、有效、不用花錢，爲什麼不呢？希望你們都能像我一樣早日康復！

還是不敢相信，我現在竟然可以坐著向大家暢談我奇特的診治經歷。我相信世上萬物都有緣分，看病也是要有緣分。我感謝上天賜予我這樣求之不得的緣分。

腰腿痛的真正原因——筋縮與錯位

既然否定了腰椎間盤突出，那絕大部分腰腿痛的真正原因是什麼呢？其實很簡單，就是筋縮與錯位。一旦筋被拉開，錯位被復位，周圍的軟組織氣血與神經恢復正常，痛症自然消除。患者只要堅持拉筋，大部分腰腿痛症狀會有明顯的療效，若再經過正骨、針灸，痛症消失更快，這是我治療了數千病人後得出的結論。我的臨床統計結果是，腰腿痛與筋縮、錯位的相關率在百分之九十五以上，否則怎麼可以用此法成批解除病痛呢？如果西醫找到了真實的病因，為何還要用那些殘忍的手法與藥物呢？

被醫院診斷為腰椎間盤突出的人，不僅被各種不相干的藥物與療法折磨，而且還可能花鉅款做手術，承受身體與金錢的雙重損失，並可能衍生出生理與心理方面的新病。如果早知道這不過是筋縮與錯位，只需要拉筋、正骨就解決問題了，何需費那麼大功夫開腸破肚？普天之下該能減少多少痛苦？老百姓可少花多少冤枉錢？可惜的是，這樣的痛苦、費用至今每天都在發生。後來有位醫院骨傷科主任醫師因腰椎間盤突出來找我治療，我問他們為何不做手術，答曰：「做手術凶多吉少。」介紹他來的朋友故意問：「那你們為什麼自己不做手術卻給病人做？」他的答覆倒也坦率：「醫院要收入，做手術收入高啊！」我說：「那你們的道德豈不有問題？」沒想到他回答得更乾脆：「又不是我們一家醫院這麼做，全國甚至全世界的醫院都這麼做，教科書與醫學權威也都是這麼教我們的！」

這讓我想起一則令人心酸的笑話：一醫生告訴一老農非手術不可，老農說：「我一家老小就指望著這幾萬元生活啊！」醫生眼一瞪，答曰：「我一家老小也指望著這幾萬元生活啊！」

第三章

現代人的魔症——電腦症候群

「電腦症候群」其實只是個統稱，涉及的是頸、肩、背、腰、手腕等多處的疼痛，是使用電腦時姿勢不正確造成的，世界各地對這個文明病皆有報導，也有人稱之為「辦公室症候群」。雖然所用病名不同，但其症狀相同，且病因皆由筋縮、錯位造成，所以稱之為「筋縮、錯位症候群」更合適。對於沉溺於遊戲機的兒童，此症可叫做「遊戲機症候群」，對於過度打麻將的人，也可稱作「麻將症候群」。

人不一定需要長時間使用電腦才會致病，可能每天只使用半小時，但因電腦螢幕、鍵盤與他的坐姿不在同一直線，只有輕微的偏差就足以令原來兩邊均等的肌肉變成一邊鬆弛、一邊緊張，日積月累就成了電腦症候群。以後即使他不再使用電腦，而且坐姿標準，肌肉仍會習慣性地自動收縮，導致頸椎、胸椎錯位，因而引起疼痛，照X光、電腦斷層掃描、核磁共振也查不出異常情況。有些大夫說是扭傷肌肉，西醫可能說是發炎，其實是筋縮與錯位，只需拉筋與手法復位便可。雖然電腦斷層掃描、核磁共振檢查都看不到錯位，但病人症狀消失乃事實。

為何電腦症候群的患者這麼多？

因為電腦幾乎無所不在，所以此病無所不在。玩遊戲機、打麻將、看電視的人當中也有約六、七成的人不同程度會患有此病。電腦症候群是累積而成的，但很多人沒有察覺，因為電腦已成生活的一部分，大家都視為理所當然，很難聯想痛症跟使用電腦的姿勢相關。例如有位病人的肩膊、頸、膝部皆感疼痛，他卻不認為這是電腦病，還說：「只是最近抱了小孩才會不適。」所以越來越多的人已經得了電腦症候群卻渾然不知，經過一段日子後，筋縮、錯位形成，肌肉軟組織卻不正常地適應了，早期不會覺得不適，但某一刻的動作可能會將問題誘發出來，例如抱小孩、打高爾夫球、搬東西等等。

經常有人感到肩膊很「緊」，頸部不舒服，於是換了很多枕頭，但依然睡不好，其實這就是電腦症候群。很多病人已經痛了兩、三年，只要能忍則忍。

雖然很多人知道電腦螢幕、鍵盤與人的坐姿要成一直線，但礙於環境與習慣等各種因素，有時極難做到。此外，由於每個人的體型不同、電腦桌及椅的高度不合適，引起的症狀會因人而異。例如有些人須抬起頭使用電腦，因而引致頸部痠痛；有些會曲著身子，而引起腰背痛；一些身材高大的人卻坐矮椅子，被逼屈著腳用電腦，引發膝痛、腿腳麻痹等症狀；還有些人側身使用電腦，就會頸痠、腰背痛、手麻、乏力；有些人使用滑鼠時身軀離桌面太遠，電腦桌面太高或太低，令手腕、手臂、頸及背部的肌肉痠痛。

有些病人看醫生後吃止痛藥、打止痛針，病情只得到暫時舒緩，電腦斷層掃描、核磁共振檢查又看不出有異常情況，便會去看物理治療。物理治療中的熱敷、紅外線等等可能令病人暫時覺得好轉，但因錯位部位尚未復位，不久又會疼痛。有些人會去按摩推拿，但這些療法都只能暫時紓解病況，不能斷根，只有拉筋或手法復位才能徹底根治。

電腦症候群的預防

預防電腦症候群的關鍵，是在用電腦時應保持電腦螢幕、鍵盤及人體成一條直線。此外，每次工作一段時間後，應站起來活動片刻。最好在辦公室放一台拉筋凳，員工們輪流躺下拉拉筋，即使拉幾分鐘也馬上會讓頸、背、腰、腿肌肉放鬆，電腦症候群便可大大減少。

有些朋友因為拉筋受益，除了在家裡放一台拉筋凳練習，還給父母與岳父母家各送一台孝敬老人，因為老人大多有腰腿痛症狀。所以我常跟人說，孝敬老人別空談，就從教他們拉筋做起。有個老闆因為被我用拉筋凳治好了頑疾，就專門邀請我到公司做健康講座，並在自己的公司放幾台拉筋凳作為送給員工的健康福利，結果效果奇好，有口皆碑。

香港睿智金融集團主席胡野碧為考察拉筋凳，專門帶著幾個人觀摩體驗了拉筋凳的療效，當即就訂了兩台拉筋凳放到公司。現在拉筋已經成了公司員工日常生活的一部分，任何人只要在電腦前工作時間長了或者略感不適，就可以躺到拉筋凳上拉一會兒。久而久之，公司沒有任何人抱怨頸椎痛與腰背痛了，有的人連失眠、頭痛都治好了。野碧說，據他瞭解，有些人連性功能也大大加強。拉筋不僅拉出了健康，還拉出了快樂！

●打電腦時坐姿正確，可避免電腦症候群上身。

三年腹痛的根本原因

在前面講「拉筋」的章節，我提到一位腹痛三年的中年婦女，經拉筋後疼痛消失。半年後她開始打羽毛球，沒想到腹痛再犯，痛得她夜不能寐，連拉筋都不管用，於是我應邀為其治療。我首先為她全面正骨，果然其頸椎、胸椎、腰椎有多處異響，其痛症果然減輕，但導致筋縮、錯位的原因何在？上次追查到甩脂機就停了。於是我問她是否使用電腦，她說每天都用。我問電腦擺放的位置是三點一線嗎？她說在身體左邊。於是真相大白：她長期讓身軀左轉看電腦，導致右側腰、腹、胯扭曲、緊張而形成筋縮、錯位，一有契機就會爆發，還導致肌肉拉傷，上次是通過甩脂機引發，這次是因為打羽毛球。於是我用棍針在病灶部位點穴、刮撥，果然出現大片紫紅色的痧。這下她果然如釋重負，渾身輕鬆，當晚美美睡了個好覺。她從此將電腦擺正，果然至今疼痛未犯。

錯位復位後，為何再度錯位？

一位四十歲的病人，不能久坐，否則覺得腰背痛，還常常有頸痛、頭痛、眼矇、肩膊痠痛。他使用

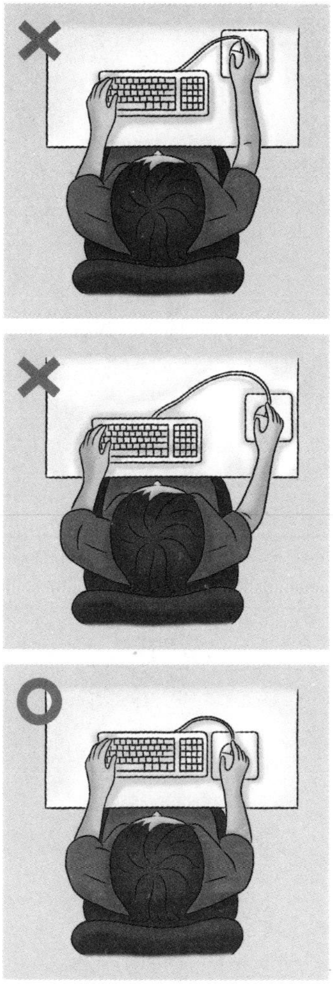

•（上）滑鼠距離身體太遠
•（中）滑鼠太偏離身體
•（下）電腦螢幕、鍵盤、滑鼠及身體成一直線

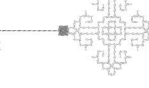

電腦已十五年多，電腦螢幕擺放在左側位置。治療時發現，腰椎、胸椎錯位；頸椎也有錯位，以手法復位後，頓感舒適，朱大夫於是叮囑他電腦必須要擺正。兩星期後他再來求診，全身又覺不適，一問才發現其電腦位置並未放正。

病人復位後，一定要擺放電腦於適當的位置，即使稍微角度的偏差也不可以，且姿勢要坐正，否則就算復了位，還會再次錯位。

為何經常換枕頭？

有些人睡醒後即感到頸背疼痛，以為是床褥、枕頭不合適，便經常換枕頭，但始終找不到合適的，睡醒後起床更覺疲倦。當身體感到不適或疲勞時，情況更差，頭向兩邊轉時便痛。這類人如果看骨科醫生，檢驗往往顯示脊骨沒有問題，可接受多種治療也不見效。醫生往往認為這是肌肉疲勞，卻無法醫好。其實這類人的胸椎、頸椎往往有錯位，錯位原因即電腦使用姿勢不對。錯位會使周圍的肌肉繃緊，要斷根就一定要使錯位處復位。正骨復位後頸背就會感覺輕鬆。而這一切與枕頭、床褥無關。

第三章 婦科疾病的至簡療法與預防

我非婦科病醫生，為何專門談起婦科病？原來我在用手法治療痛症、便秘、失眠、色斑等其他疾病時，不斷有人說我治好了她們的婦科病，還減了肥。聽上去像歪打正著，其實也在情理之中，因為這正是中醫對證不對病的結果，中醫關注的是「證」而不是病，一種「證」可能顯示出幾種病，一種病也可能代表多種「證」，只要抓住病機，辨清陰陽，中醫可異病同治，亦可同病異治。有的女人臉上長斑就往美容院跑，身上痛就往按摩院跑。其實美容不一定與美容院相關，疼痛不一定與按摩院相關，但兩者都與病相關，病治好了，斑與痛自然消失。

我堅信沒有孤獨的病，所以總是告誡病人忘掉病名，對病人治療也非單獨針對某病，而是進行全身調理，於是經常「意外地」治好其他病。等我逐漸發現婦科病的人群如此龐大，才感覺有必要專門談談這個病，以便盡早防治。即使你不是女人，你家裡也肯定有女人！少吃、不吃有毒副作用的藥物而治好婦科病豈不更好？

發現婦科病與薦椎錯位的關係

有一次我給友人治腰腿痛，他請我順便給其太太扎針治一下肚腹寒涼，因為她經常一進有冷氣的屋子就感覺寒氣入內，很難受。我當時只當是腸胃病，就在足三里上扎了一針，她說胃舒服了，但是小腹仍然冷，我就在三陰交上扎了一針，她說馬上感覺一股暖流流進來，整個人氣色也好多了。後來我又給她扎了一次，重點扎三陰交與血海，因為我判斷是脾經的問題，而脾統血，三陰交更是脾、肝、腎三條經絡的交匯點。從此以後，她再進入很冷的冷氣房都沒問題了。

後來友人告訴我，他太太的病是婦科病。雖然她對寒冷的懼怕減輕了，但還有其他問題。我說不管什麼問題，脊椎上肯定顯現，那就先正骨吧。於是給她正骨，果然胸椎、腰椎都錯位。然而，我老感覺其薦椎問題更大，就給她調正兩側薦椎，結果兩邊「咔喳」都響了一串。我鬆了一口氣，心想這才是一次決定性的復位，因為薦椎的前側是小腹的位置所在，與生殖、泌尿等系統密切相關。最後我連頸椎也給她復位，兩側都「咔喳」作響。收拾完這些骨頭後，她站起來滿面笑容地說，一股暖流在體內湧動，舒服極了。

後來我用拉筋、正骨等外治法治療痛症、便秘時，順便治好了失眠；治療失眠、肥胖症、色斑、痤瘡時，又順便治好婦科病，於是我更加關注這些症狀與筋、骨之間的關係。我從很多病例中，做了一個基本總結：凡薦椎錯位的女性，很有可能患上婦科病，因為脾、肝、腎三條經都由此穿過小腹，而這裡正是子宮、卵巢、尿道等生殖與泌尿器官的位置。如果讓西醫治療，薦椎、腰椎錯位屬於骨傷科，脾、肝、腎的問題屬於內科，只有痛經、月經不調等具體的病才屬於婦科。可是在中醫眼裡，骨頭錯位，以及脾、肝、腎經絡不通與肚腹寒涼，跟所有婦科毛病全部是互相關聯的，要治就必須一起治，只有這麼治才可斷掉病根。

對五個婦科病患者的薦椎測驗

有一次，我領著幾位對中醫感興趣的朋友到著名針灸專家張世雄教授家裡作客，其中五位是女性。張教授年過七十，看上去卻紅光滿面，鶴髮童顏。他本是學西醫出身，乃北京醫科大學的高材生，後來因為對中醫產生濃厚興趣而轉入中醫，而且終身搞臨床，曾任多家醫院的針灸科主任，並在很多國家從事過針灸臨床與教學，退休後又被反聘到煤炭總醫院當中醫針灸科主任。跟一位學貫中西的長者討教有關中醫與西醫的問題自然精彩，所以談到興奮之處，女人們都讓張教授號脈開方，她們都有不同程度的婦科病。

我從正骨的角度對張教授談了對婦科病的看法，即婦科病患者的腰椎、薦椎很可能有錯位。沒想到所有女同胞與張教授都大感興趣，當場要求驗證。於是我當場給她們正脊，果然五個女人的薦椎都發出了「咔喳」異響。糾正了錯位，女人們感覺都很舒服，以至於張教授也要求一試，結果他有一側薦椎也響了兩聲。老年人骶髂關節錯位很正常，因為其生殖、泌尿等系統比年輕人退化了許多。後來張教授讓我給他治治右腿痛，我受寵若驚，因為他自己是針灸臨床專家，卻敢於拿身體讓我這個土郎中治病。我說先用針試試，正好向他請教，但試了三次病灶痛點都沒消失，只是轉移到旁邊。我建議還是試試正骨，就是正其脊椎骨節而治其膝痛。張教授欣然答應，我為他正腰椎時果然響了一下，他站起來感覺了一會兒，接著滿面笑容地告訴大家：「這辦法管用！痛真的沒了！」

清華大學演講啟示錄

二〇〇九年三八婦女節來臨之際，我應邀給清華大學的女生做一次保健養生的演講。到達清華第五教學樓的大教室，發現同一層樓的幾個教室有幾個不同的演講活動，但唯獨我們的會場幾乎座無虛席，說明關心健康的人還不少。有些人特地從外地趕來，還有帶著父母趕來看病的孝子。我今年一月在深圳給一家金融公司的演講題目是：「白領階層婦科病與前列腺疾病的預防與治療」，結果大受歡迎。會後一位母親領著女兒跟我說：「您為什麼不早幾年告訴我們這些中醫常識？我年輕時就因為不懂中醫養生得了婦科病，現在我女兒跟我一樣，月經一來痛得要死。早知道這些病稍加注意生活細節就可避免，真感覺冤得慌！」沒想到這次演講面對的聽眾，正是這群跟她女兒年齡相仿的女生們。

給大家示範拉筋時，大家「呼啦」一下跑到拉筋凳前，爭先恐後要求體驗，反應之熱烈大大超出我的預料，主持人不得不幾次出面維護秩序。拉筋過後體驗正骨，大家的迴響更強烈，我完全被同學們團團圍住。由於場地與時間的限制，我只能給大家做頸椎正骨復位，結果一個接一個，大約做了幾十個頸椎復位。頸椎錯位的人多數前仰、後仰都會頸椎痛，個別的兩側痛，經正骨後，絕大多數當場止痛，其餘大為緩解，效率為百分之百，尤其三個追加胸椎正骨的女生，做完後痛脹不適的胸、背立刻緩解。

正骨結束前我為大家示範了撞牆功，並強調此功法與拉筋一樣，不拘泥於治療某項具體的病，而是一種「地毯式轟炸」，即可以通過疏通脊椎與經絡來調節全身各種疾病，就如同殺毒軟體一樣，一旦將身體自有的生理系統啟動，它會像清除病毒一樣自動將疾病排除。舉例說明：如血壓高，它會自動降之，如低血壓，它就自動升之。整個演講、示範與治療大約持續了三小時。最後還有許多人依依不捨。從這次演講中，我得到了不少啟示：

一、在年紀輕輕的學生當中，由電腦、空調等所謂高科技產品造成的病幾乎人人都有，比如頸椎病、腰腿痛、腰膝痠軟、神經衰弱、各類婦科病等等，有些人各種病兼而有之。有的女生已經長達半年不來月經，還在拚命吃西藥，如雌激素類藥品，結果越吃問題越多。

二、腰膝痠軟、腰腿痛這類病在幾十年前是標準的老年病，現在卻成了女生的流行病。這種病說白了就是腎虛，許多人以為腎虛是男人的病，殊不知女性的腎虛問題不會比男人少。年紀大了腎虛本屬正常，然而二十多歲就虛成這樣，是典型的病態。更奇怪的是，這類病到醫院檢查的結果總是說沒病。

三、受社會及家長影響，學生們普遍認為身體健康需要吃、補，吃啥補啥的觀點害人不淺。明明絕大多數人的病，是吃肉多了以及營養過剩造成的，大家還在問需要補什麼。因為家長就是這麼教育、關愛他們的，科學、西醫的理念與指標也是這樣灌輸給他們的。

四、大部分學生的中醫知識幾乎為零。別說陰陽、五行及其相生相剋，就連艾灸這一流傳了數千年的國粹，也就是針灸中的那個「灸」，大家也根本不知為何物，這也間接說明了新一代人對傳統文化的無知。不幸的是，這是當前所謂知識精英的普遍狀態。八榮、八恥裡有一條是以愚昧無知為恥，實際上很多人卻以此為榮。

五、學生的思維方式被科學化的程度令人吃驚。我印象最深的是講到產生疾病的原因時說到「心主神明」，還舉例說「吃」固然導致很多病，但吃啥、怎麼吃還是由「心」決定的。話音剛落，聽眾哄堂大笑。我問是否我說錯了。答曰：「吃啥是由腦子決定的！」於是，我不得不簡要解釋了中醫的心與西醫解剖學的心的區別：一個是超越形器的全息系統，一個是物理的臟器而已。顯然大家對此理解還有相對的距離，至於中醫所謂的「神明」，在只有科學知識的讀書人眼裡，大概就更是天方夜譚了！

為何現代女性容易患婦科病？

現代女性的物質生活條件遠遠超過她們的母親，但婦科病的發病率卻遠遠高於她們母親那一輩，如痛經、月經紊亂、小腹偏腫、子宮肌瘤、子宮癌、不孕、水腫、漏尿、大小便不利、心痛、胸脅痛等等。其中子宮肌瘤、子宮頸癌的發病率極高，特別是子宮頸癌的發病率每年達十三萬五千人，死亡達五萬三千人之多，並且越來越出現年輕化的趨勢。

先從生理解剖上看，脊椎是人體的中軸，經絡、神經、血管密布，與很多病都有關係。從脊椎位置上看，與婦科相關部分在腰椎、薦椎上。從經絡上看，凡是脾、肝、腎這幾條經絡淤堵的女人，婦科容易有問題，而凡是有腰椎與薦椎錯位的女性，其脾、肝、腎三條經絡一定淤堵。外寒很容易從腿腳進入到腰、腎一帶，進而引起筋縮與薦椎錯位，導致脾、肝、腎三條經不通，而這三條經都從腳、腿進入小腹。所以腿腳與腰腹的保暖對女性至關重要，而這一點正是現代女性為了美而忽略的。比如冬天穿單褲，夏天穿露臍衣褲等等。

除了脾、腎、肝三條經，另一條最易導致婦科病的經絡是心經。心乃君主之官，居五臟之首，主神明，心一亂，五臟六腑皆亂。現在有幾人能做到一心不亂，不生氣、不著急呢？人心一動，全身都會動，比如工作壓力、夫妻不合、物價漲、股票跌等等，都易讓人動心，心動則血壓、肝火必動。現代婦女比她們的母親們承受的壓力更大，所以更易心煩意亂。婦科病的起因縱有千頭萬緒，但不外是心、肝、脾、腎出了問題。中醫的心、脾、肝、腎不僅是可見的臟器，而且包含看不見的精、氣、神，是與全身相連的複雜系統，它們一榮俱榮，一損俱損。

具體而言，婦科病與個人生活習性息息相關。

首先，它與時尚相關。比如冬天穿單褲易凍傷腿腳，夏天在冷氣房裡穿露腰裝、露臍裝既傷腎又傷脾，把先天與後天之本同時傷了，一舉兩害！但露臍、露腰裝是時髦，牛仔褲的腰都設計在胯以下，於是時髦成了「時髦的慢性自殺」。肚臍是中醫經絡上的一個重要穴位，叫「神闕」。古人對穴位的名稱極為講究，「神」乃生命之源、之本，「闕」即帝王之住所，由「神闕」之名足見此部位之重要。肚臍屬任脈，它不僅與起始於足的腎經、肝經、脾經、胃經、膀胱經連通；而且與起始於手的心經、心包經、三焦經、小腸經、大腸經相連，與督脈的一條分支與奇經八脈中的衝脈也相連，合計共有十三條經脈與肚臍貫通。如果肚臍受了風、寒、暑、濕、燥、火等邪氣，除了產生腹痛，導致最多的疾病就是婦科病與泌尿系統病。婦科病多為寒濕引起，寒濕透過腿腳滲透腎、脾，貽害無窮。啤酒、可樂、冰淇淋等寒冷物也容易傷脾胃，與穿露腰、露臍裝裡應外合。

其次是藥物傷害。比如很多人為治療感冒、上火這樣的小毛病也大量用抗生素與清熱祛火的成藥，等於引寒入體，許多婦科病就是用寒涼之藥治感冒、上火治出來的。第三是生活規律紊亂，飲食無節，酒肉太多，濕熱傷肝；起居無時，晝伏夜出，耗費腎氣。第四是房事過度，導致傷精。有些人還在房事中吹冷氣、電扇，那時的皮膚毛孔張開，最易被寒氣所傷。

為何預防婦科病要從「心」開始？

依中醫理論，治病應從防病入手，亦即「治未病之病」。這亦通佛理，先種善因，自然有善果。防治婦科病，必須從「心」開始，其次是護理好脾經、肝經、腎經這三條經。脾虛、腎虛、肝火旺都會導致婦科病。當然，男人這三條經出問題就會有男科病，如陽痿、早洩、性冷感、前列腺炎等等。防病就是養成良好的生活習慣，但這是人間最難做到的事情之一。

為何首先要養心？因為此乃婦科病的根本原因。現代婦女大多承擔比其母輩更大的壓力，情感問題也更複雜，所謂壓力主要是心的壓力，壓力一大就易心煩意亂，五臟六腑亦跟著亂，婦科病因此生。人若捫心自問，立刻就能找到令自己心亂的原因 — 所欲即因。所以要想不得病，最好能清心寡欲、恬淡虛無。退而求其次，每天能花一小時打坐、站樁、閉目養神也好。實在做不到，每天念一小時佛經、《道德經》都好。黃老所言養生之道，即養心之道。人心若上道，病就會好大半。

其次，應改正不好的生活習慣，以避免脾、肝、腎三條經被寒氣侵襲。婦科病多為寒症，所以夏天不應穿露臍、露腰衣褲，冬天不應穿單褲。因此，習慣導致的病主要有兩種，一是婦科病，一是腰腿痛症。我治療的這類病很多，病因可謂八九不離十。為了種種欲望而令生活習慣偏離自然，結果往往南轅北轍。請注意，人的生活習慣也是由心決定的！

第三，應盡量避免吃冷飲，多喝熱飲。生冷食品是許多女人的心愛之物，如冰鎮飲料、啤酒、冰淇淋等等，然而一旦消費過度，寒濕很容易通過脾胃傳遍全身，與露臍裝裡應外合，造成一堆婦科病。俗話說：「男怕傷精，女怕傷血」，寒則凝，必令血滯，婦科病多與血相關，箇中因由，不言自明。許多人本來就屬寒冷之體，比如脾、腎陽虛的人，應切忌生冷，千萬別因貪圖「美」與口腹之欲而造成終身痛苦。

第四，應保持足夠的睡眠，而且除冬天外，應早睡早起。很多人晚睡晚起，實乃痼疾，顛倒陰陽，焉能不病？這也是失眠的原因之一。睡覺最晚不應過子時，即晚十一點，否則消耗陰液，令人油乾燈滅，過早衰老；早晨乃陽升之時，最易養陽，若此時昏睡，則錯失陽機。有人愛晚上工作，以為搶了時間，其實早睡早起，早晨工作效率更高，習慣成自然。

治療婦科病——從拉筋、拍打開始

中醫的奇妙之處，是對證不對病。西醫的套路是化整為零，分科分型，頭痛醫頭、腳痛醫腳，直接與疾病對抗搏殺，如殺菌、消炎、手術等等。而中醫則視人為整體，不一定關注病名，而是抓住病機，執簡馭繁。婦科疾病種類繁多，我們不必在病名上鑽牛角尖，只要緊扣心、脾、腎、肝四條經的證為主治療，與其相關的子宮、卵巢、尿道、生殖器、乳房、甲狀腺的一系列病就被「一勺燴」了。

回歸常識往往令人豁然開朗。你只要看看人體解剖圖，就會注意到五臟六腑等內臟器官都掛在脊椎上，而脊椎的任何一節出現筋縮或者錯位，與其相應的臟腑就會出問題，身體相應部位就會出現痠、痛、麻、脹等不適症狀。如果從中醫經絡圖上看，脊椎骨正中是督脈，其兩側是膀胱經，從上到下分布著臟腑俞穴，如肺俞、心俞、肝俞、胃俞、脾俞、腎俞、膀胱俞等等，如果督脈與膀胱經上的某部分出問題，與此相聯的臟腑就會出問題，反之亦然。十二筋經的走向與十二經絡的走向相同，凡筋縮與錯位之處則相應經絡也不通，所以用拉筋、拍打法通經絡完全符合中醫理論。

拉筋、拍打是至簡大法，人人都可實施，依此法治好的婦科病已不計其數，建議所有婦女從自己開始拉筋拍打，有病治病，沒病養生。婦科病患者的問題主要出自腰椎、薦椎的筋縮及錯位，一旦錯位，則與其關聯的心、腎、肝、脾四條經絡受阻，相應的子宮、卵巢、膀胱等生殖與泌尿系統也會有問題。如果患者每天拉筋半小時，再配合拍打，令薦椎、腰椎乃至盆腔區的筋被拉鬆、錯位的骨節復位，則被堵的經絡自然打通，相應病症就會減緩或消失。拉筋、拍打可在家與辦公室練習，輕度錯位可通過拉筋復位，若錯位嚴重則應找受過專門正骨培訓的人復位。

灸療配合拉筋，療效更好

實踐證明，針灸配合拉筋療效甚佳。針的穴位以肝、脾、腎三條經為主，尤其是氣海、關元、血海、三陰交、太溪、太沖、足三里及背上的命門、腎俞等相應俞穴。因婦科病多為寒症，故配合灸療效更好。患者不一定會扎針，但可以自己用艾條熱灸肚臍（神闕）及以上穴位，它們多在肚腹與腿上，很方便灸。背後的穴可讓家人幫忙灸。灸療與拉筋一樣方便易行，只是有些人急功近利，缺乏耐心，非等病重了再治，或者病剛好一點就放棄了拉筋與灸療。

有一位長期患痛經與便秘的女士，試過很多療法久治不癒。我給她拉筋、正骨後，除了鼓勵她每天自己拉筋，還勸她用灸療。為方便她找穴位，我建議每天花一小時先灸肚臍及其上下左右。過了兩星期她興高采烈地來電話告知：她每天灸兩次，每次一小時，結果不僅痛經消失，大便正常，而且連臉上的黃褐斑都消失了多半，她多年來在美容院花了十幾萬元也沒這個效果。我開玩笑問她：「你不是說艾灸的煙味很難聞嗎？」她激動地說：「現在聞到艾灸的煙味感覺就像來自天堂的炊煙，香極了，簡直透人心脾！」

正骨、拉筋治痛經

治療了很多婦科病，方知身為女人不易。痛經患者的那個痛一旦來臨，簡直像世界末日，有的女人痛得只能撞牆、打滾。一友人的太太每月必有痛經，搞得老公每月比老婆還緊張，她聽說我能治這種病，就趕緊讓老公帶來讓我治。

我先為其拉筋、正骨，果然胸椎、腰椎有幾處錯位，復位後人立刻感覺輕鬆了許多。我說最關鍵的錯位還沒調正呢！她一臉詫異。為其正薦椎時，果然有「咔喳」異響。她的氣色隨之改善，跟先前的蒼白判若兩人。她高興極了，連問我：「還會什麼療法？」我說：「扎針。」她當場要求一試。我在她的血海、三陰交與太沖上扎了針，她就說有股熱氣在身上串動，很舒服。就這樣調整了五次，她不僅痛經沒了，而且連失眠也好轉，黃褐斑也變淺。從此，她這個害怕針的人開始享受扎針。按她的說法，扎一次變一個樣，所以，她出差回來的第一件事就是讓老公帶到我這兒扎針。

但經常扎針畢竟不方便，費時費力，所以我給她的建議還是用拉筋、拍打、艾灸自救，這樣她不必大老遠跑來找我扎針了，除非是大麻煩。果然，她很快就愛上了拉筋、拍打、艾灸，並且向好幾個姐妹推薦了如此簡單的「秘方」。

「醫行天下」部落格上有一篇逍魚寫的親生體會。她將拉筋過程與體驗寫得精彩生動，細緻入微，故特別推薦此文。建議男同胞也好好看看，因為家有老婆、女兒，說不定會因你看這一眼而受益。特別提示：如果配合拍打，尤其長時間拍打雙肘、雙膝及大腿內側，則療效更佳。在此感謝逍魚與人分享拉筋經驗，功德無量！

好久以前就想寫這幾個月的拉筋經歷了，眞是受益匪淺。拉筋對我的痛經有明顯改善。

痛經困擾了我許多年，曾經讓我生不如死，雖然由於緣分認識了一名中醫，吃了一些中藥，調理了一段時間，經量及顏色有了很大改觀，沒有血塊了，顏色鮮紅了。但是來的時候，還是會腰痠，有時候還會想吐，從網上、部落格及蕭老師的《醫行天下》知道了拉筋，最初是立式，三分鐘都很難堅持，小腿及後肩痛得我直咧嘴，慢慢地，能拉十分鐘、二十分鐘了。手指頭變得熱熱的，有股暖流往指尖，而且有時候又會發麻、發涼，呵呵，可能都是排寒吧，是氣血衝擊經絡。偶爾還會在手臂三焦經的地方，感覺經絡的跳動，爲這個，我感覺非常欣喜，讓我身邊的女同事按住，她都能感受到，眞是神奇。還有前胸的部位也出現過。呵呵，太開心啦！

最初在公司由於不方便臥式拉筋，也由於懶，沒下定決心。後來，我好不容易找了個茶几，開始了臥式拉筋，大概堅持了十天左右，生理期來了，竟然發現無比舒適，完全沒有了之前的痠痛，而且經血也很暢通，就跟沒有來一樣輕鬆。當天我還去打球了，食欲、睡眠與往常一樣，這可跟從前判若兩樣呀！以前來的第一天，是根本沒法好好吃飯的。才堅持十天的臥式，就讓我嘗到了甜頭。雖然拉的時候，由於筋縮，腿無法著地，我就用幾本厚厚的書墊底，豎起的那條腿勉強能夠直，但是腿不能完全貼牆壁，無法成九十度，屁股也不能挨著板凳，雖然這樣，我還是堅持拉，早晚拉，現在拉筋已經成爲我生活的一部分，早晚的功課了。而且慢慢地也輕鬆了許多，立式已經可以輕鬆地做到標準姿勢，每條腿拉十分鐘。臥式的腿能完全著地，屁股也漸漸離牆更近了。每腿可以從最初的三分鐘，到現在的十分鐘。左腿在豎起的過程中，能夠感覺寒氣直往腳底。簡單的動作，健康的生活。我喜歡，我要堅持下去！謝謝蕭老師，由衷地感謝！

逍魚 2009/6/19

失眠與婦科病有關嗎？

我到江蘇給一朋友的母親治療時，與為其母做手術的主治醫生聊起中醫外治治療失眠與憂鬱症。他坦言女兒的失眠自己沒法治，因為西醫只能給安眠藥，但有毒副作用，損傷大腦與內臟。由於與我聊得投機，他想把女兒帶來讓我治治。他女兒在高中住校讀書，壓力很大。我診斷後發現她屬心腎不交。當即為其正骨，胸椎、腰椎果然有六處錯位。調整薦椎時，「咔喳」響了一串，而且兩側都如此。我說根據我的經驗，薦椎錯位這麼嚴重說明婦科有問題，比如痛經、月經不調、便秘等等。沒想到那女孩立刻舉手發言，說我講的症狀她全都有。

失眠病患者常有婦科病，反之亦然，因兩種病皆與心、腎、脾經相關。一種「證」可能反映多種病，一種病亦可源自多種「證」，人不應被病名迷惑。凡病皆為「複合病」，「複合病」是我發明的詞，說明病不可能單獨存在。比如這位女生失眠嚴重，說明心、腎都有問題，再說透徹一點，她的肝、脾也有問題。大家以為腎虛只是男人的病，其實女性腎虛的更多。腎虛可導致失眠、腰痠、乏力、尿頻，還可導致便秘、婦科病、記憶力下降等等，所以這個女孩的病就是複合的，不僅有失眠，而且有痛經、月經不調等症狀，只是她不好意思向家長說罷了。

失眠、憂鬱症、婦科病能一起治好

一東北女患者因情感問題導致精神抑鬱，茶飯不思，夜不能寐，甚至有自殺傾向。到醫院檢查後發現自己突然得了一串病：失眠、憂鬱症、甲狀腺亢進、乳腺增生、子宮肌瘤等等。西醫拿著檢驗報告如數家珍，給患者帶來很大的心理負擔，好在患者自己也是醫院的醫生，對其藥物與手術毫無信心，並因緣際會找到我。患者及其友人與我反覆探討後，認可了我的治療方案。

凡病者，尤其是重症患者，都有不同程度的心理疾病，故心理治療尤其重要，此乃中醫的優勢，因中醫是治人而非治病。心為君主之官，心亂則五臟六腑俱亂，故心乃萬病之源。由於患者信佛，所以我與她幾經溝通之後，她心裡的鬱結、塊壘釋然不少，便決定在治療期間打坐靜養，配合治療。我用正骨、拉筋、點穴、針灸幾種手段結合治療，結果不到一星期，失眠、頭痛就有明顯好轉，後來每星期治三次，治療兩個月後再到同一醫院檢查，報告單上的幾種病症已經基本消失。

西醫並非不科學，而是過於科學，將「科學」視為真理而否認其他思想。如果沒有經絡的概念，自然無法理解一經生多病，對異病同治就更無法理解了。對中醫而言，這是常識：疏通經脈，則經脈所經之處的病痛就可治，所以幾種病可以一起治，若加上五行的生剋，調理就更方便圓融了。這個病例就是疏通心、肝、脾、腎四條經的結果；而病人心情的釋然，也是醫道、佛法互動的結果。有身必有病，釋迦牟尼佛生病時也求醫問藥。養生的目的包括生理健康與心理健康這兩個層面，而儒、釋、道、醫的修行恰恰包含了這兩方面。

患者自己的心通了，內在系統才能自我修復，治療手法只是調動了患者的內因、內藥，最終治病靠的是患者的自我修復能力。心能療病，也能生病；很多癌症患者過早死亡，就是因為心對死亡的恐懼惡化了疾病。

為何全面調理遠勝分科治病？

對婦科病、失眠、憂鬱症、便秘、肥胖症、黃褐斑等病症外治的療效，引起我對中醫與西醫的思考和比較。越深入臨床，就越感覺中醫的思維方式是引領人趨向「天人合一」，而西醫的思維方式是引領人趨向「天人分離」。依照中醫思想，我從不把病當成單獨的病治療，因為一種病總是與許多病共存，並互相生剋，所以治病是從全身調理這個「人」。面對患者，我首先建議他們忘掉西醫冠以的病名，因為病名如同盲人摸象一樣，只給出了很多病症中的一種，對醫生與患者都具有極大的誤導。若分科治病，只攻其一而忽略其他，後患無窮。

拉筋、正骨、拍打、撞牆這些被我稱為「地毯式轟炸」的手法，實際上起了調理全身的作用，因為拉筋與拍打覆蓋了全身所有的經絡，拍打更方便，哪裡是病灶就可以拍打哪裡。正骨、撞牆以脊椎、督脈為核心，脊椎是維繫全身的支柱，直通腦髓，故脊椎與腦部疾病有千絲萬縷的聯繫。疏通脊椎上下，就掃清了很多看得見的堡壘、障礙與看不見的地雷、陷阱；督脈是諸陽之會，督脈通則腎氣足。拉筋對膀胱經與肝、脾、腎經刺激最大，膀胱經既是最大的排毒系統，又是臟腑的俞穴所在，即脊椎兩旁膀胱經上每一個與臟腑同名的穴位，疏通膀胱經自然有利於所有的臟腑。

總之，無論檢查設備多麼先進，仍然有無數陷阱、地雷無法發現，此乃科學的局限。而「地毯式轟炸」則可將一些現代科技還無法發現的病因、病灶予以排除，再用點穴、針灸這種導彈來「定點轟炸」，進一步掃清障礙。比如對於婦科病，「地毯式轟炸」等於把五臟六腑全部梳理了一遍，定點轟炸則集中調理心、脾、肝、腎這幾條經絡。

啟動人體自身的「殺毒軟體」

二〇〇九年六月，我應邀在北京大學中國文化書院演講，題目是「中醫與文化」，以下是網友對演講錄音做的部分筆錄，正好涉及全面調理的原理，吾簡稱之為「殺毒軟體效應」。

很多人問，拉筋能治耳鳴嗎？拉筋能治頭痛嗎？能治糖尿病嗎？能治高血壓嗎？總之有一個共同特點，就是大家都給我一個病的名字。而我治病有一個特點，首先是忽略他說的這個病名。只要你為了單純解決表面的症狀，問題就來了。比如高血壓，為了滿足降壓指標就拚命地降壓，糖尿病的血糖高就使勁降血糖，有痛症的就只想到止痛。依照中醫理論，所有的病都是綜合性的，都是相關的。比如一個人脾胃不和，可能肝也有問題。為什麼？因為肝屬木，脾屬土，木就是剋土的。人的情緒有問題時出現兩種狀態，要嘛有脾氣發出來，要嘛脾氣不發出來，形成肝鬱，這兩種狀況都對胃、脾有影響。如果這個人告訴我，他從不發火，也從不鬱悶，那麼此人已經是神仙了，而神仙肯定不會肝鬱，更不會胃痛。既然胃、脾、肝有問題，那麼相關的腎、膀胱都可能有問題的。

所以，不要把病當成一個孤立的現象看，要治就一起治，「一勺燴」。用我的話來講，就是「地毯式轟炸」，有沒有毛病先轟過去再說，因為有無數的病你根本就不知道，中醫、西醫檢查出來的都只是一部分，還有很多病看不到，也查不出。拉筋治療時常出現一個有趣的現象：治一個病的時候，另外兩個病也好了。不瞞大家說，我後來治這些婦科病就是這麼歪打正著的，所以我是一不留神就成了一個婦科病專家，開玩笑啊！很多人長期治不好的病，卻通過這種簡單的方法治好了。

與大家解釋多了，重複的話一說再說，所以我用另一個比方來補充說明「地毯式轟炸」，叫做「殺毒軟體論」，這是指人有一個內在的系統，看不見、摸不著，就是中醫所說的經絡系統；而西醫是用其他的說法，比如神經系統，血液系統等。中醫說氣行血才行，眞正發揮作用的是「氣」，「氣」用肉眼看不見，現在西方的科技已經可以用儀器測到這個「氣」的存在了。我有個朋友叫張長琳，他寫了一本書叫《看不見的彩虹》，就是講這個問題。

回到我剛才的比喻，我們無論是用拉筋，還是拍打，實際上就幹了一件事，就是啓動了我們人自己身上的殺毒軟體。一旦殺毒軟體啓動，它就開始在你的全身掃描，什麼地方堵了，它就把什麼地方打通，所以你就會有痠、麻、脹、痛、癢、寒、熱等各種各樣的感覺。經絡堵了就是痛，有點堵但還可以通，就像管子變細了，如果啓動「地毯式轟炸」與「殺毒軟體」，氣行速度加快，這個時候人會有麻、脹的感覺，有時痠、麻、脹、痛、癢都有，有時通了會有暖流，有時拍寒氣也能感覺到。

人們習慣把病當成單獨的一個病，而且被那個病名所迷惑，病名往往又誤導人，因爲人老是想把這個病症去掉而不顧其他。可惜治病不能按這個方式，那應該怎麼治呢？記得我剛才說的這個「殺毒軟體」的比喻嗎？人們不斷問我這個病、那個病能不能治，我就說：「不要忘了殺毒軟體！殺毒軟體！」意思是說，它是一個整體系統，要治病就必須治全身。大家想想拉筋最疼的是哪條筋呢？足太陽膀胱經，對不對，最痛的首先是膝蓋底下的膕窩。這條經從頭到腳貫通全身，是人身最大的排毒管道，打通它可治病無數。可是有人問：「你憑什麼說拉筋可以治婦科病、男科病啊？」當然可以治，因爲這時他的脾經、肝經、腎經都在疏通啊！有的人拉筋時上舉的腿彎，下垂的腿也搆不著地，而且男的居多，因爲男的筋普遍比女的要硬。大腿放不下，就是胯關節筋縮了，胯關節內側有三條陰經：脾經、肝經、腎經，這三條經一通，婦科、男科的病通治。曾經有本書講拍膽經，其實拍內側比外側更加重要，效果更好。裡面的三條經一起拍，會拍出你想像不到的效果來。

最近，我發現拉筋治病的種類還得補充，凡是男的拉筋，尤其是上了年紀的人治得最多的是什麼呢？是前列腺。有個老幹部局的負責人告訴我，退休老幹部百分之九十五以上前列腺都有毛病，他們想盡一切辦法，有時候聽說南瓜子好，就到處收集南瓜子，又聽過什麼藥好，就到處去找這個藥，吃了可能有一定效果，但治不了根。爲什麼《黃帝內經》重點講「經絡」！「經絡」！因爲經絡一步到位。

可是，爲什麼有人用經絡治病搞不下去了呢？就是因爲經絡太複雜。經絡上有這麼多穴位，就更複雜了，所以大家摸索起來比較困難。這就是我爲什麼選擇拉筋的原因，因爲拉筋可謂綱舉目張，大道至簡！拉筋看上去是一個簡單動作，但此動作卻能拉通十二經絡，能拉的都在拉，哪裡疼就說明哪裡不通。等你把這個殺毒軟體啓動了，它就開始在你全身掃描了，掃描的過程就是治療的過程。再繼續說下去，大家就會發現我又老調重彈了，就是這麼簡單！

什麼是「同病異治」、「異病同治」？

中醫治療多為綜合治療，其中既有「異病同治」，又有「同病異治」。拉筋、拍打、正骨就是異病同治，無論什麼病，我都會在其脊椎上「轟炸」一番，而這樣的「轟炸」總是有意想不到的效果。即使沒病，如此「轟炸」一番，人也會清爽許多，治未病之病，符合中醫養生的原則，何樂而不為？更何況人類基本上都處於「亞健康」狀態，凡有病之人幾乎都有一串病，即我說的「複合病」，根本沒有單科病，除非是在西醫眼裡。比如婦科病，雖然病灶在子宮、卵巢、乳房等位置，但病根在心、脾、肝、腎及其經絡上。

西醫雖然將病種分得很清楚，但其分類分的是形而下部分，亦即肉眼或機器可識別的部分。這種分類往往誤導，比如用「腰間椎盤突出」這一病名來解釋很多腰腿痛，就是對人類的誤導，雖然「腰椎間盤突出」的確存在，還有骨刺、椎孔狹窄、骨質增生等更細的分類，但事實上大部分腰腿痛並不是因此導致的，結果無數人因此冤枉花錢動手術。我師傅有一次搶救一個中風偏癱的重症病人時，首先拔掉了輸氧、輸液等西醫設備，然後只用點穴治療。後來病人經搶救脫險，其家屬問：「師傅為什麼要拔掉那些西醫設備？」他回答說：「外面輸入的氧氣、營養再好，有身體自己產生的氧氣與營養好嗎？」

關於「同病異治」，例子就更多了。比如同是痛經與月經不調，因為導致病的病因、病機不同，同樣用心、肝、脾、腎幾條經，穴位的加減就不同，有的就得多加腎經的穴，因為腎陰虛造成患者五心潮熱，腰膝痠軟；有的人要加心經穴位，因其心律不整、心腎不交導致失眠；有的則要加肝經穴位，因其病因可能是肝鬱乘脾，或肝火犯胃，所以需疏肝理氣。還有的人需調理胃經，因為脾胃互為表裡，脾胃不和直接影響全身代謝與消化系統。此外，胃經穿過小腹、乳房，都是婦科犯病的區域。

再比如頭痛，病因成千上萬。依中醫之理，臟腑經絡之氣上亂於頭之清道，以至於不得運行，壅遏經遂而頭痛。即頭痛之因不一定在頭上，而在臟腑器官。通則不痛，痛則不通。頭像天，三陽、六腑之清陽之氣皆會於此，三陰、五臟精華之氣亦注於此。天氣所發六淫之邪，人氣所變、五臟之逆皆能相害。既然五臟、六腑與大自然的五運、六氣都可導致頭痛，頭痛之因豈不成千上萬乎？故治療手段也不同。即使按照西醫的病名，導致頭痛的原因也五花八門，比如頸椎病、肝病、感冒、高血壓等等。

同樣是失眠，但導致失眠的原因卻不一而足，如思慮過度、情感激烈、心神蕩漾、心脾血虛、腎氣不足、心腎不交、心脾兩虛等等，多與心、脾、腎、肝相關。病灶是多種臟腑功能出現問題後在某些點的綜合顯現；反之，同一個器官出了問題，其出現的病灶不一定在同一個點，因為每人的身體條件各異。雖然病灶相同，但是病因不同，只能用不同的療法治療。總之，中醫強調病機、病因，不會拘泥於病灶、病名。

第4部

健脾強腎，養生自己來

第一章

腎脾，健康長壽之本

人要健康長壽，除了心情之外，搞好兩樣最重要，即腎與脾。

中醫一般都從腎立論，確立了以補腎、培補先天為抗衰老的法則，其次是從脾胃立論。兩者同為中醫抗衰老理論的支柱。根據中醫理論，腎乃先天之本，即人與生俱來的精氣狀態；脾乃後天之本，是人出生後從體內運化水穀而生精氣的源泉。腎氣足，則人的精力充沛、耳聰目明；腎氣不足，則無精打采，連性生活都會大打折扣，影響和諧社會。所以，男人最怕人家說他「腎虛」，哪怕開玩笑也受不了。現在電視上經常會看到男性補腎藥廣告，號召「男人要加油」，彷彿吃了補腎藥就能壯陽。其實腎對男女同樣重要，腎虛也不是男人的專利，女人的「腎虛」問題可能比男人更嚴重。凡腎虛的女人都易患婦科病，就如同腎虛的男人易患男科病一樣。中醫認為虛症的本質就是衰老，久勞傷腎。

要想腎氣足，除了強腎，還必須健脾，才能為身體運化滋生精微能源。《黃帝內經》曰：「其知道者，法於陰陽，和於術數，食飲有節，起居有常，不妄作勞，故能形與神俱，而盡終其天年，度百歲乃去。」「食飲有節」，即注意飲食調養，以保護脾胃運化功能。張仲景將內調飲食放在首位，即內調飲食，導引吐納，勿令房勞，以養元氣，外避寒暑，順應四時，以慎風邪。先天之精必須依賴後天之精的不斷滋補，來得以充實；而後天之精的產生，又離不開先天之精的溫化促成，兩者相互依存，維持生命活動。

有人以為胃是管消化的，其實胃與脾共同作用才能消化。胃與脾互為表裡，胃為腑，脾為臟，脾胃不和就消化不好，睡眠也不會好。要想腎、脾功能強壯，最好是平時保養，而不是等得病後再醫治。腎雖然是先天之本，卻可以靠後天練功提高功能；脾胃雖是後天之本，卻主要靠養來維護、提高其功能。

男人與女人都容易腎虛

腎，俗稱「腰子」，西醫認為它是人體泌尿系統的一個臟器，形如黃豆，其生理功能是主管尿液分泌、排泄與調節人體水液代謝。因此，西醫臨床診斷有腎小球腎炎、腎盂腎炎、腎結石等病名。但在中醫眼裡，腎不僅是一個有形的臟器，而且是腎臟及與其相關的一系列功能活動的總稱，如人的精神、骨骼、頭髮、牙齒等病理變化都與腎密切相關。中醫認為：腎為先天之本，是人體生殖發育的根源，臟腑機能活動的原動力。所以腎除了主持人體水液代謝外，還具有主藏精、主骨、主司二便、主生長發育、生殖繁衍等生理功能。所以中醫的腎不僅具有西醫所說的泌尿、生殖系統功能，以及內分泌、神經系統部分功能，並關係到能量代謝、呼吸系統的功能等。所以，中醫對腎的生理病理認識範圍比西醫要廣得多。

「腎虛」是中醫病理方面的一個常用術語。所謂「虛」，即虧虛，指功能衰減。其包括的範圍甚廣，正確瞭解「腎虛」的含意與內容，對於養生保健與疾病的防治具有重要意義。從症狀來看，腎虛包括全身的一系列變化，表現為以下幾個方面：

一、性功能減退。表現為男子陽痿或陽物舉而不堅、遺精與滑精、早洩、不育；女子則表現為子宮

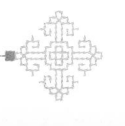

發育不良、月經不調、性欲減退、不孕、大便秘結等。

二、人體早衰。表現為骨質疏鬆、健忘、視力與聽力衰減、掉髮或鬚髮早白、牙齒鬆動易落等。因為腎藏精，而精生髓，骨靠髓養，髓又聚匯於腦。所以《黃帝內經》有「腎生骨髓」、「腎不生則髓不能滿」之說。腎氣足則骨質堅，腦靈敏。反之則骨質疏鬆，遲鈍健忘。因此，臨床常以補腎、益腎法治療骨科及內科的神經衰弱等病症。

三、排泄功能紊亂。表現為尿頻、水腫、便秘。便秘的人常因排便難呈現肛裂、痔瘡等症。雖然大便秘結屬於大腸的傳導功能失常，但其起源也是腎虛，因為腎主二陰，主二便。

四、不明原因的腰痠、腰痛、腰硬、乏力、煩躁，有的人在早晨起床之後感覺明顯。

五、怕冷與怕熱。中醫的腎有陰、陽之分，腎陽是人體陽氣的根本，腎陰是人體陰液的根本。腎陽虛則人怕冷且有四肢冷；腎陰虛則人怕熱，且有手足心熱、低熱、盜汗等症狀。

腎虛讓女人的情緒起伏不定

目前婦科病猛增，其原因如前章所述，與腎、脾、肝、心四條經絡有關。若進一步具體分析它們與腎的關係，會發現腎與腎經對女人至關重要。女人的腎一般到二十八歲就發育到頂峰，從此開始走下坡路，但只是功能減退，還沒發生器質性病變，所以其問題的主要表現形式是腎虛。女性上班族由於心氣高，壓力大，心易亂，情感問題較多，加上生活不規律，很易導致腎虛，而腎虛又極易導致各類婦科毛病，所以腎虛與婦科病幾乎成比例急劇上漲。其主要症狀是記憶力減退、注意力不集中、情緒不穩定；生理上表現為月經紊亂、閉經、性欲低下、失眠、煩躁、焦慮、多疑等，總之就是感到渾身不對勁。儘管很多人還沒到更年期，卻提前有了上述更年期的症狀。綜合外在表現看，腎虛的確讓女人的情緒起伏不定。

第二章

腎，先天之本

有的人有乏力、煩躁、不舒服、疼痛等症狀，但西醫設備檢查後結論是沒病。如果經中醫診斷，就很難發現人沒病。你會聽到腎虛、上火、脾濕、陰陽不調、心腎不交、脾胃不和之類的話，這些都說明身體的某些功能不太協調，但還未到器質性病變。而其中對於慢性病最常見的結語之一，就是「腎虛」，嚴重的則曰「腎衰」。其實腎虛、腎衰都是人的生命發展週期中無法逃避的必然過程，隨著生命的老化，臟器功能的衰退是生命的必然。問題是，如何延緩這種衰退？

強腎，靠「吃」還是靠「練」？

有人以為腎既然是先天之本，腎功能的強弱便只能聽天由命了。其實人完全可以靠後天的努力來彌補先天不足，從而加強腎功能。問題是：「如何補？」只要一提到補腎，有人想到的總是各種補藥與美食，似乎「吃」是補腎的不二法門，鋪天蓋地的藥物與食品廣告都鼓勵人們靠吃來補。我建議大家憑常識判斷一下：如果真如人們想像的那樣「吃什麼補什麼」，那身體最好的一定是最有錢與有權的人。然而，古今中外都沒這麼回事，反倒是補出問題的不少。所以皇帝的平均壽命都很短。正確的補腎之法不僅靠「吃」，更要靠「練」，即靠練功來補腎。

如果世上真有某物吃了就補腎而無副作用，那此物早已風靡全球了。有人打著強腎的幌子猛吃猛補，結果腎未強健，脾先濕濁。肥胖就是脾胃不和、脾濕過重、排泄不暢的結果。目前有三億中國人超重，按目前的趨勢推斷，若干年後大約三分之二的中國人會超重，而超重者大多是因吃多了不能泄。若脾胃本身就有問題，如何化精養腎？所以，強腎健體的根本在於修練，亦即修身養性。即使想讓那些營養起作用，也得靠「練」。否則吃一堆「高級」營養，只會是拉一泡「高級」屎，而「高級」屎與「低級」屎的區別就是高級屎更臭。不信你們試試，看吃素與吃葷拉的屎哪個更臭。牛、羊之類素食動物拉的屎，不僅沒有惡臭，反而會有股淡淡的草香味兒，它們會被用於肥田或者當燃料，來自草原與農村的人對此都有所體驗。所以，從古到今的健康長壽者都不是補出來的，而是修身養性的結果。強腎就是修身的一部分。事實證明，適當的練習可強腎，而盲目補腎弄不好就成了「偷雞不成蝕把米」，壯志未酬身先衰。

關於補腎的文章與說法如此之多，以至於那些本來就愛吃喝的人更理直氣壯地滿足食道快感，於是每天都吃撐了才算。一些急於補腎的男子，只要說明書上有「補腎」二字，掏錢就買。不需要補腎的人吃補腎藥，反而給人體臟器增加排毒負擔，形成藥源性疾病，即藥不治病反而造病。還有一些人以為補腎就是壯陽，所以在享受壯陽藥帶來的短暫快樂後，很快陷入腎功能衰竭。

即使真腎虛的人也不能亂補，至少先要養好脾胃，分清陰陽、虛實。腎的精、氣作用分為腎陰、腎陽兩方面。比如有人為補腎常吃六味地黃丸，六味丸是從金匱腎氣丸演變出來的。腎氣丸是八味藥，而六味丸只六味，少了桂枝與附子。而這兩味藥是補陽氣的，其餘六味調節的是陰精。本來有些人是腎陽虛，四肢發涼，六味丸更加重了腎寒，令腎陽更虛，豈不南轅北轍？所以陰虛之人才宜服六味地黃丸，而腎陽虛者只宜服金匱腎氣丸。若脾胃不和者，則宜先服人參歸脾丸，隔半小時後再服金匱腎氣丸。

我們經常聽說這種或那種食品有什麼營養，吃了如何如何好，這是西醫的思維方式。哪一種食品沒營養呢？關鍵不在於有沒有營養，而在於是否對症、適量。若不對症或不適量，高營養吃了也起副作用。大家迷戀補，既是因為想滿足食道快感，也是因為懶惰，總想不勞而獲，以最舒適、最不費勁的方式獲取健康。可惜「天網恢恢，疏而不漏」。

強腎首要秘法——拉筋

我宣傳推廣拉筋兩年多以來，發現因拉筋而使腎功能提高的案例舉不勝舉。在女性中，拉筋的主要功效表現在治療各類婦科病，尤其是腰膝痠軟、月經不調這類腎氣不足導致的病。對男性中年人而言，拉筋最大的好處是全方位提高腎功能，尤其是壯陽。

經常有朋友神秘兮兮地問我：「哥們，怎麼拉筋有這效果啊！」我問：「什麼效果？」答曰：「不欲而舉呀！」我明知故問：「啥意思？」答曰：「就是二十來歲才有的狀態，而且拉筋幾次就持續幾週呢！」對於老年人，拉筋最明顯的好處是有效治療各類前列腺疾病。這一點無論在中國、美國、英國的老人中，療效完全一致，有效率達百分之九十以上。而且凡拉筋之人，都是在中西醫藥物久治無效後才開始拉的。當然，如果早些拉，則根本就不會得這種病。

為什麼拉筋能強腎固精？大家可回頭看看前面講「拉筋的原理」部分。拉筋通常拉得最痛的經是膀胱經，而膀胱經與腎經互為表裡，一個是腑，一個是臟，如同肝、膽的關係一樣，所以才叫肝膽相照，一榮俱榮，一損俱損，拉通膀胱經，腎經自然受益。其次，拉筋同時也拉開了大胯內側的腎經、肝經、脾經，此三經皆與生殖系統的氣血密切相關，而陽具的勃起全賴氣血。第三，拉筋時後舉、上舉兩臂，拉開了心經、心包經，對與心及主動脈相關的氣血流暢大有裨益。大家知道，凡是心臟有問題的人，關鍵時刻性器官一定不靈，有人因此連氣都喘不過來。拉筋強腎的有關原理，讀者至此應該一目了然了。

順便提一句，有人以為抽菸傷肺。其實傷肺乃次要，關鍵是敗血，菸鹼進入血液等於隨血液進入全身，並使血液黏稠度及各種有害物質增加，於是血壓、血脂、血糖都跟著升高，極大削減了心、腎的功能，進而影響氣血流暢，導致腎氣不足，性生活便因此大打折扣。所以，泰國政府乾脆規定香菸上必須明確註明：香菸影響性功能。

在美國發現練腎功的高人

一九九四年，我在美國洛杉磯結識了一位來自國內的民間中醫王大夫。此人具有兩項絕技：號脈、點穴。其號脈之準確，至今我還沒發現可以匹敵之人。準確到什麼地步呢？可以說比X光與電腦斷層掃描還精確，比如在腰椎第二節右後方什麼部位長了多大個東西，在胸椎第幾節的左側有個異常點或病痛點，或者腦枕骨左側有個約十年前的外傷等等。至於臟腑的功能狀況，他會說得更清楚，他用點穴的治療效果也很好。我們一見如故，從此結緣。因為他不懂英文，我就熱心地帶他在美國到處跑，因為我與友人的「吹捧」，還讓他給當時的聯合國秘書長加利夫婦看過病。有一次我帶他去給一個醫學院演講，院長先給他號脈，結果令人震驚，因為院長本身是醫生，對自己的身體狀況很清楚。後來演講被取消，因為所有師生都要求排隊號脈。那天我忙得口乾舌燥，因為我得翻譯所有人講的話。

給他當翻譯時間久了，我便發現了一些關於腎的共同規律：幾乎所有疾病都或多或少與腎相關，而且絕大部分人的腎功能都有不同程度的問題，無論亞裔、歐裔或拉丁裔的人全都如此。我唯一見到的一個經他號脈而診斷為腎功能完好的人，是紐約的一個拉丁裔混血兒武術教練。因為他長期練習武功與禪修，動靜相宜，陰陽平衡，所以腎功能才完好。腎功能衰退是個緩慢的自然過程，人在這個過程中可以通過順乎自然的生活方式加強腎功能，延緩衰退。可是多數人用違背自然的生活習慣加劇腎的衰退。凡在生活中注意調理的人，其腎氣自然充足。

我認識王大夫已經十多年，他始終處於精力旺盛、耳聰目明的狀態，而他的絕招就是通過平時練功保養腎。我從他那裡學了一招簡單的強腎功，我稱為「扭腰功」，從另一位佛、道雙修的高人那裡學了「貼牆功」，也是強腎的功。現簡介如下。

強腎功法之一——扭腰功

扭腰功是一套有效的強腎功法，簡便易學，收效迅速，且不受場地、時間限制，在家裡、辦公室與旅途中都可以練習。增強腎功能就意味著增強了精力、性功能、記憶力、骨骼，減少掉髮、黑斑與皺紋。此外，它對所有腰胯以內的疾病都有療效，如前列腺炎、膀胱炎、腸道疾病、便秘與婦科類疾病等等，而且還可以減肥，其減肥區域在腰、胯、臀、腹部，正是贅肉最多的部位，所以此法令男女老少皆大歡喜。

動作要領

1 雙腳站立與肩同寬，身體略微前傾；雙腳腳趾緊緊向下抓住地面。

2 雙手用力撐開，掌心朝內護住丹田處（肚臍下方），兩隻手的拇指、食指形成的空白正好在丹田處形成一個空空的方形，雙肘自然彎曲至九十度左右，與雙手在用力時形成固定位置（見圖一）。

3 以脊椎為軸心，兩胯帶動整個臀部向左做圓形扭動（見圖二），經身體左側、後方，最後從右方返回，使整個肚皮與胯部正好轉完一個三百六十度的圈，以此動作連續做二十下，即轉二十圈；轉圈時雙肘與雙手都在原位置固定不動，就像新疆舞裡腦袋移動而雙手不動的動作。

4 向左方的轉圈扭動做完二十個之後，再以同樣的姿勢向反方向轉動胯部二十次；做完後再向左方轉動二十次，如此反複變化方向轉動。

5在整個練功過程中，口須微張，與鼻孔一同呼吸，不可緊閉。

注意事項

剛開始練習時，最易犯的錯是手與臂沒用力繃緊，因此不固定，導致手臂與雙臀不由自主地跟著一起扭。所以要注意雙臂、雙手在扭動時要繃緊不動，只讓臀胯扭動，這樣扭，腎氣會提升得很快。此外，要注意雙腳的腳趾緊扣地面，這樣既固定了身體，又接通了地氣，還打通了腳上的經絡。平時除了練扭腰功，還可用提肛來配合，療效會更顯著。比如開會、坐車、走路的時候，都可以堅持提肛，時間越長越好。經過幾次練習後動作會逐漸標準。

如果動作標準，通常做完一分鐘就會腰胯發痠、脊椎發熱。如果每天能做三到五分鐘，善莫大焉！堅持一個月，你會發現自己的體質會全方位提高。

扭腰功的奇效

一位歌唱家剛開始練腎功，全身都在轉圈時一起動，雙肘與雙手沒固定，做起來毫不費勁，自然也沒效果。後來他

•圖一

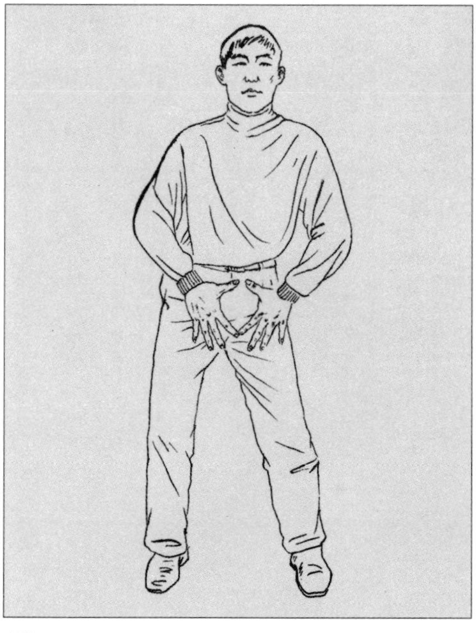

•圖二

的性生活品質下降，掉髮嚴重，晚上頻尿，遂找王大夫治療。王大夫首先糾正了他的練功姿勢，讓其手臂在扭動時固定不動。歌唱家立刻發現，如此動作比以前費勁多了，且很快就汗流浹背、脊椎發熱。但他為了偉大的目標咬牙練習，堅持不懈。一個星期過後，其動作逐漸正規，扭腰的時間也漸漸增加，從一分鐘慢慢增加到三分鐘、五分鐘。剛練一個月，其夫人就對他大加讚賞，說他現在革命、生產兩不誤，白天、晚上都有勁，掉髮減少，尿頻不再。最令他有滿足感的是，全家體檢後發現，他是家人裡所有指標最正常的，儘管他的年紀是全家最大的。

一中年婦女畢生愛吃，有便秘、失眠、黃褐斑、掉髮、肥胖等多種問題。經中西醫多年治療，效果欠佳。平時她已經習慣於靠吃減肥藥、安眠藥、維生素與塗抹各種護膚品過日子，然而斑點更多，二便不暢，甚苦惱。經我拉筋、正骨後，效果很好，我乘機鼓勵病人自救。在我的開導下，她堅持拉筋、練扭腰功。剛開始練習時，她連半分鐘也無法堅持，感覺太累，而且動作很不標準，後來慢慢糾正姿勢，勉強可以做一分鐘，已經氣喘吁吁，大汗淋漓。但為了通便、減肥，她咬牙堅持，哪怕做一會兒休息一會兒。兩個月後，她漸漸可以扭動到五分鐘，此時便秘已全面好轉，睡眠品質大有提高，掉髮明顯減少，連她恨透的斑也變淺。三個月後，其體重減少了十五斤，基本祛除了她腹部、臀部的贅肉。她激動得高呼：「扭腰萬歲！」需要說明的是，她的病雖然有一串，但基本上與脾、腎、肝三條經相關，所以一旦經絡通暢，其病症也會成串消失。

一位五十八歲的幹部患前列腺炎，頻尿、腰痛、全身乏力，嚴重影響了工作與生活。經正骨與針灸治療三次後，症狀減輕。我建議他以後不必再治療，自己在家堅持扭腰、拉筋這兩項足矣。為了治病，他堅持練扭腰功、拉筋，而且每天各練三次，三個月後，他每次練腎功的時間從一分鐘漸漸提高到三分鐘。半年後，他的前列腺症狀全部消除，體力恢復很快，連停止很久的性生活也恢復正常，老婆比他還開心。

強腎功法之二——貼牆功

這是另一民間高人教我的練腎之法。此人佛、道、醫、武皆通，但藏而不露。他少年時代就獨自跑到峨眉山尋仙訪道，修習禪定，後來又跟多人學醫習武。他除了工作與修行，一有機會也四處雲遊，拜仙訪賢。貼牆功類似扭腰功，只要練幾分鐘，腰腎及整個脊樑會很快發熱，督脈貫通，腎功藉此迅速提高。需要強調的是，貼牆功除了練腰腎、提高腎氣，同時也是一項拉筋練習，腰胯、大腿、膝蓋、小腿、腳趾的筋都因此而拉鬆，對肝、脾、腎經都有好處。

動作要領

1 人面對一堵牆、一扇門或者一面鏡子站立，鼻尖觸牆，腳尖也觸牆（見圖一）。

2 鼻尖貼牆慢慢下蹲，直到雙腿徹底彎曲，完全下蹲，雙臂抱住下蹲的雙腿（見圖二）。

3 鼻尖依舊貼牆，身體緩慢起立，直到完全直立。

4 重複第一次下蹲的動作。

注意事項

此法看似簡單，但剛開始有難度，主要是腎氣不足之人無

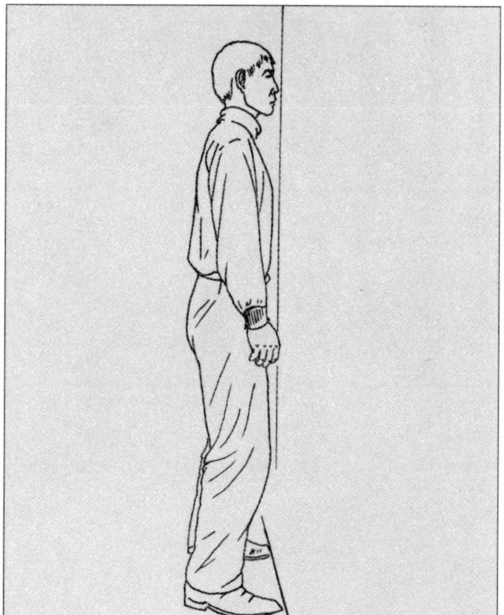

•圖一

•圖二

力蹲穩，起立乏力，重心容易向後傾斜倒地。所以剛開始練時必須將腳尖稍稍後移，後移距離因人而異，保持重心穩定即可，然後緩慢下蹲、起立。練此功時一定要專注於脊椎的直立與身體平衡，否則一不留神就會向後倒。下蹲、起立的次數由自己決定，多少不限。但每次起碼應有九次以上，然後以九次為單位，逐漸加大到十八次、八十一次等等。

貼牆功治療腰腎疾病有奇效

一位七十多歲的老幹部腎虛，患前列腺炎、耳鳴、失眠久矣，渾身乏力，久治無效。在我的開導下，他決定自強不息，擺脫對藥物的依賴。他意志堅強，每天早晚練貼牆功兩次，從不間斷，每次起蹲次數從三次增加到八十一次，練了不到兩個月，前列腺問題就完全消失，耳鳴不再，睡眠也大有好轉。

另一位友人掉髮很嚴重，經常腰痠、頻尿、失眠。因在醫院久治無效，他自救的決心更大，每天練三次，練了三個月，每次起、蹲次數從兩次增加到一百多次，此外他每天還堅持拉筋。結果他現在掉髮明顯減少，頻尿與腰痠背痛消失，睡眠好轉。

有一對中年夫妻倆都腰痠背痛，男的還陽痿，女的嘴唇乾燥、便秘、失眠，夫妻生活基本消失。我給他們施過幾次正骨與針灸，雖然療效顯著，但我建議他們還是應以自己練功為主。現在夫妻雙雙練貼牆功與扭腰功，每天各練兩次，整體練功時間從二十分鐘逐漸增加到一小時。兩個月後兩人腰痠背痛大為減緩，男的不再陽痿，女的便秘、失眠症狀消失。

說明：如果將扭腰功、貼牆功與拉筋結合在一起做，幅度與強度由患者根據自己的具體情況而定，一定會收到更好的效果。前兩者以練腎氣為主，腎氣足則精氣足，精氣足則神氣旺，這對心、肝、脾、肺等臟腑都有好處。而拉筋則通過拉鬆十二筋經將全身十二經絡全部貫通，尤其是背部的督脈、四條膀胱經與腿上的肝、脾、腎三條經被率先拉開，這幾乎影響了全身的經絡與臟器，無異於對自己做了全身調理！

強腎之道：有所為，有所不為

既然提高腎功能的絕招在於「練」，而不是「吃」，那到底該怎麼「練」？除了常練拉筋、扭腰功與貼牆功，還有幾個平時可用的妙法：

◎經常對腰部進行按摩。因為此處乃命門、腰腎所在。兩手對搓發熱後，緊按腰眼處，稍停片刻，然後用力向下搓到尾閭部位（長強穴）。然後再回頭重搓，每次搓一百至二百遍，每日早晚各一次，至有熱感為止；也可買帶角的按摩棒自己在腰眼處點穴。

◎每天搓腳心。兩手對掌搓熱後，以左手擦右腳心，以右手擦左腳心，早晚各一次，每次搓三百下。因為腳心的湧泉穴是腎經的起點，整個腳底也是濁氣下降的地方，經常按摩湧泉穴與腳底，可益精補腎、防止早衰，並能促進睡眠，增進食欲。

◎經常用艾灸自己的穴位。有婦科病、腎虛、失眠的人，可經常灸湧泉、三陰交、神闕（肚臍）及其上下左右，背後可灸命門、腎俞等，簡言之就是命門的上、下、左、右。有幾個穴位可終身灸，如神闕、足三里、三陰交等。

◎每天做縮肛運動。全身放鬆，自然呼吸；呼氣時，做縮肛動作，吸氣時放鬆，反複進行，次數不限。平時乘車、坐飛機、排隊的時候都可做此運動。

◎常打太極拳。練習太極拳，最好是清晨在空氣清新的公園內、樹下、水邊進行。

◎站樁。每天太陽升起時站樁半小時到一小時，對培補元氣有極大的好處。站樁的姿勢很多，相關的書也不少，只要抱一守一，堅持站樁，定會氣血暢旺，精氣實足。

此外，除了有所為，還要有所不為：

◎不宜性生活過度。不勉強，不放縱，幹這事兒跟吃美食一樣，多了適得其反。

◎不宜多吃腥葷。蔥、韭、蒜為葷，肉、魚為腥，吃多了跟放縱性生活一樣，消耗精、氣、神。

◎不宜晚睡，尤其不宜超過半夜，即子時。經常晝伏夜出的人，身心問題巨多。若有可能，中午能睡一覺更好。俗話說：「常睡子午覺，肯定十年少。」

◎不宜飲酒過度。酒多傷肝、傷腎、傷脾、傷血耗氣，需適可而止。

◎不宜抽菸。抽菸除了損害肺部，更主要是破壞血液。菸鹼導致血流放慢，血壓、血脂、血糖增高，還降低性器的勃起功能，所以說「抽菸影響性生活」。

第三章

脾，後天之本

根據醫學資料統計，全世界大部分人都有不同程度的脾胃病，中國人尤甚，因心亂，且超級愛吃。國人對「吃」引以自豪，我卻以為這是世代捱餓的結果，或曰中國人的共業。人對胃的感覺明顯，如胃痛、胃脹、打嗝等等。人對脾的感覺卻不明顯，但實際上傷脾的結果更嚴重，比如脂肪堆積、痰濕增多、瘀血滯氣等等。

中醫將脾胃歸為一體。《黃帝內經》云：「脾胃者，倉廩之官，五味出焉。」將脾與胃的受納、運化功能比作倉廩，攝入食物，輸出營養，可見脾胃在人體占有極為重要的位置。但是中醫講的脾胃不是西醫解剖學上的臟器，它超越了消化系統。在五行中，脾屬土，位居中央，四方兼顧，滋養萬物。脾與胃，一陰一陽，互為表裡。胃主受納，脾主運化，食物進入胃以後，由胃磨化腐熟，然後由脾消化吸收，化生為精微營養物質。所以，脾胃相互協調才能正常發揮。現代為什麼有這麼多的脾胃病？為什麼有這麼多胖子？歸根究底就是因為脾胃不和，即胃受納有餘，脾運化不足。說白了，就是吃多了！很多人想減肥，卻以為減肥跟理髮一樣，用各種物理方法除掉即可，全然不從根本上找原因！

中醫學認為元氣是維繫生命的根本，元氣根源於腎，由腎中精氣所化生。腎中精氣以先天之精為基礎，又賴後天水穀精微的培育。若脾胃之氣受損，則元氣不充。所以，元氣盛衰，並非完全取決於先天稟賦，與脾胃運化水穀精微的功能密切相關。《本草綱目》云：「土者萬物之母，母得其養，則水火既濟，木金交合，而諸邪自去，百病不生矣。」脾胃健旺，元氣充沛，則氣血化源充足，自可益壽延年。從西醫學的角度分析，蛋白質、維生素、微量元素的攝取，全靠胃腸的功能，即中醫所指胃的受納與脾的運化，脾胃不和，則必然影響到營養物質的攝入、轉化、輸布與糟粕廢物的排除，久則臟腑失養，功能減退，甚至形成痰濁、瘀血等病理產物堆積，而致早衰，甚至死亡。

吃喝，究竟補了身體還是病體？

現代人對食道快感無度的追求，導致了對脾胃的蹂躪。對於吃素與吃少的人，人們經常會關切地問：「這麼吃營養夠嗎？會不會因為營養不夠生病？」其實只要到任何一家醫院看看就知道答案了：醫院的絕大多數病人皆因吃多了生病，高血壓、腦動脈硬化、中風偏癱、糖尿病、心臟病、胰腺病、癌症、肝病、胃病、腎病等等，全是營養過剩造成的。至於肥胖，就更不用說了！凡是胖子統統都腎虛，所謂虛胖，就是腎虛而人胖。人們以為吃進去就完事了，其實巨大的工作量都留給了脾胃。可憐的脾胃，每天不得不超負荷運轉，人睡了它依舊工作，長期如此，不出問題才怪！

人們吃啊吃，以補養的名義毀滅脾胃！

人們之所以敢大吃大喝，除了追求食道快感，還有個原因，就是以為「吃什麼補什麼」。中醫講究平衡，所以健康之人在《內經》中被稱為「平人」，「健康」才應是標準，而不是肥瘦、快感。營養物質吃多了肯定有副作用，因為營養除了滿足人體正常的生理需求，也滿足體內病體的需求，比如各種癌症、病菌、炎症、腫瘤、包塊、鼻涕、膿包、硬化的血管、堆積的脂肪等等，統統都需要營養來維持生長。也就是說，疾病也是我們吃出的成果。所以，要想過好日子，還是應該先治病，否則營養越多病越多。想想看，農民給莊稼施肥之前得先把地裡的野草拔掉，否則它們吸收肥料比莊稼還快。人若健康就不會過胖或過瘦，也不會長斑、起疙瘩。很多人以為自己在進補，哪知是「塞翁得馬，焉知非禍」。身體沒養好，反而把體內的病體、病菌養得很好，讓腫瘤、包塊、脂肪與痰濕茁壯成長。

與腎不同的是，脾胃似乎沒什麼動功可練。養脾的功法是靜功，比如打坐、禪定等修身養性之法，對提高脾、腎功能甚有效，因為禪定修的是心，而心主神明，乃君主之官，統攝其他器官，故最為重要。古人云：「寧靜致遠，定能生慧。」其實寧靜亦養脾胃。《內經》曰：「思傷脾。靜即無思，自然養脾。」所以打坐、禪定、靜坐都是以無為而治的法門來保養脾胃。

另一個療法是「辟穀」。多數人對此感到神秘或恐懼，有人居然要下很大決心才敢辟穀，搞得跟準備上前線打仗一樣。我對辟穀的感覺，與市面上描述的神秘與恐懼可謂大相逕庭，簡單說來，我一直跟小孩盼著過年一樣盼著辟穀，所以當肖道長答應教我辟穀的時候，我真的是歡天喜地進入辟穀，絕無絲毫恐懼。我與一位中醫高人一起到山裡跟肖道長辟穀十日，雖然時間不長，但對辟穀與養生、治病的關係有了大量切實體驗，並每天都做了詳細的辟穀日記。

我以後會專門談論辟穀療法，前提是我自己與大量人群有更多辟穀的臨床實踐之後。目前多數人不敢辟穀，因為害怕。但退而求其次，人至少可以少吃，以減少脾胃負荷，從而保養、提高脾與胃之氣。由於貪圖食道快感，大部分人的脾胃都慘遭蹂躪，所以只要少吃就是對脾胃的保養。父母往往唯恐子女吃少而勸其多吃，實在是害了子女沒商量！如果說打坐、禪定難度很大，那麼吃少點不至於那麼難吧！一般人都知道吃七分飽最好。可是大家揣著明白裝糊塗，吃到十七分飽才過癮，尤其是碰到自己心愛的美食。

辟穀高人肖道長有句名言：從古到今，凡高壽者皆形體瘦，凡短壽者多肥胖人，而現代胖子的共同特點是：統統腎虛。由此可見，腎虛大約有一半歸功於吃。

保養脾與胃的原則：少食、素食、雜食

關於營養方面的書已經很多，但是誤導很嚴重。我的建議是少食、素食、雜食，並以吃主食為主。現代科學還有太多的原理沒弄懂，有的多為一孔之見，所以，西醫與西方營養學對於食品營養的解釋，總是顧此失彼。不僅食品，西藥也一樣，所以，至今還沒有三個超過百年的西藥，因為很快就因有副作用而淘汰，甚至連超過二十年的西藥都罕見。但是中醫的養生原則實施了幾千年，並認為「藥食同源」，所以中藥用了幾千年卻依然管用。現在許多人將副食當成主食，以吃菜為主，這也是很多疾病的根源之一。從古到今，中國一直有「看菜吃飯」的說法，亦即菜是用來下飯的，不是當主食吃的。

最近我在深圳發現了一個符合素食、雜食原則的食品，名叫「五穀磨坊」，是用五穀雜糧當場磨成的粉狀食品，可即沖即飲，老少咸宜。其實在發現這個食品之前，我與另一個搞中醫的友人就在自己做這種食品，因其符合素食、雜食原則，但自己買來不同雜糧再做很麻煩。現在有專業公司製作、推廣雜糧，立刻令我眼睛一亮，感覺「五穀磨坊」的創辦人實在是立了一大功德。這種食品完全符合中醫「藥食同源」的原理，如果按照中醫理論進行配方服用，則效果更好。我現在將「五穀磨坊」的產品食用了半年，幾乎每天當早餐，有時當晚餐，果然補氣、提神、通便。其實這種產品對老人、病人、兒童尤其適用，因為它們不僅營養豐富均衡，而且極易被消化吸收。

但我們面臨的大問題是，吃的食品幾乎都被污染了。我國占全球百分之十的耕地，卻消費了世界百分之三十的農藥。結果農業污染占了全中國污染總量的近百分之五十，土壤與水的污染嚴重，直接影響人的生命健康。最近綠色和平組織在北京、上海、廣州知名超市抽樣檢測顯示，平均每種農產

品上使用了四至五種農藥，並且部分產品含有法律禁止的農藥。這對兒童、老年人與免疫力低下者的生命安全構成了威脅，提高了腫瘤及基因突變病症的發病率。此外，由於化肥與激素的使用，使農產品中的營養物質含量下降，許多產品失去了自然的風味與口感，不利於兒童的發育與病患的康復。

目前真正的無污染食品少之又少，幾乎為零，大部分所謂「無污染」、「有機」其實都是假冒偽劣，以次充好。因此，發展真正的無污染有機食品已經成為當務之急，時代的呼聲。

為何要少食？

在吃的量上，中西醫居然達成了一致，就是少吃為妙。西醫為此做過許多專門試驗，剛開始用老鼠試驗，將老鼠分為三組，分別吃最多、中等、最少，結果吃得最飽的得病最多、壽命最短，最健康、壽命最長的是吃得最少的那組。後來以人做試驗，其結果與老鼠試驗的結果相同。一位法國人早年吃喝無度，結果年近五十就百病纏身，他從一位科學家那裡知道了對人與鼠的食量測試結果，便忽發奇想，問他到了這把年紀少吃是否還來得及？科學家說只有試了才知。於是為了多活幾年，這老頭開始每天飲食減半，這樣長年試驗下去，效果越來越好，結果不僅治好了折磨他多年的慢性病，而且讓他活到九十多歲才壽終正寢。另一經典案例是印度的國父甘地，我上大學時讀其傳記，印象最深的就是他每次得病時用的不二法門——禁食。他一週不食，病自癒，且屢試不爽。須知，他還是個終身的素食者。

古今中外，凡長壽者都以少食為原則。許多先天體弱多病者因病而注意飲食，保持了人體平衡，結果成了長壽者，「塞翁失馬，焉知非福」；而許多先天體質強壯、脾胃好的人，卻倚仗自己的身體優勢吃喝無度，結果造出一堆病，最後早死，「塞翁得馬，焉知非禍」。

歐美各國對長壽者研究的結果與中醫的帶病長壽論相同，即長壽者也可能患有各種常見疾病，但是他們基本保持了人體的大平衡，所以長壽。如果人能清心寡欲，堅持吃五成飽養脾胃，自然會長壽。女人如果這樣堅持，體型就會正常，肌膚就會光潔，因為這都是健康的必然結果。

我的好友程邁越從二〇〇八年耶誕節開始了他過午不食的生活，亦即不吃晚飯，至今已逾半年，其結果是：精力充沛，小病消失，體質全面改善，身心更加敏捷，還減了幾斤贅肉。

為何要素食？

另一個保養脾胃的好辦法是吃素。

關於吃素的爭議已經很久，而且會繼續下去。現在很多人吃飯不是為了吃飯，而是為了吃菜，其原理跟抽菸、喝酒、吸毒一樣，是貪圖某種快感。所以，他們會理直氣壯地認為這是快樂生活不可缺少的部分。可惜「天網恢恢，疏而不漏」，享受了食道快樂的人，也一定會承受其結果。我是個實踐派，經歷了七年完全吃素的過程後，我除了感覺輕鬆、敏捷與身心的自由，從未有營養不良之感。近幾年雖然在外應酬時隨緣而食，在家仍吃素。最神奇的是我門牙上的牙縫，吃素後居然完全長攏了，這大約是人們常說的吃葷容易導致缺鈣的結果。

有的人行動力不強，也缺乏好奇心，所以從來沒試驗過吃素，連半吃素也沒試過，畢生都吃葷，當然不知吃素的快樂。也許這正是人之為人的特點，選擇不同，也承擔不同的後果。人介於神與獸之間，所以兼具神性與獸性，人的身體便成了神與獸爭戰的戰場。即使從生理結構上看，人似乎也具有矛盾的兩重性。因為人是雜食動物，吃葷、吃素均可。但從健康的角度分析，人還是更適合吃素，至少素食比肉更易消化。肉食動物食肉的本性是天生的，所以其牙都銳利，而食草動物的牙都是平的；食肉動物的腸子很短，便於快速排泄毒素，而素食動物的腸子長且彎，吃肉後毒素不易排泄；此外，食肉動物的脾胃可大量分泌胃酸以便消化肉，而人的脾胃沒有肉食動物這麼強大的造胃酸功能，所以人吃肉增加了脾胃的工作難度與強度，容易導致胃病。

至於肉中的毒素、脂肪、激素等高科技給人帶來的害處就更多了。現在小孩長得更高了，父母都很自豪，其實這是肉類中激素催生的結果，連女孩的月經都比從前要提前，早熟意味著早衰、早死，瓜熟則蒂落，值得深思啊！如今連農民養豬、養雞都分兩種，一種是給自己吃的，所以不餵激素、化學添加劑，另一種是當商品賣的，各種激素、添加劑，甚至安眠藥、避孕藥都餵，因為這可以讓動物們心無旁騖，消滅性欲，一心只睡覺、長肉。

美國最近出了一本暢銷書，台灣版譯為《救命飲食》，大陸版譯為《中國健康調查報告》，佳評如潮。這位被譽為營養學愛因斯坦的世界營養學權威，曾經也是乳肉品、蛋白質的忠實信徒。然而在深入亞洲，特別是在中國，進行了一連串全面廣泛而精密的調查研究之後，他卻發現了一個又一個令人震驚的可怕秘密。幾經掙扎思考後，冒著成為產業界及學術界公敵的風險，坎貝爾博士決定將該研究成果的真相公諸於世。許多你不知道的事實，坎貝爾博士都會在這部全面而完整的營養學巨著裡告訴你。我從中摘錄主要結論供參考：

◎罹患肝癌的孩子，大都來自吃得最好的家庭。

◎攝取最多牛乳與乳製品的國家，骨骼最差，骨折率也最高。

◎以肉食爲主的美國男性，死於心臟病的比例是以植物爲主食的中國男性的十七倍！

◎醫師會動手術與開藥，卻不懂營養，因爲他們根本沒受過營養學的訓練。醫師決定如何進行治療的考慮要點，通常基於金錢，而不是健康。

◎「死亡，是食物造成的！」柯林．坎貝爾博士的《中國健康調查報告》如是說。只要改變飲食習慣，不吃動物性蛋白質，許多病患就能不藥而癒。

◎每天只要吃下六十公克以上的動物性蛋白質，體內致癌因素啓動的機率就會很快地大幅增加。

◎十八名嚴重的心臟病患在參與研究計畫並實行全食物蔬食後，不僅所有的心絞痛等症狀都消失，其中十一名病患原本阻塞的動脈都暢通了。

◎廿五名第二型糖尿病患，在實行高纖低脂的素食生活後，才短短幾個星期裡，有廿四名都不必再接受胰島素藥物治療。

◎在一四四名多發性硬化症病患裡，凡是飲食中飽和脂肪含量超過二十公克者，有百分之八十會死亡；而飲食量低於二十公克者，死亡率只有百分之五。

簡而言之，坎貝爾博士所進行或搜集到的所有研究資料，都指出一個事實，那就是：世人認為最營養、最優質的食物——奶、蛋與肉類，在實驗結果裡卻是史上最強、最有效率的健康殺手！坎貝爾博士耗費四十餘年，進行無數嚴謹的生物醫學研究，包括長達二十七年的權威性實驗室計畫，集結康乃爾大學、牛津大學與中國預防醫學科學院二十年智慧結晶的「中國營養研究」，成就本書背後最重要、最深厚的證據基礎，奠定了《中國健康調查報告》無可取代的指標性與重要性！吃素與否，吃素多少，這本書至少可供參考。

吃的自由意志與因果

有人大談吃素營養不夠，這類人肯定沒自己試驗過，多為想像或道聽塗說。我親自試驗了多年，證明這是胡扯。其實人吃的肉，也是動物吃草長出的，故終極營養還是素。營養與血壓一樣，其實並無統一標準，自己的感覺最重要。如果有病，理應先治病。有病時不治病而瞎補，吃了營養豐富的東西反而可能被腫瘤、病菌之類吸收，產生更多的垃圾、贅肉。飯桌上經常有人奉勸吃素者改吃葷，可笑的是這種人往往自己一身是病。他們以為能吃就是脾胃好，根本不管能不能泄。

總而論之，少食、素食一般對身體有益，你可以試驗一年吃素再發言，這樣比較負責。北方人土重，脾胃在五行上屬土，所以北方人脾胃整體上比南方人好，故更能吃肉。但即便如此，醫療統計也顯示，黃河以北的人心腦血管發病率大大高於南方。何故？還是肉吃多了。我曾治療內蒙來的老倆口，兩人都患「三高」，腿都痛得難走路，還每天吃肉，說：「因為吃了一輩子，難改。」我說：「你們的祖先也吃肉，可他們每天騎馬、射箭的運動量你們哪及十分之一呢？肉吃的比祖先多，每天卻毫無運動，不病才怪！」人若不明白最簡單的因果，病是很難治的，即使治好了也還會犯，大約這就是所謂的「命運」。

按中醫理論，心主神明，為君主之官，所以健康最終與心的相關度最大。吃什麼？怎麼吃，畢竟也是由人心決定的。只懂自然科學的人以為人的行為是大腦決定的，其實大腦後面還有一隻無形的手，就是心。心臟這個器官只是心的可見部分，人體不可見的部分更重要，如神、魂、經絡等。因果也有可見與不可見的。如今醫院就像因果的一個螢幕，你到任何一家醫院去調查，都很難找到因素食、少食而入院的病人，他們幾乎全是因吃肉與吃撐了入院的。這就是個最直觀的因果，還用講什麼大道理嗎？人固然有自由意志，但人逃離不了因果。而且因果是自己造的，亦即心造。

最終的拯救者，只能是每個人自己。

少林禪武醫與武當道長的啟示

我曾因緣際會，有幸到嵩山少林寺後山的千仞絕壁三皇寨，拜見了禪師釋德建，發現他不僅是真正的少林武功傳人，也是少林禪武醫的第四代傳人。所謂禪武醫即「以禪統武，以武明醫，以醫通禪」。其特點並非人們印象中的打鬥、搏殺，而是將禪、武、醫融為一體，在日常生活中修禪、習武、療病，從修身養性而達明心見性。而禪武醫中的禪醫就是以飲食、導引為根本，以藥物為輔導。其淵源部分出於道家、中醫，部分出於達摩的《易筋經》。在飲食上，禪武醫禁食蔥、韭、蒜等葷食與肉、蛋、魚等腥食。德建的師父張慶賀（行性大師）對避免腥葷食物的解釋是：陽常有餘而陰常不足，是現代人生病的主要原因之一。營養是健身的一個重要方面。但是一個「火」（營養）就夠了，兩個「火」加在一起就是「炎」，「炎」字套在病裡就是「痰」，而腥葷食物正是起火生痰的發病之物。

後來我又拜見到武當山道教學院副院長、南武當掌門人公孫清高道長，發現他對素食、少食的體驗也貫穿其日常的修練，他不僅身體力行吃素、打坐修練內丹，而且每年都有兩個月要辟穀。我拜見他時，他正處於辟穀階段，還差幾天辟穀就滿兩個月了，但他看上去與德建一樣，氣色紅潤、精神飽滿。這兩人的秘訣完全一樣，就是修心、吃素。由此可見，佛與道在修心、吃素等方面的見解與中醫完全一致。

吃素與性生活

有一次與友人聊起吃素，我說素食動物力量大。他立即反駁說，那獅子、老虎的力量不大嗎？我說牠們是有力，但主要是爆發力，所以成天躲在其獵物附近等待突然發力捕獵的機會。你再看看最有耐力的動物，幾乎全是吃素的，比如馬、牛、驢、象等等。再說，食肉動物的營養也來自食草動物的身體，而食草動物的營養還是來自草，營養的源頭還是素的。有人說，那爆發力對人也很重要！我反問：「你若是短跑與舉重運動員，爆發力的確重要。但你不是，如果你是個熱愛生活的人，性生活對你肯定比短跑與舉重更重要吧？可是你的性生活需要的究竟是爆發力還是耐力呢？」友人一聽哈哈大笑，他太太在一邊笑得比他更歡。

歸根結底，人吃素無非三種原因，即因為健康、環保、宗教。我以為，無論是為了哪種原因，吃素都是好的，吃少也是好的。不信你試試！

第四章

如何消除疲勞症候群

在三十五至五十歲的人群當中，有些人莫名地肢體疲勞、精神萎靡、煩躁、失眠、腰膝痠軟，如果是女人則兼有月經不調，甚至發燒、淋巴結腫大、脅肋痛、肢體浮腫、濕重等等症狀，這都是疲勞症候群的特徵，因為西醫用這個詞，只有跟著用。若到醫院檢查，一般查不出具體病情，便美其名曰「亞健康」。其實「亞健康」就是不健康，醫院查不出毛病，就只能歸結為工作緊張、壓力太大、神經衰弱。如果能查出病名就羅列一堆病名，但絕大多數情形下治不好病，而是加劇病情。當然，您必須付錢，醫院才會給您加劇病情，不是免費的。其方法很多，各類檢查、吃藥、打針、手術都有。

在中醫看來，疲勞症候群可以清晰地診斷出各種病，因為其症狀都是陰陽失衡、臟腑失調的症狀，望、聞、問、切、觸都可診斷出病因。說具體一點，還是心、脾、腎、肝四條經失調、失衡，要解除症狀，只要把它們搞平衡即可。脾失調就沒食欲、消化不良；腎失調則沒性欲，渾身乏力，腰膝痠軟；肝失調人容易上火、著急、憋氣；而心亂則是諸多失調的根源。對於症狀不嚴重的患者，只需要自己用些簡便有效的養生方法調節就可恢復。現將這些方法列舉如下，讀者可按自己的興趣與愛好選擇：

1 拉筋。每天拉兩次，兩條腿每次各拉十分鐘，若拉十分鐘，很容易就將拉筋時間延長到每條腿拉二十分鐘、半小時，出現麻、痠、脹最好。在家與辦公室拉筋都可。

2 拍打。每天從頭到腳拍打身體（拍打方法與時間詳見第89～96頁）。

3 撞牆。每天撞牆五十至二百下（方法見第191～193頁）。

4 扭腰功、貼牆功。這兩個功法簡單到幾分鐘就可學會，在家裡、辦公室可隨時隨地勤練，貴在堅持（具體方法見第244～248頁）。

5 每天睡覺前用熱水泡腳。手、腳一起泡更好，泡腳時可給腳內踝、外踝後側的太溪、昆侖點穴，太溪為腎經穴，昆侖是膀胱經要穴，主人體的水，至關重要。

6 針灸、正骨。除了自己用以上辦法自救，還可找有經驗的大夫用針灸、正骨全面調理。調正頸椎、胸椎、腰椎、薦椎關節時，可能會發現多處錯位；凡椎骨有錯位，其相應臟腑通常都有問題。一旦調正後，身體感覺會煥然一新。

7 灸。自己灸可選神闕及其上、下、左、右區域，其上為中脘、下脘，其下的氣海、關元，其左、右兩邊各一天樞，背部穴位需請家人代勞，包括命門、腎俞。

第五章

被遺忘的中醫快治

無數人認為中醫比西醫慢，連許多中醫也這麼認為。這真是個天大的誤解！其實無論是中醫的內治或外治療效都很快。但為什麼中醫在人們的印象中是個「慢郎中」呢？

追根求源，是因為現在的體制已經快將中醫高人趕盡殺絕。中醫療效之快，快到什麼地步？說來令人難以置信，就是快到醫院的急救基本上以中醫為主的地步。這裡當然有個前提，那就是醫院必須有真正的中醫。我在加拿大航空的飛機上搶救一個瀕臨死亡的病人，也是典型的中醫快治案例，只用三根針，十幾分鐘就讓病人轉危為安。可惜我所知道的中醫高人，大多是體制外非科班出身的人，甚至有些是被冤枉打成右派、反革命之後，而自學成醫的。但即使是高手，在現代社會也有新麻煩，因為現在搞中醫遇到的麻煩比過去更大，受限制更多。

外治療法為何快？

除了開方服藥之外，究竟有沒有其他更快、更有效的療法？答案當然是肯定的，這就是外治法。我之所以更強調外治，絕非貶低內治，而是因為外治更不為人所知。

在中國現有的環境下，推廣外治比服藥內治更有益於患者，因為它所需條件更少，容易普及，在總體上比服藥更安全，因為與入口下肚有關的麻煩省略了。此外，外治手法對文化要求相對較低，且動手能力強卻不善讀書的人更容易學，有利於中醫的普及推廣。針灸之所以在海外普及很快，就因為如此。可是人們還不知，中醫的外治方法遠遠不只針灸這一種。說外治容易普及、學習與接受，絕不意味著其療效差。幾乎所有的病都可以用外治與內治兩種方法，具體用哪種必須隨機應變，有時兩種方法都用，無成規可循。

如果追根溯源，就會發現真正的傳統中醫始於外治而非內治，它不僅更為原始、樸素，而且更自然。《黃帝內經》講得更多的是外治，而不是服藥。但無論服藥內治或手法外治，原理相同，都是在打通經絡，調節陰陽。面對越來越複雜、多樣的疾病，除了預防之外，歸根究柢，人們還是想尋求最自然、副作用最少的療法。

外治療法無須將藥先通過腸胃與血液再作用於經絡，而是直接以某種方法作用於經絡與病灶上，所以見效快，無論有效與否，都立竿見影，病好了皆大歡喜，病治不好也能馬上看到，病人可以另請高明，不必浪費時間與精力。其次，它免去了吃藥的潛在危險，誰都知道藥是三分毒！第三，它免去了一系列與服藥相關的麻煩，包括對藥的品質、煎藥、服用的各種要求。當然，最重要的還是療效本身。就我親眼所見與親自實踐的結果，外治療法的效果之好、之快，實在令人不可思議，但由於種種原因，它已經被人們遺忘了很久。

我曾讀過周爾晉先生寫的《火柴棍醫生》，發現他全憑一雙手，再加了些火柴棍與針灸，就快速治好了成千上萬的病人。如果只是聽說，你不太可能相信；如果我說我親眼看見了，你也許半信半疑。現在我已經走過了「聽說」與「看見」的過程，親自學習、實踐了這些簡便有效的療法，並且治好了數千種患者，總不至於完全胡扯吧？我是個行動派，還願意以最大的誠意將自己尋醫訪道的過程及心得，與大家分享。我們活在相對的世界裡，一場遊戲幻想而已。但願你我有緣在此世玩一場美妙的中醫遊戲。

我所治的病種五花八門，內科、外科、婦科、兒科全有，但最初治療的多是痛症與常見病。因為我只用手法而不用藥，大部分常見病通常在十幾分鐘左右診治完畢，絕大部分當場有效。我在大學學的是經濟學，研究生讀的是MBA，我十幾年的工作也都是金融投資，與中醫無關。連我這種半路出家的人也能治好這麼多病，而且大部分是醫院治不好的病，這究竟說明了什麼問題？不是我厲害，是因為醫院太亂、太黑了！而中醫呢？早被西醫「結合」得奄奄一息！令人感慨的是，我在雲遊與學醫的過程中發現，像我這種半路學醫的人還不少，而且很多人是名副其實的中醫高人。他們既非科班出身，又無醫院、法規做後盾，更無醫療設備，如果沒有過人的醫術與醫德，別說治病，就連官司都打不完！

我並非一概否定西醫，也絕非宣揚中醫包醫百病。我想說的是，絕大多數疾病的診斷與治療，沒必要搞得那麼混亂、神秘、複雜、昂貴！除了常見的疾病，即使許多公認的疑難病、重病，中醫的處理也簡單、有效得多。

提筆的此時，又有了一個新案例：老友齊先生讓我與另一朋友老張幫他看一個投資項目。其間老張說起我治病的事，齊聽說過我能治病，卻一直半信半疑，這次終於忍不住好奇，求我幫他治治。他的兩膝痛、頸椎痛，兩胳膊有兩個長達十幾年的痛點，這些病多年來在醫院檢查、吃藥、打針、貼膏藥，卻總不見好。我當場給他用手法正脊背，其腰、胸椎各響了兩聲，當場膝蓋就不痛了，他頓時大驚。我再以手法正其頸椎，他馬上感覺頸椎與頭都不痛了，以手法調正其肩關節後，肩痛減緩，但手按之還痛，於是用針灸在腿上扎了兩針，頓時痛點用手按也不痛了。整個治療過程大約十分鐘。這下他不僅信了，而且立刻打電話讓其西安的親戚來找我治病。

中醫內治快嗎？

中醫內治療效也很快。靠服藥內治的中醫高手有，但不如外治快手那麼多。這種狀態也是被中醫法規打擊、圍剿的結果，因為服藥遇到的限制與麻煩比外治更多。但儘管如此，還是有奇人在難以想像的艱難環境中絕地反擊，為中醫屢建奇功，比如山西靈石縣的李可就是個精彩例子。他給一個甲狀腺癌瘤如饅頭大的患者治病，幾副藥就令癌瘤頓然消失。千萬別以為這只是個別案例，李可用一到兩劑藥治好病是家常便飯。更可貴的是，他擅長用中藥搶救瀕危病人，使數千垂死病人起死回生。按常人理解，西醫的長項是急救，中醫是慢郎中。可是在李可任職的縣人民醫院，急救卻是中醫的事，西醫反而靠邊站。何故？就因為中醫療效又好又快！

無獨有偶，李可與周爾晉最初都是半路出家、非法行醫，而且兩人都在青年時代蒙冤，二十多年後才被平反昭雪。在如此不利於中醫成長的環境中，出現如此身懷絕技且充滿慈悲心的醫家，實在是天佑中華人民！

由此可見，只要是真正的中醫，無論是服藥內治還是手法外治，都與常人眼裡習慣了的中醫大相逕庭。治有些病，西醫比中醫快，但要看其代價如何。有的藥副作用太大，比如抗生素、止痛藥、安眠藥等等，至於手術，那就更不值得提倡了，不到萬不得已，絕不應該用手術。對療效快慢、好壞的評價應該是綜合的，當我說中醫比西醫的療效更好、更快的時候，其前提是沒有或者極少毒副作用，而且成本低廉，患者的痛苦最少，對環境污染最低，對機器的依賴最少。

中醫能否快速治好癌症？

因為西醫治不好癌症，所以人們理所當然地認為中醫也沒戲唱。眾人哪知，治療癌症對真正的中醫並非很難，主要問題是他們都被放療、化療與手術折騰夠了才來找中醫。能治癌症的中醫我認識不只一個，如果說李可快速治好癌症還是我在書上發現的，那我就說個前不久剛剛發生的故事吧。

二〇〇九年七月，我結緣了武當山的中醫高人信靈道長。與多數成年後出家的道長不同，她剛滿兩個月時就被母親送給武當山掌門人李誠玉，被李道長撫養長大。非凡的機緣與家世，使她得以從三、四歲就跟李誠玉學醫、練功、習武、採藥、製藥、治病。由於童子功練得紮實，她內功深厚，既擅長點穴外治，又精通中藥內治，臨床經驗豐富。她擅長治療的疾病很多，其中尤以治療類風濕效率最高，療效可達百分之九十以上。為了追隨她的足跡，我專門去了東北，不僅親眼見她治病救人，還跟她學了一種道家功法。鑒於她居無定所，漂流四方，我建議她到父母的老家武漢駐紮下來，以方便人們找她醫病。讓一個雲遊道人駐紮下來很難，沒想到她居然同意了。

二〇〇九年八月，我應太平人壽湖北分公司邀請，在武昌洪山禮堂做了一場題為「主動健康管理」的報告。在武漢逗留期間，最讓我震撼的就是信靈道長用中藥快速治療癌症的奇效。雖然她最拿手的是治風濕關節炎（包括類風濕）、子宮肌瘤、早期尿毒症、慢性腎炎、胃病等疑難雜症，但她也擅長治癌症，如結腸癌、淋巴癌、咽喉癌、食道癌、乳腺癌等等。因為輪到中醫治療的癌症患者多為西醫治不好的高危險重症病人，所以我不太鼓勵她治療癌症。但是沒想到，她在武漢首先快速治好的大病居然是一例癌症。

患者張明輝曾在上海交通大學第九人民醫院住院檢查、治療，診斷結果是食道惡性腫瘤，即食道癌，而且是最惡劣難治的一種。患者告訴我，其專業名稱叫「食道低分化鱗狀細胞癌」，已經擴散轉移到肝、後腹膜及淋巴系統，全身到處是癌症的擴散點，下巴已經腫大，連肛門都出現肛周炎癌變，形成很大腫塊，令患者極為痛苦。患者先後在上海曙光醫院、湖北腫瘤醫院等幾家醫院找專家會診，但結果都只能進行手術、放療、化療等。專家們都告知患者希望渺茫，可能還有不到十天留在人間。患者萬念俱灰，只好從上海回武漢老家料理後事。就在這時，患者的姐姐從「醫行天下」

部落格上發現了信靈道長。

雖然我在部落格介紹信靈道長的文章中沒有提到她會治療癌症，但患者家屬還是帶著最後一線希望找到了信靈道長。由於風險太大，信靈本不欲接收此患者，但由於她本性慈悲，不願見死不救，遂決定將個人名利危險置於腦後，收了這個病人。患者八月五日開始接受信靈用中草藥醫治，到七日下午，其頸部淋巴結就消失了。為確保療效準確，我特地採訪了患者本人。患者很激動，如數家珍地敘述了到目前為止（八月廿六日）已經出現的一連串神奇療效：

◎以前非常明顯的頸部淋巴結腫大消失。

◎肛門膨脹脫出收回。患者興奮地告知，西醫專家對他說過，僅肛門脫出收回這一項，西醫起碼要打兩星期點滴，還不肯定對其他部位有無副作用。

◎已經可以正常進食稀飯、麵條等主食，在此之前一吃就吐，只能喝豆漿。

◎道長治療前患者體重已到加速下降期，在上海住院期間每天下降一斤，體重從一七〇斤下降到一二〇斤。經道長治療後第四天下降停止，二十多天來基本穩定，說明癌細胞不再活躍。截至八月廿六日，體重上升到一二八斤。

◎治療前人已經奄奄一息，毫無氣力，現在人已精神煥發，狀態全面改善。

◎治療前皮膚蒼白，毫無血色，手指甲上的月牙消失。現在已經面色紅潤，手指甲上的月牙出現，說明氣血開始恢復正常。

◎紊亂的大小便完全恢復正常。

此次治療癌症的案例，增加了我繼續尋找並推介中醫高人的信心。有些人總是用自己熟悉的西醫與學院派中醫標準看待民間中醫，如果民間高人的診斷與治療方法與之不符，就千般懷疑，卻罔顧療效。在我遇到的高人中，既有固定地址又有醫師執照的罕見，他們或隱居、清修，或因法律限制而秘密行醫。我給自己的定位是弘揚中醫與中國文化，而不是治病，所以我一直在琢磨如何將高人找到後推廣出去。最好能讓他們彙集一地，形成一個像北京的畫家村這樣的中醫村。試想，各路中醫高人雲集，想拜師學醫與治病療傷的人紛紛前往，因緣際會，各得其所，那將是一幅何等東方式的美景！

需要說明的是，醫生治病不治命，中西醫都不可能百分之百有效，況且癌症患者通常有一堆併發症，所以希望大家最好還是以養生為主，主動管理健康。

科學教的荒謬

我敘述了中醫的偉大，是想勾起人們的沉思，看到一個真實的中醫，並非為了否定西醫。中西醫各有優勢，但現在的問題不是中醫否定西醫，而是西醫與利益集團蠻橫地以「科學」的名義逼迫中醫遷就西醫、迎合西醫。將科學神化為「科學教」的人們沒明白：科學是人類共識與共業的產物。共識即共同達成的認識，業即業力。換言之，科學只是人類探索真理的一門學問，而非真理本身；科學只是手段，並非目的。科學有其優點，但只能在一定時空中發揮作用，局限性很大，因此將科學神化並將其等同為真理是荒謬的，其結果必然導致對科學的過度依賴，亦即對手術、藥物與器械的過度依賴，迫使人類承擔不必要的痛苦與費用，並釀成大量悲劇。所以人類必須反省，找到人與自然、靈與肉和諧發展的新路。

也有人以為我批判西醫，卻在神化中醫，其實我是站在人類的立場求「道」。「道」無國界、民族之分，屬天下而非私有。弘揚中醫，絕非僅僅利於中華，而是利於天下。中醫講究道法自然，可是西醫卻讓人遠離自然，依賴機器。「人」首先是動物，人若不動，就是靜物了！而現代化的結果讓人越來越趨於不動，於是人越來越遠離「動」的本性，本能器官廢止，營養過剩，自然會生出越來越多的疾病。因此，我建議以中醫治病養生，其中心精神就是「自助自治」，許多痛症及各科毛病，都可在勤練拉筋、拍打、扭腰、撞牆等功法後緩解及至消除，這也是我多年大力推廣的養生秘法，希望讀者都能如老子言：「上士聞道勤而行之」，從本書中受益。

國家圖書館出版品預行編目資料

醫行天下.下， 拉筋拍打治百病 ／蕭宏慈作.——
臺北市：橡實文化，大雁文化出版，大雁文化發行
2010，01
272面 17×23公分
ISBN 978-986-6362-08-8（平裝）
1. 民俗療法 2. 養生
413.97 99000692

BH0002

醫行天下（下）拉筋拍打治百病

作　者	蕭宏慈
特約主編	莊雪珠
封面設計	黃聖文
內頁構成	舞陽美術・張淑珍、張祐誠
繪　圖	王佩娟
發行人	蘇拾平
總編輯	周本驥
副總編輯	顏素慧
行　銷	郭其彬、王綬晨、夏瑩芳
出　版	橡實文化 大雁文化事業股份有限公司 台北市中正區重慶南路一段121號5樓之10 電話：02-2311-3678　傳真：02-2311-3635 E-mail信箱：acorn@andbooks.com.tw
發　行	大雁文化事業股份有限公司 台北市中正區重慶南路一段121號5樓之10 24小時傳真服務：02-2311-3635 讀者服務信箱：andbooks@andbooks.com.tw 劃撥帳號：19983379　戶名：大雁文化事業股份有限公司
香港發行	大雁（香港）出版基地　里人文化 香港荃灣橫龍街78號正好工業大廈25樓A室 電話：852-24192288　傳真：852-24191887 E-mail信箱：anyone@biznetvigator.com
初版1刷	2010年1月
初版33刷	2011年1月
ISBN	978-986-6362-08-8
定　價	320元